〔元〕脱脱　等撰
陳述　補注

遼史補注

第二册

卷七至卷一七（紀二）

中華書局

遼史補注卷七

本紀第七

穆宗下

十四年春正月戊寅朔，奉安神纛。戊戌，漢以宋將來襲，馳告。

二月壬子，詔西南面招討使撻烈進兵援漢。〔一〕癸亥，如潢河。戊辰，支解鹿人没答、海里等七人于野，封土識其地。己巳，如老林東濼。壬申，漢以敗宋兵石州來告。

夏四月丁巳，漢以擊退宋軍，遣使來謝。是月，黄龍府甘露降。

五月，射舐鹻鹿于白鷹山，〔二〕至于浹旬。

六月丙午朔，獵于玉山，竟月忘返。

秋七月壬辰，以酒脯祀黑山。

八月乙巳，如磑子嶺，呼鹿射之，獲鹿四，賜虞人女環等物有差。丁未，還宫。戊申，以生日值天赦不受賀，曲赦京師囚。乙卯，録囚。

九月，黄室韋叛。

冬十月丙午，近侍烏古者進石錯，〔三〕賜白金二百五十兩。丙辰，以掌鹿矧思代斡里爲閘撒狘，〔四〕賜金帶、金盞，銀二百兩。所隸死罪以下得專之。

十一月壬午，日南至，宴飲達旦。自是晝寢夜飲。殺近侍小六於禁中。

十二月丙午，以黑兔祭神。烏古叛，掠民財畜。詳穩僧隱與戰，敗績，僧隱及乙實等死之。〔五〕

〔一〕統類卷二：「乾德二年（應曆十四年，九六四）昭義軍節度使李繼勳攻遼州，州將杜延韜以城來降，并又引虜衆步騎六萬復來援，繼勳與彰德軍節度使羅彦瓌、洺州防禦使郭進、内客省使、武懷節度使曹彬率馬步軍六萬人，擊其衆於遼州城下，敗之。虜又寇平晉軍，上遣郭進與内省使曹彬領步騎萬餘赴之，未至而遁。」

長編：乾德二年正月，「昭義節度使李繼勳……等帥步騎萬餘攻遼州。北漢馬軍都指揮使郝貴超領兵來援，戰於城下，貴超大敗。刺史杜延韜危蹙，與拱衛都指揮使冀進，兵馬都監供奉官侯美籍部下兵三千人舉城來降……北漢尋誘契丹步騎六萬入侵，繼勳復與彰德節度使羅彦瓌、西山巡檢使郭進、内客省使曹彬等領六萬衆赴之，大破契丹及北漢軍於遼州城下」。（宋會要兵七同。）長編原注：「本紀不言北漢誘契丹，止言契丹六萬騎來援。劉鋹傳又不載契丹來援事。契丹及李繼勳傳則皆云北漢誘契丹也。」長編又載是年「北漢主四遣使詣契丹賀正旦、生辰、端午，契丹皆執其使不報」。原注云：「此據九國志，然諸書多言北漢引契丹兵入侵平晉軍，遼州之役，契丹兵皆在焉。而遣使修好輒被執，豈雖執其使猶借其兵乎？」索隱卷一云：「今考此紀，則契丹實爲漢出兵。可釋長編之疑。」

〔二〕索隱卷一：「案陳耀文天中記，鹿性嗜鹹，灑鹽於地以誘鹿，射之。遼穆宗射舐鹹鹿於玉山，蓋其所據遼史本誤，鹻雖亦可刮而煉之爲鹽，非即鹽也。玉山亦見下紀，非即白鷹山。」

〔三〕索隱卷一：「案詩小雅鶴鳴篇：『他山之石，可以爲錯。』毛傳：『錯，石也，可以琢石。』書禹貢篇：『錫貢磬錯。』孔傳：『治玉石曰錯。』錯皆厝之借字。説文：『厝，厲石也。』引詩作厝。淮南子説林訓注引詩亦作厝。」

〔四〕本史卷三一營衛志上：諸宮分共有閘撒十九。道宗末年稱「十閘撒」。閘撒、抹里並爲宮衛構成單位。閘撒狘，按太祖紀撻馬狘之例，應即閘撒之長。卷四五百官志以閘撒狘隸抹里似未愜。卷一一六國語解云：「抹里司官，亦掌宮衛之禁者。」所釋未盡。卷八〇耶律八哥傳：「八哥……五院部人，以世業爲本部吏，未幾，陞閘撒狘，尋轉樞密院侍御。」卷八八蕭敵烈傳：「開泰初，率兵巡西邊。時夷離堇部下閘撒狘撲里、失室、勃葛率部民遁，敵烈追擒之，令復業。」是西邊亦有閘撒，其長亦曰閘撒狘。索隱卷一云：「抹里下爲閘撒、抹里，即太祖紀之彌里，爲鄉之小者，則閘撒即噶珊。西清吉林外紀、圖理琛異域録並云：『噶珊，鄉村也。』狘爲管轄，猶太祖紀之撻馬狘。」

金史卷二四地理志：會寧府會寧縣「有得勝陀，國言忽土皚葛蠻」。按另一解，鬧撒即蒙古語札薩，漢義法也。

〔五〕烏古叛，與西域通道斷。

按晉出帝當卒於是年或明年，拾遺卷五引郡齋讀書志：「石晉陷蕃記一卷，皇朝范質撰。質，石晉末在翰林，爲出帝草降虜表，知其事爲詳，記少主初遷於黃龍府，後居於建州，凡十八年而卒。案契丹丙午歲入汴，順數至甲子歲，爲十八年，實國朝太祖乾德二年也。」拾遺卷五云：「晉出帝卒於契丹之歲，遼史不載，唯見此書。」

十五年春正月己卯，以樞密使雅里斯爲行軍都統，虎軍詳穩楚思爲行軍都監，益以突呂不部軍三百，合諸部兵討之。烏古夷離菫子勃勒底獨不叛，詔褒之。是月，老人星見。

二月壬寅朔，日有食之。〔一〕上東幸。甲寅，以獲鴨，除鷹坊刺面、腰斬之刑，復其徭役。是月，烏古殺其長窣離底，餘衆降，復叛。

三月癸酉，近侍東兒進匕筯不時，手刃刺之。丁丑，大黃室韋酋長寅尼吉叛。癸未，五坊人四十户叛入烏古。癸巳，虞人沙剌迭偵天鵝失期，〔二〕加炮烙、鐵梳之刑而死。

夏四月乙巳，小黃室韋叛，雅里斯、楚思等擊之，爲室韋所敗，遣使詰之。乙卯，以禿里代雅里斯爲都統，以女古爲監軍，率輕騎進討，仍令撻馬尋吉里持詔招諭。

五月壬申，尋吉里奏，諭之不從。雅里斯以撻凜、蘇二羣牧兵追至柴河，與戰不利。甲申，庫古只奏室韋長寅尼吉〔三〕亡入敵烈。

六月辛亥，俞魯古〔四〕獻良馬，賜銀二千兩。以近侍忽刺比馬至先以聞，賜銀千兩。是月，敵烈來降。

秋七月甲戌，雅里斯奏烏古至河德濼，遣夷離堇畫里、夷離畢常思擊之。丁丑，烏古掠上京北榆林峪居民，遣林牙蕭斡〔五〕討之。〔六〕庚辰，雅里斯等與烏古戰，不利。

冬十月丁未，常思與烏古戰，敗之。

十二月甲辰，以近侍喜哥私歸，殺其妻。丁未，殺近侍隨魯。駐蹕黑山平淀。〔七〕

〔一〕契丹國志卷五：「二月壬寅朔，日當食不虧。」宋史卷五二天文志：「日當食不食。」

〔二〕天鵝，天字原脱，據大典卷二四〇七補。

〔三〕大黄室韋亦簡稱室韋。

〔四〕索隱卷一：「俞魯古即太宗紀達盧古。」

〔五〕蕭斡原作蕭幹，本史卷八四有傳，傳文作斡，卷首目録作斡。檢上文十五年七月，下文乾亨二年十一月，及卷八三休哥傳並作蕭幹。據改。按本傳此時爲羣牧都林牙，以討烏古功遷北府宰相。

〔六〕據下文十七年正月及本史卷七九耶律賢適傳「討烏古還」，蕭幹下應有「郎君耶律賢適」六字。

〔七〕長編：乾德三年（九六五）十一月乙未，「契丹侵易州，略居民。上令監軍李謙昇率兵入其境，俘生口如所略之數，俟契丹放還易州之民，然後縱之」。統類、事實、李𡌴皇宋十朝綱要（以下簡稱十朝綱要）、東都事略同。統類、事實並作「三年冬」。事略作冬十一月。十朝綱要作十一月庚午（初四日）。長編作十一月乙未（二十九日），相差二十五日，或是入寇與報復縱還之日。長編：「是歲北漢主遣駙馬都尉白昇奉表謝過於契丹，具請釋遣前使，契丹不報。又遣其子繼文及宣徽使李光美往，亦被執。自是文武内外官屬，悉以北使爲懼，而抱負才氣不容於權要者，乃多爲行人矣。」繼文奉使被執，見上文應曆十三年。

十六年春正月丁卯朔，被酒，不受賀。甲申，微行市中，賜酒家銀絹。乙酉，殺近侍白海及家僕衫福、押剌葛、樞密使門吏老古、撻馬失魯。〔一〕

三月己巳，東幸。庚午獲鴨，甲申獲鵝，皆飲達旦。〔二〕

五月甲申，以歲旱，泛舟于池，禱雨；不雨，捨舟立水中而禱，俄頃乃雨。

六月丙申，以白海死非其罪，賜其家銀絹。〔三〕

秋七月壬午，諭有司：凡行幸之所，必高立標識，令民勿犯，違以死論。

八月丁酉，漢遣使貢金器、鎧甲。〔四〕

閏月乙丑，觀野鹿入馴鹿羣，立馬飲至晡。

九月庚子，以重九宴飲，夜以繼日，至壬子乃罷。己未，殺狼人褭里。

冬十月庚辰，漢主有母喪，遣使賻弔。

十二月甲子，幸酒人拔剌哥家，復幸殿前都點檢耶律夷臈葛第，宴飲連日。賜金盂、細錦及孕馬百疋，左右授官者甚衆。戊辰，漢遣使來貢。

是冬，駐蹕黑山平淀。

〔一〕統類卷二：「乾德四年（九六六）正月，（契丹）又侵易州，監軍任德義擊走之。上令關南監軍及雄、霸、瀛、鄚等四州刺史勒所部兵校獵於幽州之境，以耀威武。」（事實同。）長編：乾德四年正月，「契丹又侵易州，監軍任德義擊走之，令關南兵馬都監及雄、霸、瀛、鄚等州刺史勒所部兵校獵於幽州境上，以耀威武」。原注云：「此據國史契丹傳，本紀但書關南及四州耀武事，不書任德義事，乃於開寶四年正月，始書德義事，恐本紀誤也。」

〔二〕長編：四月「丁巳，契丹天德節度使于延超與其子仁愛來降。以延超爲右千牛衛大將軍、領天德節度使」。原注云：「實録於庚申始載延超除右千牛衛大將軍，今并書於此。」統類卷二：「天德軍節度使于延超與其子仁愛來降，上以延超爲左千牛衛大將軍。」事實、十國綱要並同，惟畢氏續通鑑作于延超之子，不及延超。

〔三〕長編：六月「甲寅，契丹横海節度使桑進興來降，以進興爲左千牛衛將軍」。桑進興，統類、事實并作桑興。

〔四〕十國春秋卷一〇五北漢紀繫此事於七月。八月癸巳朔，丁酉初五日，八月五日到達，故派遣繫於七月。

十七年春正月庚寅朔，林牙蕭幹、郎君耶律賢適討烏古還，帝執其手，賜卮酒，授賢適右皮室詳穩。雅里斯、楚思、霞里三人賜醨酒以辱之。乙卯，夷離畢骨欲獻烏古俘。

二月甲子，高勳奏宋將城益津關，請以偏師擾之，上從之。〔一〕

夏四月戊辰，殺鷹人敵魯。丙子，射柳祈雨，復以水沃羣臣。

五月辛卯，殺鹿人札葛。壬辰，北府宰相蕭海瓈薨，輟朝，罷重五宴。

六月〔二〕己未，支解雉人壽哥、念古，殺鹿人四十四人。

是夏，駐蹕裹潭。

秋八月辛酉，生日，以政事令阿不底病亟，不受賀。

九月自丙戌朔，獵于黑山、赤山，至于月終。

冬十月乙丑，殺酒人粹你。

十一月辛卯，殺近侍廷壽。壬辰，殺豕人阿不札、〔三〕曷魯、术里者、涅里括。庚子，司天臺奏月當食不虧，上以爲祥，歡飲達旦。壬寅，殺鹿人唐果、直哥、撒剌。

十二月辛未，手殺饗人海里，復臠之。

是冬，駐蹕黑河平淀。〔四〕

〔一〕本史卷八五高勳傳：「會宋欲城益津，勳上書請假巡徼以擾之，帝然其奏，宋遂不果城。」十七年宋畧地益津關，勳擊敗之。」契丹國志卷五：「三月，五星聚奎。」

〔二〕據契丹國志、宋史：「戊午朔，日有食之。」

〔三〕札，南北殿本作禮。

〔四〕按十五年、十六年，兩年皆駐蹕黑山平淀，此云黑河平淀。檢本史卷三七地理志，黑山在慶州，黑河出其下，此黑河平淀當即黑山平淀，非另一地也。

十八年春正月乙酉朔，宴于宫中，不受賀。己亥，觀燈于市。〔一〕以銀百兩市酒，命羣臣亦市酒，縱飲三夕。

二月乙卯，幸五坊使霞實里家，宴飲達旦。

三月甲申朔，如潢河。乙酉，獲駕鵝，祭天地。〔二〕造大酒器，刻爲鹿文，名曰「鹿甒」，貯酒以祭天。庚戌，殺鶻人胡特魯、近侍化葛及監囚海里，仍剉海里之尸。

夏四月癸丑朔，〔三〕殺彘人抄里只。己巳，詔左右從班有材器幹局者，不次擢用；老耄者，增俸以休于家。

五月丁亥，重五，以被酒不受賀。壬辰，獲鵝于述古水，野飲終夜。丁酉，與政事令蕭排押、南京留守高勳、太師昭古、〔四〕劉承訓等酣飲，連日夜。己亥，殺鹿人頗德、臈哥、陶瑰、札不哥、蘇古涅、雛保、獼古特、敵答等。

六月丙辰，殺彘人屯奴。己未，爲殿前都點檢夷臈葛置神帳，曲赦京畿囚。甲戌，撻烈於鶻窠中得牝犬來進。〔五〕

是夏，清暑褭潭。

秋七月辛丑，漢主承鈞殂，子繼元立，〔六〕來告，遣使弔祭。

九月戊子，殺詳穩八剌、拽剌痕篤等四人。己丑，登小山祭天地。戊戌，知宋欲襲河東，諭西南面都統、南院大王撻烈豫爲之備。己亥，獵熊，以唤鹿人鋪姑并掖庭户〔七〕賜夷臘葛。甲辰，以夷臘葛兼政事令，仍以黑山東抹真之地數十里賜之，以女瓌爲近侍，女直詳穩戞陌爲本部夷離堇。

是秋，獵于西京諸山。〔八〕

冬十月辛亥朔，宋圍太原，詔撻烈爲兵馬總管，發諸道兵救之。

十一月癸卯，冬至，被酒，不受賀。〔九〕

十二月丁丑，殺酒人搭烈葛。

是冬，駐蹕黑山東川。〔一〇〕

〔一〕己亥十五日，漢俗元宵節又稱燈節。與上文十二年元宵夜觀燈相同。下文本年三月如潢河，可知此時在上京。是漢俗在上京流行之證。

〔二〕駕鵝與下文五月鵝同，均指天鵝，此屬首獲頭鵝，故祭天地。

〔三〕朔字，據本史卷四四朔考補。

〔四〕昭古，本史卷六八遊幸表作女古。

〔五〕參見本書卷一一六國語解鷹背狗。

〔六〕長編：「開寶元年（九六八）七月丙午，初，北漢世祖女爲晉護聖營卒薛釗妻，生子繼恩，漢高祖典禁衛，以世祖故釋釗軍籍，館於門下。釗無材能，高祖衣食之而無所用。其妻常居中，釗罕得見，意怏怏，因醉，拔佩刀刺之，傷而不死，釗即自裁。其妻改適何氏，復生子繼元，而何與妻皆卒。世祖以孝和帝無子，復養繼恩及繼元，皆冒姓劉氏……（繼恩）事孝和帝盡恭，昏定晨省，禮無違者。及爲太原尹，選輭不治，孝和帝憂之，嘗謂宰相郭無爲曰：『繼恩純孝，然非濟世才，恐不能了我家事，將奈何？』無爲不對。……孝和帝殂，繼恩遣使告終，稱嗣於契丹，契丹許之，然後即位。」九月，「繼恩怨郭無爲初與其父言不助己，且惡其專政，欲逐之而未果……繼恩服縗裳視事，寢處皆居勤政閣，其左右親信悉留太原府廨……繼恩置酒宴諸大臣及宗子，飲罷，臥閣中，供奉官侯霸榮率十餘人挺刃入閤，反扃其户，繼恩驚起，繞書堂屏風環走，霸榮以刃揕其胸殺之，無爲遣兵以梯登屋入，殺霸榮并其黨，迎立太原尹繼元，繼恩立才六十餘日……或謂無爲實使霸榮作亂，亟誅霸榮以滅口，故人無知者。繼元始立，王師已入其境，乃急遣使上表契丹，且請兵爲援，又遣侍衛都虞候劉繼業、馮進珂領軍扼團柏谷」。

繼元，應是繼恩。新五代史卷七〇東漢世家：承鈞卒，子繼恩立，繼恩卒，繼元立。錢氏考異已言繼元立在九月，七月立者爲繼恩。遣使弔祭爲帶叙，未必當日即遣使也。

〔七〕掖庭户即宫户。

〔八〕西京諸山，按本史卷一九紀重熙十三年十一月改雲州爲西京，此「西京」或是京西倒誤。

〔九〕長編：「十一月契丹以兵來援北漢，李繼勳等皆引歸。北漢因入侵，大掠晉、絳二州之境。」原注曰：「契丹兵至北漢境上，此據九國志；侵掠晉、絳，此據實録。」十國春秋卷一〇五北漢紀：「復修好契丹，於十二年十一月，遣使告即位，且乞師。」

〔一〇〕按黑山東川即黑山東之平川，猶言平原平曠之地，非謂河川。此地即前三年舊曾駐驛之黑山平淀或黑河平淀，名雖異而地實同。

十九年春正月己卯朔，宴宮中，不受賀。己丑，立春，被酒，命殿前都點檢夷臈葛代行擊土牛禮。甲午，與羣臣爲葉格戲。〔一〕戊戌，醉中驟加左右官。乙巳，詔太尉化哥曰：「朕醉中處事有乖，無得曲從，酒解，可覆奏。」自立春飲至月終，不聽政。

二月甲寅，〔二〕漢劉繼元嗣立，遣使乞封册。辛酉，遣韓知範册爲皇帝。〔三〕癸亥，殺前導末及益剌，剉其屍，棄之。甲子，漢遣使進白麃。己巳，如懷州，獵獲熊，歡飲方醉，馳還行宮。是夜，近侍小哥、盥人花哥、庖人辛古〔四〕等六人反，帝遇弒，年三十九。廟號穆宗。〔五〕後附葬懷陵。重熙二十一年，謚曰孝安敬正皇帝。

贊曰：穆宗在位十八年，知女巫妖妄見誅，諭臣下濫刑切諫，非不明也。而荒耽於酒，畋獵無厭。偵鵝失期，加炮烙鐵梳之刑；獲鴨甚歡，除鷹坊刺面之令。賞罰無章，朝政不視，而嗜殺不已，變起肘腋，宜哉！

〔一〕參見本史卷一一六國語解葉格戲。

〔二〕二月原誤「三月」。按三月戊寅朔，無甲寅、己巳；二月戊申朔，七日甲寅，二十二日己巳。下卷景宗紀叙「穆宗遇弑」亦在二月。據改。

〔三〕韓知範，新五代史卷七〇東漢世家及長編並作韓知璠。按全遼文卷四劉繼文墓誌：「册爲大漢英武皇帝。」

羅校：「長編記繼元始立，即遣使上表契丹，且請兵爲援，蓋時方爲宋困，未暇請封册，至是始以爲請也。」

十國春秋卷一〇五北漢紀：「天會十三年（九六九）春二月。宋帝將發自汴，先遣李繼勳、趙贊、郭進、司超等帥兵赴晉陽」。「三月，宋帝至於太原……及城下，李繼勳已先敗我兵，宋帝命築長連城圍之，立砦於城四面，繼勳軍於南，趙贊軍於西，曹彬軍於北，党進軍於東。帝命劉繼業等乘晦突門，犯東西砦，戰敗遁歸。宋帝又命壅汾、晉二水以灌城，并人大恐，會城中有積草漂出，塞之，得無害。……甲寅，遣使乞封册於遼，且趣援師。……夏四月，契丹兵分道入援，宋何繼筠逆戰於陽曲北，韓重贇逆戰於定州，契丹兵大敗。……閏（五）月，遼主遣韓知璠册立帝爲大漢皇帝（劉繼文墓誌作册爲大漢英武皇帝）。知璠習兵事，居圍城中，晝夜督察，盡心固守，宋驍將石漢卿等多戰死，我兵亦屢敗……宋師頓兵甘草地中，會暑雨，軍士多疾，……遂引兵還。帝命決城下水注之臺駘澤，水已落，而城多摧圮。韓知璠歎曰：『宋師之引水浸城也，知其一不知其二，若先浸而後涸，則并人無噍類矣。』」

長編：開寶二年（九六九）二月「甲子，車駕發京師，丙寅，次滑州，丁卯，次王橋頓，彰德節度使韓重贇來朝，上謂之曰：『契丹知我是行，必率衆來援，彼意真定無備，將由此路入，卿可爲朕領兵倍道兼行，出其不意，破之。』乃以重贇爲北面都部署」。（重贇，統類作重賦，宋史作仲贇。）二月丙子，「（李）繼勳等遂圍城，時契丹使內侍韓知璠册命北漢主爲帝，北漢主夜開北門以納之。明日，置宴，羣臣皆預，宰相郭無爲哭於庭中，拔佩刃自刺，北漢主遽降階，持其手，引之升坐，無爲曰：『奈何以孤城抗百萬之師乎？』蓋無爲欲以此搖衆心也。」（統類同。）

新五代史卷七〇東漢世家：「王師北征，繼元閉城拒守，太祖皇帝以詔書招繼元出降，許以平盧軍節度使，郭無爲安國軍節度使。無爲捧詔色動，而并人及繼元左右皆欲堅守以拒命。無爲仰天慟哭，拔佩刀欲自裁，爲左右所持。繼元自下執其手，延之上坐，無爲曰：『奈何以孤城拒百萬之王師？』蓋欲搖動并人，而并人守意益堅。宦者衛德貴察無爲有異志，以告繼元，繼元遣人縊殺之。」

〔四〕本史卷七八蕭思温傳作庖人斯奴古。長編：太祖開寶二年，「是歲契丹主明爲帳下所弒。明性嚴忌，會醉，索食不得，欲斬庖者。庖者奉食挾刃，殺明於黑山下。明立凡十九年，謚穆宗，號天順皇帝」。統類卷二：「開寶二年，契丹王明爲其下所殺。」

〔五〕新五代史卷七三四夷附録：「述律有疾，不能近婦人，左右給事多以宦者。然畋獵好飲酒，不恤國事，每酣飲，自夜至旦，晝則常睡，國人謂之『睡王』。」楊循吉遼小史：「穆宗嗜酒，好殺，不恤政事，京師置百尺牢以處繫囚。」契丹國志卷五：「是時承會同之餘威，中原多事，藩鎮爭疆，莫不求援於遼國以自存。晉陽之北漢，江南之李唐，使車狎至，饋遺絡繹，遼帝以政昏兵弱，不能應之。帝體氣卑弱，惡見婦人。居藩時，述律太后欲爲納妃，帝辭以疾，即位後，嬪御滿前，竝不一顧，朝臣有言椒房虚位者，皆拒而不納，左右近侍，房幃供奉，率皆閹人。性好遊畋，窮冬盛夏，不廢馳騁，萬機事繁，蕃、漢諸臣共莅之，帝不以屑意。上京東北有山曰黑山、曰赤山、曰大保山，山水秀絶，麋鹿成羣，四時遊獵，不離此山。逮至末年，殘忍猜忌，左右小有過愆，至於親手刃之。數年之間，重足屏息，人人虞禍。會醉，索食不得，欲斬庖人，掌饍者恐禍及，因捧食以進，挾刃弑帝於黑山下。帝在位凡十九年，謚曰天順皇帝，廟號穆宗。」

遼史補注卷八

本紀第八

景宗上

景宗孝成康靖皇帝，諱賢，字賢寧，小字明扆。〔一〕世宗皇帝第二子，母曰懷節皇后蕭氏。察割之亂，帝甫四歲。穆宗即位，養永興宮。既長，穆宗酗酒怠政。帝一日與韓匡嗣語及時事，耶律賢適止之。帝悟，不復言。

應曆十九年春二月戊辰，入見，穆宗曰：「吾兒已成人，可付以政。」己巳，穆宗遇弒，帝率飛龍使女里，侍中蕭思温、南院樞密使高勳率甲騎千人馳赴。黎明，至行在，哭之慟。羣臣勸進，遂即皇帝位於柩前。百官上尊號曰天贊皇帝，大赦，改元保寧。以殿前都點檢耶律夷臘、〔二〕右皮室詳穩蕭烏里只宿衛不嚴，斬之。〔三〕

三月丙戌，入上京，以蕭思温爲北院樞密使。太平王罨撒葛亡入沙沱。己丑，夷離畢粘木衮以陰附罨撒葛伏誅。癸巳，罨撒葛入朝。甲午，以北院樞密使蕭思温兼北府宰相。己亥，南院樞密使高勳封秦王。

夏四月戊申朔，進封太平王罨撒葛爲齊王，改封趙王喜隱爲宋王，封隆先爲平王，稍爲吴王，道隱爲蜀王，必攝爲越王，敵烈爲冀王，宛爲衛王。〔四〕

五月戊寅，立貴妃蕭氏爲皇后。丙申，〔五〕射柳祈雨。有司請以帝生日爲天清節，從之。壬寅，漢遣李匡弼、劉繼文、李元素等來賀。〔六〕

冬〔七〕十月，東幸褭潭。〔八〕

十一月甲辰朔，行柴册禮，祠木葉山，駐蹕鶴谷。〔九〕乙巳，蕭思温封魏王，北院大王屋質加于越。〔一〇〕

〔一〕契丹國志卷六、長編及東都事畧卷一二三並作「諱明記，更名賢」。契丹國志卷六：「景宗，世宗兀欲子也。……火神淀弑逆之時，述軋之害世宗，并及於后，復求帝殺之，帝時九歲，御厨尚食劉解里以氈束之，藏於積薪中，由是得免。及即位，嬰風疾，多不視朝。改元保寧。大赦境内，刑賞、政事、用兵、追討，皆皇后決之。帝卧床榻間，拱手而已。」長編：「（開寶二年）穆宗……無子，諸部首領迎立天授皇帝兀欲之子明記，號天贊皇帝，更名賢，改元保寧。

以上樞密使（原注：按遼史作南院樞密使。）知政事令高勳守政事令，封秦王，侍中蕭守興爲尚書令，封魏王。每朝必命坐議國事，納守興女燕燕爲皇后。初兀欲與妻同日遇害，明記年九歲。有以氈束之藏於積薪中，由是得免，及即位，嬰風疾。國事皆燕燕決之。（原注：明記妻蕭氏即燕燕也，仁宗實録乃以燕燕爲北宰相蕭思温女，與此異，疑守興别名思温耳。）」按本史卷九紀乾亨四年（九八二）九月「崩於行在，年三十五」。上溯生於天禄二年（九四八），與卷五世宗紀天禄二年七月壬申皇子賢生正合，天禄五年爲四歲。契丹國志、長編所稱「九歲」誤。

〔二〕案即耶律夷臘葛，本史卷七八有傳，字蘇散。應曆十六年十二月、十八年六月、十九年正月並作夷臘葛，卷四八百官志作夷剌葛。

〔三〕畢氏續通鑑：「開寶二年（九六九）二月，北漢劉繼業、馮進珂屯於團柏谷，遣衙隊指揮使陳廷山領數百騎來偵邏，會李繼勳等前軍至，廷山即所部降，繼業、進珂知衆寡不敵，亦奔還晉陽。北漢主怒，罷其兵柄，繼勳等遂圍城。時遼使内侍韓知範册命北漢主爲帝，北漢主夜開門納之，明日置宴，羣臣皆預，宰相郭無爲哭於庭中，拔佩劍自刺，北漢主遽降階持其手，引之升坐。無爲曰：『奈何以孤城抗百萬之師乎？』蓋無爲欲以此摇衆心也。」參見去年注〔三〕。

〔四〕長編：「開寶二年四月壬子，初，上聞契丹分道來援北漢，其一自石嶺關入，乃驛召繼筠詣行在所，授以方畧，并給精騎數千，使往拒之。……戰於陽曲縣北，大敗契丹，擒其武州刺史王彦符，斬首千餘級，獲生口百餘人，馬七百餘匹，鎧甲甚衆。」畧見宋會要兵七。

〔五〕按本史卷四四朔考，五月丁丑朔。上文戊寅已是初二日，丙申爲二十日，原作丙申朔，朔字衍文從删。宏簡録丙申作壬午。

〔六〕十國春秋卷一〇五北漢紀：天會十三年「五月，遣李匡弼、李元素等如遼賀天清節」。無劉繼文。長編：「五月戊寅，契丹兵果分道由定州來援，韓重贇陣嘉山以待之，契丹見旗幟，大駭，欲遁去。重贇急擊之，大破其衆，獲馬數百匹。」原注：「李漢超傳云：太祖親征太原，漢超爲北面行營都監，其子守恩從在軍中，會契丹遣兵來援，衆至定州西嘉山，將入土門，守恩領牙兵數千與戰，敗之。斬首三千級。獲戰馬、器甲甚衆，擒首領二十七人，隨漢超見于行在，賜戎服、金帶、器幣、緡錢。太祖曰：『此子尚幼，明日將帥才也。』按嘉山之捷，韓重贇實爲主帥，祁廷義副之，不著漢超名，且守恩事微，今不復别出矣。」長編：「閏五月己酉，太原城久不下……時大軍頓甘草地中，會暑雨，多破腹病，而契丹亦復遣兵來援。壬子，太常博士李光贊上言曰：『……豈若回鑾復都，屯兵上黨，使夏取其麥，秋取其禾，既寬力役之征，便是盪平之策。惟陛下裁之。……』上覽奏，甚喜。復以問宰相趙普，普亦以爲然。癸丑，始議班師也。己未，徙太原民萬餘家於山東、河南給粟。用絳人薛化光之策也。化光言：『凡伐木先去枝葉，後取根柢。今河東外有契丹之助，内有人户賦輸，竊恐歲月間未能下，宜於太原北石嶺上及河北西界山東静陽村、樂平鎮、黄澤關、百井社各建城寨，扼契丹援兵；起其部内人户，於西京、襄、鄧、唐、汝州給閒田，使自耕種，絶其供饋，如此不數年間，自可平定。』上嘉納之。」六月，「北漢主斬樞密副使段煦及馬軍都虞候馮超於壞水口，坐水入不救也。決城下水注之臺駘澤，水已落，而城多摧圮，契丹使者韓知璠猶在太原，歎曰：『王師之引水浸城也，知其一而不知其二，若知先浸而後涸，則并人無噍類矣。』時契丹遣其將南大王來援，屯於太原城下，劉繼業言於北漢主曰：『契丹貪利棄信，他日必破吾國，今救兵驕而無備，願襲取之，獲馬數萬，因籍河東之地以歸中國，使晉人免於塗炭，陛下長享貴寵，不亦可乎。』北漢主不從。南大王數日北還，贈遺甚厚。」

〔七〕統類卷二：「開寶二年，太祖親征河東，契丹兩道率衆來援，一道攻石嶺關，爲何繼筠所破，一道攻定州爲韓重贇擊敗。是秋，涿州刺史許周瓊來降，上以周瓊爲涿州刺史。於是豐州刺史王仲晏上言，契丹日利月利等九十七人來歸欵，上以其大酋領羅美四人爲懷德將軍，羅侈八人爲懷化郎將，餘八十五人爲歸德司戈。」（事實畧同。）

長編：「九月庚申，契丹涿州刺史許周瓊來降，以爲右羽林將軍，仍領涿州刺史。」

〔八〕長編：「十月戊戌，易州言：『契丹右千牛衛將軍王甲以豐州來降。』即命其子承美爲豐州衙内指揮使。」原注：「會要及經武聖畧皆云，豐州本河西藏才族都首領王甲居之，契丹署右千牛衛大將軍。開寶二年率衆歸順，又命其子承美爲衙内指揮使。而本紀及實録遂言右千牛衛將軍王承美來降，誤也。」又長編本月原注：「本紀十月庚寅後戊戌前，書豐州刺史王重安言契丹十六族歸附。又於戊戌書易州言契丹右千牛衛將軍王承美來降，按王承美之父甲實居豐州，不知本紀所云豐州刺史王重安者果何人也。會要及契丹傳載王重安與本紀同，并載大首領等除官事，而實録并無之，此可疑也。且不知此豐州即王甲所居，或別有一豐州而重安亦復一刺史也。按實録太平興國七年閏十二月書豐州刺史王承美言，日利、月利等族來降，名字與重安所言畧同，豈日利月利等族既降而復叛，叛而復降故耶。不然，此又可疑也。王承美姓名官號，本紀、實録皆誤，前已改正之，獨重安名號無所考證，今於此月末仍書日利月利等歸順，但削去『豐州刺史王重安言』凡八字，庶不與王甲及王承美相亂，更竢審訂之。」王甲名仲安，即仲宴，承美之父。宋會要方域二一：「豐州本河西藏才族都首領王甲居之，契丹補左千牛衛將軍。太祖開寶二年率衆歸順，又命其子承美爲豐州衙内指揮使。五年授承美豐州刺史。承美遣軍校詣闕上言，願誘退渾、突厥内附，有詔褒諭之。」

〔九〕索隱卷一：「一統志：鶴山在宣化府赤城縣西北馬營堡東二里，俗名東山，上多檜柏，野鶴恒來棲止。」既東幸梟潭，又祠木葉山，鶴谷應不在赤城。

〔一〇〕長編：「十一月，契丹日利、月利等十六族歸附，以其大首領羅美四人爲懷德將軍，八人爲懷化郎將，次首領諸爾沁旺布十五人爲歸德司戈。」通考卷三四六四裔考：「豐州刺史王重安上言：『契丹日利月利等部凡一十六族歸欵。』詔官其首領。」

二年春正月丁未，如潢河。〔一〕

夏四月，〔二〕幸東京，致奠于讓國皇帝及世宗廟。

五月癸丑，西幸。乙卯，次盤道嶺，盜殺北院樞密使蕭思温。〔三〕

六月，還上京。

秋七月，以右皮室詳穩賢適爲北院樞密使。

九月辛丑，得國舅蕭海只及海里殺蕭思温狀，皆伏誅，流其弟神覩于黄龍府。〔四〕

冬十二月庚午，漢遣使來貢。〔五〕

〔一〕長編：「開寶三年（九七〇）春正月己巳，北漢主遣使持禮幣賀契丹主，樞密使高勳言於契丹主曰：『我與晉陽父子之國也，歲嘗遣使來覲，非其大臣，即其子弟，先君以一怒而盡拘其使，甚無謂也。今嗣主新立，左右皆非舊人，國有憂患，寧不我怨，宜以此時盡歸其使。』契丹主曰：『善。』乃悉索北漢使者，前後凡十六人，厚其禮而歸之。即命李弼爲樞密使，劉繼文爲保義節度使，詔北漢主委任之。繼文等久駐契丹，復受其命，歸秉國政，左右皆譖毀之。未幾，繼文爲代州刺史，弼爲憲州刺史，契丹主聞之，下詔責北漢主曰：『朕以爾國連喪二主，僻處一隅，期於再安，必資共治，繼文爾之令弟，李弼爾之舊臣，一則有同氣之親，一則有耆年之故，遂行並命，俾效純誠，庶幾輯寧，保成歡好，而席未遑暖，身已棄捐，將順之心，於我何有。』北漢主得書恐懼，且疑繼文報契丹，乃密遣使按責繼文，繼文以憂懼死。」十國春秋卷一〇五北漢紀：「天會十四年（九七〇）春正月，契丹歸我使臣十六人……時韓知璠歸國，言我國庶事多梗，而無輔臣。政事令趙高勳亦言晉陽爲父子國，盡拘其使無謂也。遂有是命。」

長編：二月「己卯，雄州言，刺史侯仁矩卒。……仁矩子延廣亦有勇畧。仁矩在雄州日，方飲宴，敵騎數千白晝入州城，居民驚擾。延廣引親信數騎馳出衙門，射殺其酋一人，斬首數級，悉擒其餘黨，持首級以獻。仁矩拊其背曰：『興吾門者必汝也。』監軍李漢超以其事聞，詔書褒美，賜錦袍、銀帶。……先是，禁商人私販幽州礬，犯者没入之（原注：建隆三年詔）。其後定令，私販河東及幽州礬一兩以上，私煮礬三斤及盜官礬至十斤者棄市。甲申，始命增私販至十斤，私煮及盜滿五十斤者死。餘論罪有差。」

〔二〕據長編、宋史：「辛未朔，日有食之。」契丹國志作三年，誤。

〔三〕本史卷七八蕭思温傳：「從帝獵閭山，爲賊所害。」閭山即醫巫閭山。盤道嶺應爲閭山之嶺或在東京至閭山之間。

〔四〕統類卷二：「開寶三年（保寧二年）十月，太祖一日内取出幽州圖以示宰相趙普，謂曰：『卿意此圖孰能爲者？』趙普歎曰：『他人不能爲，惟曹翰能爲之。』帝問：『何以知之？』對曰：『羣臣材謀無出於翰者，陛下若使翰往，必克。但不知陛下遣何人代翰？』帝默然，良久曰：『卿可謂熟慮矣。』」

長編：十月，「初契丹以六萬騎至定州，命判四方館事田欽祚領兵三千禦之，上戒謂欽祚曰：『彼衆我寡，但背城列陣以待之，敵至即戰，勿與追逐。』欽祚與敵戰蒲城，敵騎少卻，乘勝至遂城，欽祚馬中流矢而踣，騎士王超以馬授欽祚，軍復振，自旦至晡，殺傷甚多，夜入保遂城，契丹圍之數日，欽祚度城中糧少，整兵開南門，突圍一角出，是夕，至保塞，軍中不亡一矢，北邊傳言三千打六萬。癸亥，捷奏至，上喜，謂左右曰：『契丹數侵邊，我以二十匹（統類、事實作三十匹，通考作二十四匹）絹購一契丹首，其精兵不過十萬，止不過費我二百萬匹絹，則契丹盡矣。』自是益修邊備」。原注：「據會要及契丹傳皆言欽祚破敵在十月，然十一月二十五日奏始到，恐日太遠，今從本紀、實録載此月。疑十月遣欽祚，十一月乃破契丹也。」

陳均九朝編年備要卷二：「開寶三年冬十一月，契丹六萬騎寇定州，（田）欽祚領兵三千禦之，戰蒲城，虜騎小卻，乘勝至遂城，虜圍之數日，欽祚度城中糧少，整兵開南門突圍一角出，是夕，至保塞，軍中不亡一矢，北邊傳言三千打六萬。」晁說之嵩山文集卷三負薪對：「開寶初，太祖命田欽祚以兵三千，於定州背城以破虜六萬，於時軍中有『三千打六萬』之謡。至今塞上兒童猶以此語爲戲不忘也。」

〔五〕據下文三年正月及畢沅續通鑑，有：「是歲敵烈部叛，命右夷離畢耶律奚底討之。」

三年春正月甲寅，右夷離畢奚底遣人獻敵烈俘，詔賜有功將士。庚申，置登聞鼓院。辛酉，南京統軍使魏國公韓匡美封鄴王。〔一〕

二月癸酉，東幸。壬午，遣鐸遏使阿薩蘭回鶻。〔二〕己丑，以青牛白馬祭天地。

三月丁未，以飛龍使女里爲契丹行宫都部署。

夏四月丁卯，世宗妃啜里及蒲哥厭魅，賜死。己卯，祠木葉山，行再生禮。丙戌，至自東幸。戊子，蕭神覩伏誅。

六月丙子，漢遣使問起居。自是繼月而至。丁丑，回鶻遣使來貢。

秋七月辛丑，以北院樞密使賢適爲西北路招討使。〔三〕

八月甲戌，如秋山。辛卯，祭皇兄吼墓，追册爲皇太子，謚莊聖。〔四〕

九月乙巳，賜傅父侍中達里迭、太保楚補、太保婆兒、保母回室、押雅等户口、牛羊有差。又以潛邸給使者爲撻馬部，置官掌之。〔五〕壬子，幸歸化州。甲寅，如南京。

冬十月〔六〕己巳，以黑白羊祀神。癸未，漢遣使來貢。丙戌，鼻骨德、吐谷渾來貢。

十一月庚子，臚朐河于越延尼里等率户四百五十來附，乞隸宫籍，詔留其户，分隸敦睦、〔七〕積慶、永興三宫，優賜遣之。

十二月癸酉，以青牛白馬祭天地。己丑，皇子隆緒生。

是冬，駐蹕金川。〔八〕

〔一〕韓匡美見本書卷七四韓知古傳注〔九〕。長編：「開寶四年（九七一）春正月，契丹侵易州，監軍任德義擊走之。」原注：「此事據本紀，實録新舊並無之，本傳亦無。疑即建隆四年三月事，本紀誤載於此。」

〔二〕此次遣使，主要在恢復西域交通。

〔三〕本史卷七九耶律賢適傳：「保寧三年，爲西北路兵馬都部署。」畢沅續通鑑從本傳作「西北路兵馬都部署」。

〔四〕本史卷六四皇子表作吼阿不，世宗長子，早薨，墓號太子院。至是追册。

〔五〕掌，原誤「堂」，據張校改。撻馬部即扈從部，上文穆宗應曆十五年四月，「令撻馬尋吉里持詔招諭（叛部）」。下文保寧八年十一月，撻馬涅木古奉使弔宋太祖之喪；乾亨元年正月，遣撻馬長壽使宋，問興師伐劉繼元之故。撻馬應是近侍、侍從之屬，即皇帝左右隨從人員。

〔六〕據宋史卷五二天文志：「癸亥朔，日有食之。」契丹國志卷六作四年，誤。

〔七〕按本史卷三一營衛志上，敦睦宫爲聖宗孝文皇太弟所置，何得見於景宗朝，或是追稱文獻皇帝即太子倍一係之斡魯朵。

〔八〕索隱卷一：「案即金河水，太平寰宇記引郡國志云：『雲中郡有紫河鎮，界内有金河水，其泥色紫，故曰金河。』是此河在遼西京道，與太祖紀金河水異。」

四年春二月癸亥，漢以皇子生，遣使來賀。〔一〕

閏月戊申，齊王罨撒葛薨。

三月庚申朔，追册爲皇太叔。

夏四月庚寅朔，追封蕭思温爲楚國王。

是夏，駐蹕冰井。〔二〕

秋七月，如雲州。丁丑，鼻骨德來貢。〔三〕

冬十月丁亥朔，如南京。

十二月甲午，詔内外官上封事。

〔一〕景宗長子隆緒，即聖宗，於去年十二月己丑（二十七日）生。

〔二〕金史卷二四地理志：「西京路撫州……遼秦國大長公主建爲州……有冰井。」

〔三〕長編：開寶五年（九七二）六月，「先是，女真侵白沙寨，略官馬三匹，民百二十八口。既而遣使以馬來貢，詔止之。於是首領渤海那等三人復來貢，言已令部落送先所掠白沙寨民及馬。詔切責其前侵畧之罪，而嘉其效順之意。放還貢馬使者」。

〔三〕據宋史卷五二天文志：「九月丁巳朔，日有食之。」契丹國志卷六繫五年，誤。

五年春正月甲子，惕隱休哥伐党項，破之，以俘獲之數來上。漢遣使來貢。庚午，〔一〕御五鳳樓觀燈。〔二〕

二月丁亥，近侍實魯里誤觸神纛，法論死，杖釋之。壬辰，越王必攝獻党項俘獲之數。戊申，以青牛白馬祭天地。辛亥，幸新城。

三月乙卯朔，復幸新城。〔三〕追封皇后祖胡母里〔四〕爲韓王，贈伯胡魯古兼政事令，尼古只兼侍中。

夏四月丙申，白氣晝見。

五月癸亥，于越屋質薨，輟朝三日。辛未，女直侵邊，殺都監達里迭、拽剌斡里魯，驅掠邊民牛馬。己卯，阿薩蘭回鶻來貢。

六月庚寅，女直宰相及夷離堇來朝。丙申，漢遣人以宋事來告。

秋七月庚辰，以保大軍節度使耶律斜里底爲中臺省左相。〔五〕是月，駐蹕燕子城。〔六〕

九月壬子，鼻骨德部長曷魯撻覽來貢。

冬十月丁酉，如南京。

十一月辛亥朔，始獲應曆逆黨近侍小哥、花哥、辛古等，誅之。

十二月戊戌，漢將改元，遣使稟命。是月，如歸化州。〔七〕

〔一〕保寧五年（癸酉，九七三）正月丙辰朔。庚午十五日，漢俗元宵節。

〔二〕長編：「開寶六年正月，殿直傅廷翰爲棣州兵馬監押，欲謀叛，北走契丹，知州右贊善大夫周渭擒之以聞，遣使械繫送御史獄，鞫之得實。二月，斬廷翰於西市。」

〔三〕遼新城有二：一屬南京道，即今河北省新城縣，在保定東北百五十里。唐屬涿州，五代晉入遼，宋、遼分界於此。一屬西京道，即朔州所統武州神武縣。此兩次臨幸者，似是西京道新城。

〔四〕本史卷六七外戚表作忽里没。是年皇后又生子隆慶。

〔五〕中臺省，天顯六年置於南京，即今遼陽，後改稱東京。

〔六〕在西京道。金史卷二四地理志：「撫州，遼秦國大長公主建爲州，縣四，柔遠，倚，置於燕子城。」

〔七〕長編：十二月，「女真遣使來貢馬」。

六年春正月癸未，幸南京。〔一〕

三月，宋遣使請和，以涿州刺史耶律昌朮加侍中與宋議和。〔二〕

夏四月，宋王喜隱坐謀反，廢。

秋七月丁未朔，閤門使酌古加檢校太尉兼御史大夫，男海里以告喜隱事，遙授隴州防禦使。庚申，獵于平地松林。〔三〕

冬十月乙亥朔，還上京。

十一月戊子，〔四〕以沙門昭敏爲三京諸道僧尼都總管，加兼侍中。〔五〕

〔二〕據宋史，是年「二月庚辰朔，日有食之」。契丹國志卷六作乾亨元年，誤。

〔三〕耶律昌朮，本史卷八六本傳作「耶律合住，字粘衮」。本傳云：保寧初，「拜涿州刺史……宋數遣人結歡，冀達和意，合住表聞其事，帝許議和」。紀保寧六年三月作「涿州刺史耶律昌朮與宋議和」。漢名琮字伯玉見神道碑及職官分紀。死於保寧十一年。下文紀統和二十三年十一月，另有一耶律合住使宋賀正旦。長編作耶律昌主來使。朮、主、住音同。昌、曷形似。曷、合同音。實是前後二人。

孫逢吉職官分紀：「契丹於開寶七年涿州刺史耶律琮以書遺雄州孫全興，願講好於朝廷。八年，遣欵附使克沙骨慎思奉書來聘，自是乃通使矣。」統類卷二：「開寶七年（九七四）耶律琮以書遺知雄州孫全興曰：『琮受君命，出守雄邊，臣論交於境外，言則非宜；事有利於國家，專之亦可。南北兩地，古今所同，曷嘗不世載歡盟，時通贄幣。往者，晉氏後主，政出多門，惑彼强臣，忘我大義。干戈以之日用，生靈於是罹災，今兹兩朝，本無纖隙，若或交馳一介之使，顯布二君之心，用息疲民，重修舊好，長爲與國，不亦休哉。琮以甚微，敢干斯義，遠希通晤，洞垂鑒詳。』太祖命全興以書答焉。」長編：開寶七年十一月，「契丹涿州刺史耶律琮致書於權知雄州内園使孫全興，其畧云（同上文）。辛丑，全興以琮書來上，上命全興答書，並修好焉」。宋人謂琮之來書爲通好之始，不著三月遣使事，蓋雙方以主動請和爲諱也。南北議和事，宋方記載均在十一月，與本史繫於三月者異。

〔三〕長編：開寶七年七月，「契丹軍器庫副使石重榮，東頭供奉官劉琮來降。八月丙子朔，以重榮爲茶酒庫副使，琮爲西頭供奉官」。

〔四〕十一月，原誤十二月。按十二月甲辰朔，無戊子。十一月乙亥朔，戊子十四日。據改。畢沅續通鑑作十一月戊子。

〔五〕長編：「是歲契丹將通好於我，遣使諭北漢主以强弱勢異，无妄侵伐，北漢主聞命慟哭，謀出兵攻契丹，宣徽使馬峯固諫乃止。」（原注云：此據十國紀年。）

七年春正月甲戌朔，宋遣使來賀。〔一〕壬寅，望祠木葉山。

二月癸亥，漢雁門節度使劉繼文〔二〕來朝，貢方物。丙寅，以青牛白馬祭天地。

三月壬午，耶律速撒等獻党項俘，分賜羣臣。

夏四月，遣郎君矧思使宋。〔三〕己酉，祠木葉山。辛亥，射柳祈雨。如頻蹕淀清暑。

五月丙戌，祭神姑。〔四〕

秋七月，〔五〕黄龍府衛將〔六〕燕頗殺都監張琚以叛，遣敞史耶律曷里必討之。〔七〕

九月，敗燕頗於治河，〔八〕遣其弟安摶追之。燕頗走保兀惹城，〔九〕安摶乃還，以餘黨千餘户城通州。〔一〇〕

是秋，至自頻蹕淀。

冬十月，鈎魚土河。〔一一〕

〔一〕宋初遣使於契丹，本史繫之正月朔。長編、十朝綱要、宋史作「七月庚辰（初十日）」。契丹國志卷六：「三月，遼遣使聘宋；七月，宋初遣使通遼。」宋會要蕃夷一記三月契丹遣欵附使克妙骨慎思等十二人奉書來聘……七月，遣西上閤門使郝崇信使契丹，以太常寺丞吕端副之。（原注：自是始與中國交聘。）」通考卷三四六：「三月，詔吕端報聘，自是始交中國。」三月與詔吕端報聘之間當有脱文。中原記載以三月遼使聘宋，七月宋使聘遼爲南北通聘之始。本史正月宋使來賀，四月遣矧思使宋。四月遣使，何得於三月到達。正月之使，不見中原記載，錢大昕二十二史考異卷八三宋諸臣奉使年表（簡稱錢表）亦始本年七月之聘。畢氏續通鑑考異謂此時和議未成，宋不當遣賀使，或是遣人議和耳。

〔二〕全遼文卷四劉繼文墓誌作：「權代州防禦使。」

〔三〕宋會要蕃夷一：「（開寶）八年（九七五）三月二十六日，契丹遣欵附使克妙骨慎思等十二人奉書來聘，其書稱契丹國。詔東上閤門副使郝崇信至境上迓之。及至，館於都亭驛，召見崇德殿，賜襲衣、金帶、銷金皂羅帽、烏皮鞾、器幣二百、銀鞍勒馬，其從者十二人衣服、器幣有差。二十八日，晉王及宰臣百官以契丹通好詣崇德殿稱賀，帝謂宰相曰：『自晉漢以來，北戎强盛，蓋由中朝無主，以至晉帝蒙塵，乃否之極也。今慕化而來，亦由時運，非涼德所致。』先是，涿州以來使書達於雄州孫全興，稱克妙骨慎思，至是啓書，但云「克慎思」，或云「克」是官號，今姓氏與官俱未詳，故兩存焉。二十九日，詔契丹使於講武殿觀諸殿騎士習射，令其二從者梟屋六、條首里與衛士馳射毛毬截柳枝。三十日又宴於長春殿。」長編、統類、事實畧同，並作三月，宋史作四月。又遼國書內實作「克慎思」，見宋會要蕃夷一。長編作：「克舒蘇」者，清人所改也。宋史作克沙骨慎思，宋會要作克妙骨慎思，東都事畧、統類又并作克沙骨謹思。

十國春秋卷一〇五北漢紀：「廣運二年（九七五）春三月，遼與宋求成，遣使來告，命我通好於宋，无妄興師。」

索隱卷一：「錢氏考異：『是年三月，契丹始遣使來聘』，據宋史太祖紀也，與此紀差一月，續通鑑、長編稱其名克舒蘇，或曰「克」其官號，又曰其姓氏也。漢章謂遼官制郎君本在敞史下，出使加以尅官，如涿州刺史昌术之加官侍中耳。」羅校：「矧思，職官分紀作沙骨慎思，十朝綱要作克沙骨謹思，宋史太祖紀作克沙骨慎思，矧慎音近謹思，則字之譌也。」

〔四〕十國春秋卷一〇五北漢紀：「夏六月，遼主册帝爲大漢英武皇帝，賜御衣、玉帶、鞍馬等物。」長編：開寶八年六月「辛酉，前鳳翔節度使、太師、兼中書令、魏王符彦卿卒，輟三日朝，官給葬事。彦卿武勇有謀，善用兵，契丹自陽城之敗，尤畏彦卿，或馬病不能齕，必唾而咒曰：『是豈有符王耶。』契丹既滅晉北歸，耶律德光母問其左右曰：『彦卿安在？』或對曰：『在徐州。』母曰：『不與彦卿來，何失策之甚也！』」

〔五〕據宋史：「辛未朔，日有食之。」契丹國志作乾亨二年，誤。契丹國志卷六：「本年（乙亥）夏四月，彗出柳，長三、四丈，晨見東方，西南指，歷輿鬼，距室出壁，凡十一舍，八十三日乃滅。」（永樂大典五二四八引作六月。掃葉山房本四月注：四，一作六。無出字。）潘自牧記纂淵海：「開寶七年，契丹願講好，使命始通，我朝遣郝從信、吕端爲使，此報聘也。復遣宋準、邢文度爲契丹國信使。」

〔六〕黄龍府衛將，本史卷七七何魯不傳作軍將。

〔七〕本史卷七七本傳作何魯不。討燕頗時，已官北院大王。長編：開寶八年七月，「庚辰，遣西上閤門使郝崇信、太常丞吕端使於契丹。端，餘慶之弟也」。（宋會要蕃夷一又於記此事下注云：「自是始與中國交聘。」）「八月壬戌，契丹遣左衛大將軍耶律霸德，弓箭庫使堯盧骨、通事左監衛將軍王英來聘，獻御衣、玉帶、名馬，上皆厚賜之。因令從獵近郊，上親射走獸，矢無虚發。使者俯伏呼萬歲。私謂譯者曰：『皇帝神武無敵，射必命中，所未嘗見也。』」（事實同。有「及平江南，獻弓矢、名馬」。宋會要蕃夷一有「獻御衣一襲、玉帶一、御馬三，并鞍轡帶甲馬五十」。）

〔八〕索隱卷一：「案此治河爲金史伊屯河，非漢志水經之治水。」

〔九〕契丹國志卷二二：「東北至屋惹國等國，西南至生女真國界，西至上京四千餘里。」即此屋惹城，時燕頗已東北入生女真界，故遼安摶不能追討。

〔一〇〕索隱卷一：「地理志，通州名，聖宗更，此年尚名龍州，以燕頗叛廢黄龍府，故以燕頗餘黨别置一州，史以其後州名書之。」

〔一一〕長編：「十一月戊寅，契丹雲州節度使遣人致書瀛州，願與防禦使馬仁瑀通好，仁瑀以書來上。庚辰，命校書郎直史館宋準賀契丹正旦，殿直邢文度副之。十二月甲子，契丹遣左衛大將軍耶律烏正、禮賓使蕭護里國，通事左千牛衛將軍陳延正來賀明年正旦。」宋會要蕃夷一稱「獻御衣一襲，金帶一、金鞍轡馬一、銀花鏤鞍轡馬一、散馬七十匹、烏正等各獻朝見馬有差。詔賜如八月，惟副使減銀器五十兩，通事止銀帶，隨從又有舍利、判官、皮室、通引之名，所賜差損前數。時初平江南，李煜至闕下，烏正在館聞之，各獻名馬，弓箭爲賀。及入辭，加賜金鞊鞢束帶、皂花欹正袍、暈錦、紫綺、髹器等物。」

八年春正月癸酉，宋遣使來聘。〔一〕

二月壬寅，諭史館學士，書皇后言亦稱「朕」暨「予」，著爲定式。〔二〕

三月辛未，遣五使廉問四方鰥寡孤獨及貧乏失職者，振之。

夏六月，以西南面招討使耶律斜軫爲北院大王。〔三〕

秋七月丙寅朔，寧王只没妻安只伏誅，只没、高勳等除名。辛未，宋遣使來賀天清節。〔四〕

八月癸卯，漢遣使言天清節設無遮會，飯僧祝釐。丁未，如秋山。己酉，漢以宋事來告。是月，女直侵貴德州東境。

九月己巳，謁懷陵。辛未，東京統軍使察鄰、詳穩涸奏女直襲歸州〔五〕五寨，剽掠而去。乙亥，鼻骨德來貢。壬午，漢爲宋人所侵，遣使求援，命南府宰相耶律沙、冀王敵烈赴之。戊子，漢以宋師壓境，遣駙馬都尉盧俊來告。

冬十月辛丑，漢以遼師退宋軍來謝。

十一月丙子，宋主匡胤殂，其弟炅自立，遣使來告。〔六〕辛卯，遣郎君王六、撻馬涅木古等使宋弔慰。〔七〕

十二月壬寅，遣蕭只古、馬哲賀宋即位。〔八〕丁未，漢以宋軍復至、掠其軍儲來告，且乞賜糧爲助。戊午，詔南京復禮部貢院。是月，轄戛斯國遣使來貢。

〔一〕長編：開寶九年（九七六）春正月己卯，「幸北苑，令衞士與契丹使騎射」。宋會要蕃夷一：「正月，幸北苑，觀騎士與契丹國使騎射。及辭，又厚賜以遣之。」

〔二〕宋會要蕃夷一：開寶九年「二月，契丹遣使耶律延顙來賀長春節，獻御衣、玉帶、名馬二匹，鞍勒副之，散馬百匹，白鶻二」。宋史卷三太祖紀繫於二月辛亥，延顙同，長編作太僕卿耶律延寧。玉海卷一五四朝貢：「開寶九年二月，契丹賀長春節，獻御衣，名馬二匹，鞍勒副之，馬百匹，白鶻二。」

〔三〕本史卷八三本傳作「命節制西南面諸軍，仍援河東，改南院大王」。下文乾亨元年二月，亦稱斜軫爲南院大王。

〔四〕天清節，景宗生辰節名，七月二十五日。長編：「五月甲申（十八日），以東上閤門副使田守奇賀契丹生辰，右贊善大夫房彥均副之」。宋史卷三同。

〔五〕本史地理志二：歸州，「太祖平渤海以降户置，後廢。統和二十九年復置」。此仍用舊稱。

〔六〕長編：十一月「壬午，遣著作郎馮正、著作佐郎張玘使契丹，告終稱嗣也」。宋史卷四作十一月己丑。遼史附考證：「按太宗改名炅，在太平興國二年二月，遼史固預爲書之耳。」

〔七〕事實卷二〇：「太祖升遐，遣使修賻禮。太宗即位，遣使獻御衣、金玉鞍勒馬等賀。太祖山陵獻馬、金銀。」長編：「太平興國元年十二月戊午，契丹使鞍轡庫使蕭蒲骨只來修賻禮，上命引進副使田守奇勞於城外，加賜以遣之。」宋會要蕃夷一作「鞍轡庫使蕭蒲骨只及從人粘毛骨等奉慰書來聘。修聘禮也」。蕭蒲骨只即王六，從人粘毛骨即撻馬捏木古。索隱卷一：「按續通鑑譯作蕭巴固濟。注：舊作哲古，馬哲。未知何據以二人爲一人。」蓋誤以弔慰使爲賀即位使也。

〔八〕宋會要蕃夷一：「太宗太平興國二年正月，契丹遣使蕭蒲泥禮、王英等奉御衣，金玉帶、玉鞍勒馬，金銀飾，戎仗及馬百匹，來賀太宗皇帝登極。又別奉御衣、金帶、鞍馬爲賀正之禮。是日對泥禮等於崇德殿及其從者凡八十二人，賜衣帶器幣有差。」（玉海卷一五四，長編並繫此事於二年二月甲午，契丹遣使來賀上登極、賀正，未著使臣姓名。）玉海卷一五四：「興國二年二月甲午，遣使貢御服，金玉帶，玉鞍勒馬，金銀飾戎仗，馬百匹來賀上登極。別貢御服，金帶鞍馬爲賀正之禮。十月辛酉，獻良馬方物。」

遼史補注卷九

本紀第九

景宗下

九年春正月丙寅，女直遣使來貢。〔一〕

二月庚子，宋遣使致其先帝遺物。甲寅，以青牛白馬祭天地。

三月癸亥，耶律沙、敵烈獻援漢之役所獲宋俘。戊辰，詔以粟二十萬斛助漢。〔二〕

夏〔三〕五月庚午，漢遣使來謝，且以宋事來告。己丑，女直二十一人來請宰相、夷離堇之職，以次授之。

六月丙辰，以宋王喜隱爲西南面招討使。

秋七月庚申朔，回鶻遣使來貢。甲子，宋遣使來聘。壬申，漢以宋侵來告。丙子，遣使助漢戰馬。

八月，漢遣使進葡萄酒。〔四〕

冬十月甲子，耶律沙以党項降酋可醜、買友來見，賜詔撫諭。丁卯，以可醜爲司徒，買友爲太保，各賜物遣之。壬申，女直遣使來貢。乙酉，漢復遣使以宋事來告。〔五〕

十一月丁亥朔，司天奏日當食不虧。〔六〕戊戌，吐谷渾叛入太原者四百餘户，索而還之。〔七〕癸卯，祠木葉山。乙巳，遣太保迭烈割等使宋。〔八〕乙卯，漢復遣使以宋事來告。

十二月戊辰，獵於近郊，以所獲祭天。

〔一〕賀登極使又充賀正使，參去年注〔八〕。

〔二〕十國春秋卷一〇五作「粟三十萬」。

長編：太平興國二年（九七七）三月，「契丹在太祖朝，雖聽沿邊互市而未有官司，是月始令鎮、易、雄、霸、滄州，各置榷務，命常參官與内侍同掌，輦香藥犀象及茶，與相貿易」。（原注：熊克九朝通畧云：後有范陽之師，乃罷不與通。）畢氏續通鑑：「太平興國二年三月己丑，置威勝軍，許遼人互市。」考異：「威勝軍，九域志云，治銅鞮縣。隆平集則云以潞州亂柳九圍中爲軍。未詳孰是。」

〔三〕宋會要蕃夷一：「四月，又遣使鴻臚卿耶律敞等獻助山陵馬三十匹，又獻御衣三襲、金帶二、御馬三匹、黄金鞍勒副之，金飾戎具一副。」

宋史卷四太宗紀：太平興國二年四月，契丹耶律敞來會葬，五月，遣辛仲甫報謝之。

宋會要蕃夷一：「十月四日契丹遣使耶律阿摩里來賀乾明節。獻御衣二襲、金玉帶各一、馬百匹。」長編同，並又記：「己巳（十二日），幸京城西北隅，視衛士與契丹使馳射。又召近臣及契丹使宴射苑中。」契丹國志卷六：「宋葬太祖於永昌陵（長編：四月甲寅），遼遣鴻臚少卿耶律敞等往宋助葬。宋太宗尋遣起居舍人辛仲甫使遼，右贊善大夫穆波副之。（長編、續通鑑並作穆被，官銜均同。）時宋朝將用兵伐北漢，北漢實倚遼爲援，仲甫遲留境上未敢進，宋詔趣行，既至，帝問曰：『聞中國有党進者真驍將，如進之比凡幾人？』仲甫對曰：『名將甚多，如進鷹犬之材，曷可勝數。』帝頗欲留之，仲甫曰：『信以成命，義不可留，有死而已。』帝知其秉節不可奪，厚禮遣還。」

〔四〕宋會要蕃夷一：「八月，契丹小底述訥辭還本國，詔賜窄衣金鞊韘銀器百兩、衣著百匹。」

〔五〕玉海卷一五四：「十月辛酉，獻良馬方物。」畢氏續通鑑：「十月辛酉，遼遣使來賀乾明節。」事實卷二〇：「乾明節遣使來賀，詔遣監察御史李濆（續通鑑作李濱）借太府卿，閤門祗候鄭偉借右千牛衛將軍報聘。」長編：十一月「甲午，命監察御史李濆、閤門祗候鄭偉爲契丹正旦使。」宋史卷四太宗紀作十一月甲午，「遣李濆等賀契丹正旦」。

〔六〕宋史卷五二天文志：「太平興國二年十一月丁亥朔，日有食之，既。」（長編同。）因觀測地區不同，契丹國志卷六作乾亨四年，誤。

〔七〕西南面招討使喜隱索還，參本史卷七二本傳。

〔八〕長編：十二月「壬午，契丹遣太僕卿耶律特爾格、（宋會要作耶律迭列，即本史太保迭烈割。）禮賓副使王英來賀明年正」。宋會要蕃夷一：「十二月遣太僕卿耶律迭列、禮賓副使王英以良馬方物賀正。」

十年春正月癸丑，如長濼。〔一〕

二月庚午，阿薩蘭回鶻來貢。

三月庚寅，祭顯陵。

夏四月丁卯，西幸。己巳，女直遣使來貢。

五月〔二〕癸卯，賜女里死，遣人誅高勳等。〔三〕

六月己未，駐蹕沿柳湖。

秋七月庚戌，享太祖廟。

九月癸未朔，〔四〕平王隆先子陳哥謀害其父，車裂以徇。

是冬，駐蹕金川。〔五〕

〔一〕長編：太平興國三年（九七八）「春正月，北漢主遣其子續質於契丹，納重幣以求援」。

〔二〕長編：五月「癸巳，遣左補闕李吉使契丹，通事舍人薛文寶副之」。李吉，宋史太宗紀作李從吉。通事舍人薛文寶，按宋史卷二七四王文寶傳：「太平興國初，累遷至軍器庫使，嘗使契丹。」薛、王事蹟相合，疑有誤字。

〔三〕按女里、高勳皆預殺害蕭思温之謀，至此事覺，高勳以蕭啜里案被流於銅州，故言遣人誅之云。

〔四〕朔字，據本史卷四四朔考補。

〔五〕宋史卷四：「冬十月癸丑朔，契丹遣使來賀乾明節。」乾明節，宋太宗生辰節名，十月十七日。長編：「冬十月癸丑朔，契丹遣太僕卿耶律諧里、茶酒庫副使王琛來賀乾明節。」「庚午，契丹使耶律諧里等辭歸國，詔供奉官閤門祇候王侁送至境上，送伴使蓋始此。」宋會要蕃夷一：「十月，遣使太僕卿耶律諧里，副使茶牀副使王琛等獻御衣二襲，金帶，弓箭，金鞍轡、鐵鞍轡各一，御馬四匹，散馬百匹來賀乾明節。是月帝畋於朱延頓，因令諧里從獵，帝射中走兔，諧里等貢馬爲賀，及辭日，加賜如例，惟無大銀器而有漆器各一棹，命供奉官閤門祇候王侁送至境上。」畢氏續通鑑：「遼南京留守燕王韓匡嗣入權樞密使，遼主使其子德讓代之。德讓有智畧，喜建功立事，屢代其父爲留守，遼人以爲榮。」長編：「十一月丁亥，遣供奉官閤門祇候吴元載、太常寺太祝毋賓古爲契丹賀正使。」錢氏考異卷八三宋奉使諸臣年表：「十一月，供奉官閤門祇候吴元載、太常寺大祝毋賓古賀契丹正旦。」注云：「明年（太平興國四年）太宗親征幽州不克，南北不通使者二十五年。」

長編：「十二月戊寅，契丹遣使蕭巴固濟等來賀來年正旦。」宋會要蕃夷一：「契丹遣蕭蒲骨只等以良馬方物來貢，賀明年正旦，時帝幸玉津園，又召其使令觀羣臣習射。」本史卷八二耶律虎古傳：保寧「十年，使宋還，以宋取河東之意聞於上，燕王韓匡嗣力沮，乃止。明年，宋果伐漢。帝以虎古能料事，器之。乃曰：『吾與匡嗣慮不及此。』授涿州刺史」。長編於本年十月記：「上初即位，幸左藏庫，視其儲積，語宰相曰：『此金帛如山，用何能盡，先帝每焦心勞慮，以經費爲念，何其過也。』薛居正等聞上言，皆喜。於是分左藏北庫爲内藏庫，並以講武殿後封樁庫屬焉。改封樁庫爲景福内庫。（原注：置内藏庫，實録不書。按職官、食貨志及會要等並云在此年十月，因附見其事。）初，太祖別置封樁庫，嘗密謂近臣曰：『石晉苟利於己，割幽薊以賂契丹，使一方之人，獨限外境，朕甚憫之。欲俟斯庫所蓄滿三五十萬，即遣使與契丹約，可能歸我土地民庶，則當盡此金帛充其贖直，如曰不可，朕將散滯財，募勇士，俾圖攻取耳。』會晏駕，不果。」

乾亨元年春正月乙酉，遣撻馬長壽使宋，問興師伐劉繼元之故。丙申，長壽還，言「河東逆命，所當問罪。若北朝不援，和約如舊；不然則戰」。〔一〕

二月丁卯，漢以宋兵壓境，遣使乞援，詔南府宰相耶律沙爲都統，冀王敵烈爲監軍，赴之；又命南院大王斜軫以所部從，樞密副使抹只督之。〔二〕

三月辛巳，速撒遣人以別部化哥等降，納之。〔三〕丙戌，漢遣使謝撫諭軍民，詔北院大王奚底、乙室王撒合等以兵戍燕。己丑，漢復告宋兵入境，詔左千牛衛大將軍韓侼、大同軍節度使耶律善補以本路兵南援。〔四〕辛卯，女直遣使來貢。丁酉，耶律沙等與宋戰於白馬嶺，〔五〕不利。冀王敵烈及突呂不部節度使都敏、黄皮室詳穩唐筈皆死之，士卒死傷甚衆。

夏四月辛亥，漢以行軍事宜來奏，盧俊自代州馳狀告急。辛酉，敵烈來貢。

五月己卯朔，〔六〕宋兵至河東，漢與戰，不利，劉繼文、盧俊來奔。〔七〕

六月，劉繼元降宋，漢亡。〔八〕甲子，封劉繼文爲彭城郡王，盧俊同政事門下平章事。宋主來侵。丁卯，北院大王奚底、〔九〕統軍使蕭討古、乙室王撒合擊之。戰于沙河，〔一〇〕失利。己巳，宋主圍南京。〔一一〕丁丑，詔諭耶律沙及奚底、討古等軍中事宜。

秋七月癸未，沙等及宋兵戰于高梁河，〔一二〕少却；休哥、斜軫横擊，大敗之，宋主僅以身免。至涿州，竊乘驢車遁去。〔一三〕甲申，擊宋餘軍，所殺甚衆，獲兵仗、器甲、符印、糧饋、貨幣不可勝計。辛丑，耶律沙遣人上俘獲，以權知南京留守事韓德讓、權南京馬步軍都指揮使耶律學古、知三司事劉弘皆能安人心，捍城池，並賜詔褒獎。

八月壬子，阻卜惕隱曷魯、夷離菫阿里覩等來朝。〔一四〕乙丑，耶律沙等獻俘。丙寅，以白馬嶺〔一五〕之役責沙、抹只，復以走宋主功，釋之；奚底遇敵而退，以劍背〔一六〕擊之；撒合雖却，部伍不亂，宥之；冀王敵烈麾下先遁者斬之，都監以下杖之。壬申，宴沙、抹只等將校，賜物有差。〔一七〕

九月己卯，燕王韓匡嗣爲都統，南府宰相耶律沙爲監軍，惕隱休哥、南院大王斜軫、權奚王抹只等各率所部兵南伐；仍命大同軍節度使善補領山西兵分道以進。〔一八〕

冬十月乙丑，韓匡嗣與宋兵戰於滿城，敗績。〔一九〕辛未，太保矧思與宋兵戰於火山，〔二〇〕敗之。乙亥，詔數韓匡嗣五罪，赦之。

十一月戊寅，宴賞休哥及有功將校。乙未，南院樞密使兼政事令郭襲上書諫畋獵，嘉納之。辛丑，冬至，赦，改元乾亨。〔二一〕

十二月乙卯，燕王韓匡嗣遥授晉昌軍節度使，降封秦王。壬戌，蜀王道隱南京留守，徙封荆王。

是冬，駐蹕南京。〔二二〕

〔一〕「河東逆命」以下二十一字，爲長壽轉説宋人之言，故「長壽還言」下，當有「宋人言」三字。宋史紀事本末卷一三云「自是和好中絶」。長編：太平興國四年春正月丁亥，「命太子中允直舍人院張洎，著作佐郎直史館華陽勾中正使高麗」。據宋史卷四太宗紀出使爲「使高麗，告以北伐」。

〔二〕宋會要蕃夷一：「太平興國四年（九七九）二月，契丹遣使耶律尚書拽剌梅里奉書問起居，對於行在所，賜梅里金帶、銀鞍勒馬。」又兵七云：二月「二十七日，次臨城縣，契丹遣使耶律尚書拽剌梅里上表，對於行在」。長編：太平興國四年二月丙子，「契丹遣使尚書耶律拽剌梅里奉書問起居。丁丑，見於臨城縣」。

〔三〕索隱卷一：「案速撒，百官志、屬國表并作素撒。化哥，即兵衞志素昆那、屬國表佘古赧。」疑速撒爲卷九四有傳之耶律速撒，保寧三年曾任九部都詳穩，化哥即耶律化哥，本句有脱誤。

〔四〕本史卷八四耶律善補傳：「及伐宋，韓匡嗣與耶律沙將兵由東路進，善補以南京統軍使由西路進。」

〔五〕石嶺關在今山西省陽曲縣東北百二十里，關城北去忻州四十里。白馬嶺在關南，今山西省盂縣東北七十里。長編：三月乙未，「郭進言：『契丹數萬騎入侵，大破之石嶺關南。』於是北漢援絶，北漢主復遣使間道齎蠟書走契丹告急，進捕得之。徇於城下，城中氣始奪矣」。事實卷二〇：「開寶四年，遣使問起居，尋入寇石嶺關以援晉陽，爲郭進所敗。」開寶係太平興國之誤。宋會要蕃夷一：「三月，石嶺關總管郭進言：『契丹率衆數萬騎寇石嶺關，以援晉陽，即出兵敗之。』」宋史卷二七三郭進傳：「四年，車駕將征太原，先命進分兵控石嶺關，爲都部署以防北邊，契丹果犯關，進大破之，又攻破西龍門砦，俘馘來獻，自是并人喪氣。」

十國春秋卷一〇五北漢紀：廣運六年三月「丁酉，耶律沙等與宋將郭進遇於白馬嶺。時契丹兵阻大澗，沙與諸將欲待後軍至而戰，冀王敵烈、監軍抹只等以爲急擊之便，沙不能奪。敵烈等以先鋒渡澗，未半，爲宋人所擊，兵潰，敵烈及其子蛙哥、沙之子德里、突呂不部節度使都敏、黄皮室詳穩唐筈等五將俱没，士卒死傷甚衆。會南院大王斜軫兵至，萬矢俱發，敵軍始退」。

〔六〕朔字，據本史卷四四朔考補。

長編：四月「壬申（廿四日）夜漏未盡，上幸城西，督諸將攻城……會契丹遣使修貢，賜宴便殿，因出劍士示之，數百人袒裼鼓譟，揮刃而入，跳擲承接，曲盡其妙，契丹使者不敢正視。及是，巡城必令舞劍士前導，各呈其技，北漢人乘城望之破膽。上每躬擐甲冑，蒙犯矢石，指揮戎旅。左右有諫者，上曰：『將士争效命於鋒鏑之下，朕豈忍坐觀。』諸軍聞之，人百其勇，皆冒死先登，凡控弦之士數十萬，列陣於乘輿前，蹲甲交射，矢集太原城上如蝟毛焉。每詔給諸軍箭數百萬，必頃刻而盡。捕得生口云：『北漢主城中市所射之箭，以十錢易一隻，凡得百餘萬隻，聚而貯之。』上笑曰：『此箭爲我蓄也。』及城降，盡得之」。（統類同，惟「百餘萬隻」作「十餘萬隻」。）

玉海：「太平興國四年正月庚寅，命宣徽南院使潘美等進師。二月二日詔親征，甲子，上親征，二十九日，次德清軍。三月庚辰朔，次真定。四月壬戌，克岢嵐。乙丑，克隆州。己巳，克嵐州。繼元外援不至，饟道絶，王師四合。庚午，上次太原，駐蹕汾水東。二十三日，幸城四面，按行營壘閲視攻具。翌日，夜漏未盡，幸城西，督諸軍發機石攻城。二十七日命馬仁瑀、慕容福超、白重貴、李繼昇等分道攻城，帝自草詔賜繼元。五月壬午幸城南。上曰：『翌日重午，當食於城中。』癸未，諸將急攻，城欲壞。帝恐屠城，麾衆少退。是夜，繼元納欵。甲申，幸城北，張樂，宴從臣，於城臺受降。」長編：「五月壬午，幸（太原）城南，上謂諸將曰：『翌日重午，當食於城中。』遂自草詔賜北漢主。夜，漏上一刻，城上有蒼白雲，如人狀。癸未，幸城南，督諸將急攻，士奮怒爭乘城，不可遏。上恐屠其城，因麾衆少退。城中人猶欲固守，左僕射致仕馬峯以病卧家，舁入，見北漢主，流涕以興亡諭之，北漢主乃降。夜漏上十刻，遣客省使李勳上表納欵，上喜，即命通事舍人薛文寶齎詔入城撫諭。夜漏未盡，幸城北，宴從臣於城臺，受其降。」長編：五月，平北漢條考異云：「國史郭守文傳又云：『劉繼元弟繼文據代州依契丹以拒命，守文討平之。』按九國志則繼文前死矣。此蓋守文墓誌所載，國史因之，今亦不取」。按全遼文卷四劉繼文墓誌銘，繼文並未前死，本史所紀合，九國志誤。

續通鑑考異：「案東都事畧云：太宗將至太原，語侍臣曰：『我當以端午日置酒高會於太原城中。』及繼元降，果五月五日也。長編以太宗端午之期爲前一日所語，較事畧爲得其實，合諸他書所載，繼元之降實係五月而非六月也。遼史記載有誤耳。」

十國春秋卷一〇六北漢劉繼文傳：「繼文，世祖嫡孫也，爲人魁梧，有氣局，沉毅寡言，歷官侍衛親軍使。天會時，契丹來問罪，輒拘繫行人數輩，睿宗乃命繼文往賀，因請命，亦被留不發。未幾，遼主怒解，盡歸使者十六人，厚禮以遣，而繼文與焉。時英武帝嗣位三年也。遼主仍移書，令以繼文同平章事。繼文歸秉國政，左右害其寵，多譖毁之。已而出爲代州刺史，國亡，復奔契丹，封彭城郡王，終於其國。」九國志以繼文爲前死，長編引郭守文傳云：「繼元弟繼文據代州依契丹以拒命，守文討平之。」皆傳聞失實。

〔七〕此繫五月己卯爲帶叙。十國春秋以繼文、盧俊奔遼在甲午，即十六日。長編：五月丁未，「初，攻圍太原累月，饋餉且盡，軍士罷乏。會劉繼元降，人人有希賞意，而上將遂伐契丹，取幽、薊，諸將皆不願行。然無敢言者，殿前都虞候崔翰獨奏曰：『此一事不容再舉，乘此破竹之勢，取之甚易，時不可失也。』上悦，即命樞密使曹彬議調發屯兵」。（統類同。）

〔八〕九朝編年備要卷三：「自劉旻僭號，歷四祖，凡二十九年，至是平。」東都事畧卷二三：「繼元之未敗也，太宗先命郭進斷契丹之援於石嶺關，進至，契丹果來援，進擊走之，繼元猶以蠟彈帛書求救於契丹，進得之以徇城下，及降，太宗宥其罪。授右衛上將軍封彭城郡公，賜第京師。」

〔九〕本史卷八二耶律隆運傳作五院糺詳穩奚底。

〔一〇〕續通鑑作沙河東生擒五百餘人。索隱卷一云：「案水之名沙河者不一，此戰在遼南京之南，故通鑑輯覽注以此沙河爲易水，即北濡合中易水入拒馬河。漢章考水經注，北濡見易水注，南濡見滱水注，即北易、南易所由分，中易水即宋、遼分界之白溝河。水經巨馬河注謂之白溝水入巨馬水，巨馬水世謂之沙溝水，故有沙河之名。」

〔一一〕長編、宋史並作「己巳，次鹽溝頓。庚午遲明，次幽州城南」。與本史差一日。長編：六月「庚申（十三日），車駕北征，發鎮州」。（統類、宋史同。）「丙寅（十九日），次金臺頓，契丹據有之地也。募其民能爲鄉導者百人，人賜錢二千，遣東西班指揮使浚儀、孔守正等先趣岐溝關，守正夜踰短垣，過鹿角，臨斷橋，説關使劉禹以大軍且至，宜開門出降。禹解懸橋，邀守正入，聽命守正慰撫軍民，還詣行在所。丁卯（廿日），上躬擐甲冑，率兵次岐溝關，契丹東易州刺史劉禹以州降。留兵千人守之。東易州即岐溝關也。（原注：按孔守正傳：「先入岐溝關，説關吏劉禹以城降。」不稱東易州。實録、本紀並稱東易州，不云岐溝關，其實一也。六月乙亥，以八作副使綦延朗知東易州，而守正傳云：「詔綦延朗守關城，召守正赴行在。」蓋契丹名岐溝關曰東易州耳。劉禹或作劉宇，今從守正傳。然守正既入岐溝關，即還報。明日又與傅潛同趨涿州。）（長編、統類作劉禹，宋會要、宋史、事實作劉宇。）東西班指揮使衡水傅潛與孔守正先至涿州，擊契丹，敗之，生擒五百餘人。戊辰（廿一日），上次涿州，判官劉原德（宋史作厚德）以城降。命供奉官張懷訓領其兵。己巳（廿二日），次鹽溝頓，民有得契丹之馬來獻，賜以束帛。庚午（廿三日）遲明，次幽州城南，駐蹕於寶光寺。契丹萬餘衆屯城北，上親率兵乘之，斬首千餘級，餘黨遁去。」統類、宋會要同。）宋會要蕃夷一又記：「契丹、渤海兵三百餘人及范陽軍三百餘來降，召見，賜錢帛撫之。」

宋會要蕃夷一：六月「二十五日，命諸將分兵攻城，契丹鐵林都指揮使右厢主李札盧存以部下兵來降」。（宋史作鐵林廂主李札盧存。）

宋會要兵七（太平興國四年）：六月「二十五日，命諸將分兵攻城，定國軍節度宋延渥部南面、尚食使侯昭願副之；河陽節度崔彥進北面，内供奉官江守鈞副之；彰信軍節度劉遇東面，儀鸞副使王賓副之；定武軍節度孟元詰西面，閑厩副使張守明副之；命宣徽南院使潘美知幽州行府，度支判官奚嶼、户部判官杜載並爲行府判官。契丹鐵林都指揮使右厢主李札盧存以部下兵百二十五人來降。二十六日，幸城北。督諸將攻城。村民獲戎馬三百餘疋來獻。幽州本城神武廳直并鄉兵四萬餘人來降。二十八日，范陽鄉民百人相率以牛酒迎犒王師。三十日，帝乘步輦至城下，督諸將攻幽州，都内諸縣令左及鄉民一百五十人來降」。

長編：六月「癸酉（廿六日），移幸城北，督諸將攻城，幽州神武廳直並鄉兵四百餘來降，村民奪得契丹馬二百餘匹來獻。甲戌（廿七日）……幽州山後八軍瓷窑務官三人，以所受契丹牌印來獻。乙亥，命八作副使祁延朗知東易州。（原注：祁或作綦。）薊縣民百餘人以牛酒迎犒王師，各賜衣服錢帛、遣使隨村墅安撫居民。丁丑（卅日），上乘步輦至城下，督諸將攻城，幽州諸縣令佐及鄉民百五十人來降」。（宋會要、宋史畧同，惟事實作「二十五日」異。）

〔一三〕索隱卷一云：「案水經注高梁水有二，其一灅水注：高梁之水出薊城西北平地，東逕薊城北，又東南流入灅水；其一鮑邱水注：高梁水首受灅水於戾陵堰，爲潞河之別源，東南流，亦逕薊縣北，又東至潞縣注於鮑邱水，鮑邱水入潞。是二水源流各異。此紀之高梁河爲灅水注高梁水，今亦名玉河。」

〔一三〕玉海：「既下并州，上欲乘勝取范陽，殿前都虞候崔翰曰：『乘破竹之勢，時不可失。』六月甲寅，發京東河北軍儲赴北面行營。庚申，上北征。丁卯，上躬率兵攻東易州，僞刺史劉宇以州降。留兵千人守之。戊辰，涿州降。以萬人戍守。庚午，駐蹕幽州城南，虜不敢居城中，有萬餘衆屯城北。上率兵乘之，斬千餘級，餘黨遁。壬申，命諸將攻城，旬有五日，以士卒疲且食盡，七月甲申班師。」九朝編年備要卷三：「太平興國四年，詔征契丹。六月，發鎮州，易州、涿州來降。上至幽州，敗契丹於城北。秋七月，上至自幽州。」東都事畧卷二八曹翰傳：「（曹翰）從征幽州，所部攻城之東南隅，卒掘土得蟹，以獻。翰謂諸將曰：『蟹、水物而陸居，失所也。且多足，虜救將至，不可進拔之象，其班師乎。』已而果然。」王銍默記卷中：神宗與滕元發「語及北邊事曰：『太宗自燕京城下軍潰，北人追之僅得脱，凡行在服御寶器，盡爲所奪，從人宮嬪盡陷没，股上中兩箭，歲歲必發，其棄天下竟以箭創發云。』」契丹國志卷六：六月，「涿州判官劉德厚以城降宋」。宋史卷四：「太平興國四年六月壬申：契丹鐵林厢主李札盧存以所部來降。癸酉，幽州神武廳直并鄉兵四百人來降。乙亥，范陽民以牛酒犒師。秋七月庚辰，契丹建雄軍節度使知順州劉廷素來降。壬午，知薊州劉守恩來降。」王鞏聞見近録：「前此自柴世宗畫御河爲界，虜未嘗敢犯邊，自爾日尋干戈，至真宗皇帝澶淵之幸方息兵。御河，蓋世宗運漕河也。」王得臣麈史卷上：「富鄭公嘗爲余言，永熙討河東劉氏，既下并州，欲領師乘勝收復薊門，始咨於衆，參知政事趙昌言對曰：『自此取幽州，猶熱鏊翻餅耳。』殿前都指揮使呼延贊争曰：『書生之言不足盡信，此餅難翻。』永熙竟趨幽燕，卷甲而還，卒如贊言。鄭公再三歎謂余曰：『武臣中蓋亦有人矣。』」

宋會要兵七：「七月三日，契丹僞武雄軍節度使知順州劉廷素率官屬十四人來降。（廷素，宋會要、宋史、事實同。長編、通考作延素。）五日，僞節度使知薊州劉守恩與官屬十七人來降。（守恩，宋會要、宋史、事實、通考同。長編作守思。）六日，幸城西北隅，督攻城。七日，詔班師。二十八日，車駕至自范陽。」（注云：「先自帝平汾迴，欲承勝取范陽，諸將皆贊成其事。至是以士卒疲頓，轉輸迴遠，且虞戎虜之至，遂班師。」）

長編：「七月癸未，幸城西北隅，督諸將攻城」。「甲申，上以幽州城踰旬不下，士卒疲頓，轉輸回遠，復恐契丹來救，遂詔班師，車駕夕發，命諸將整軍徐還。」（原注：江休復雜志：「太宗自并幸幽，乘敵無備，契丹主方獵，遁歸牙帳，議棄燕薊，以兵守松亭、虎北口而已。于越時爲舍利郎君……請兵十萬救幽州，並西方薄幽陵，人夾持兩炬，朝舉兩旗，選精騎三萬，夜從他道，自官軍南席捲而北，又先以弱兵五千守幽州，望風遁去，我師遏之不得去，遂堅守，及我師已退，或勸襲之。于越曰：受命救幽、薊，已得之矣。遂不甚爭利。」）「乙酉，次涿州。丙戌，次金臺驛」。「乙巳，車駕至自范陽。」

〔一四〕長編：八月甲寅（七日），「初，劉繼業爲繼元捍太原城，甚驍勇，及繼元降，繼業猶據城苦戰，上素知其勇，欲生致之，令中使諭繼元，俾招繼業，繼元遣所親信往，繼業乃北面再拜，大慟，釋甲來見，上喜，慰撫之甚厚，復姓楊氏，止名業，尋授左領軍衛大將軍，丁巳（十日），以業爲鄭州防禦使」。

〔一五〕嶺字原缺，據上文紀乾亨元年三月及卷八三耶律休哥傳、卷八四耶律抹只傳、耶律沙傳補。

〔一六〕本史卷六一刑法志：「木劍、大棒者，太宗時制，木劍面平背隆，大臣犯重罪，欲寬宥則擊之。」

〔一七〕長編：「八月戊申朔，契丹蘇哲等二十八人來降，賜以衣服、錢帛，配隸契丹置。」（蘇哲，宋會要蕃夷一作藐兒，餘同。）「癸亥，命潘美爲河東三交口都部署，以捍契丹。」（宋史卷四同。三交口在今山西省太原北十五里。）

〔一八〕長編：九月丙申，「代州言『契丹安慶府主安海進來求内附。』以蠟書賜之」。丙午，「契丹大入侵，鎮州都鈐轄雲州觀察使浚儀劉延翰帥衆禦之。先陣於徐河，崔彦進潛師出黑盧隄北，緣長城口，銜枚躡後，李漢瓊及崔翰亦領兵繼至。先是，上以陣圖授諸將，俾分爲八陣，大軍次滿城，敵騎坌至。右龍武將軍趙延進乘高望之，東西亘野，不見其尾，翰等方按圖布陣，陣相去百步，士衆疑懼，略無鬬志，延進謂翰等曰：『主上委吾等邊事，蓋期於克敵爾。今敵騎若此，而我師星布，其勢懸絶，彼若乘我，將何以濟？不如合而擊之，可以決勝。違令而獲利，不猶愈於辱國乎？』翰等曰：『萬一不捷，則若之何！』延進曰：『倘有喪敗，延進獨當其責。』翰等猶以擅改詔旨爲疑。鎮州監軍、六宅使李繼隆曰：『兵貴適變，安可以預料爲定。違詔之罪，繼隆請獨當之。』翰等意始決，於是分爲二陣，前後相副，士衆皆喜，三戰大破之。敵衆崩潰，悉走西山投坑谷中，死者不可勝計，追奔至遂城，斬首萬餘級，獲馬千餘匹，生擒酋長三人、俘老幼三萬口及兵器、車帳、羊畜甚衆。冬十月庚午，捷書聞，手詔褒之」。（統類、宋會要同。本史下文十月乙丑之敗，當即此役。）

九朝編年備要卷三：九月「契丹寇鎮州，趙延進等敗之。初，上以陣圖賜諸將，俾分爲八陣，至是虜騎坌至，延進亟乘高望之，東西亘野，不見其尾，崔翰等方按圖布陣，相去百步，延進謂翰等曰：『今虜騎若此，而我師星布，其勢懸絶，若合而擊之，可以決勝。』李繼隆亦曰：『兵貴通變，安可預料。』於是分爲二陣，前後相副，大破之。捷書聞，手詔嘉獎」。宋史卷四：九月「丙午鎮州都鈐轄劉廷翰及契丹戰於遂城西，大敗之。斬首萬三百級，獲三將、馬萬匹」。

〔一九〕宋會要蕃夷一：「十月，契丹來寇，關南劉延翰、崔彦進、崔翰等三將會兵擊之，遇於遂城西徐、馳二河間，斬首萬二百級、獲馬萬匹。坐（生）擒酋長三人，追奔二十里餘，老幼三萬餘口及兵器車帳攻具甚衆。」（通考卷三四六畧同。）

〔二〇〕索隱卷一：「案一統志，山在河曲縣東南六十五里。河曲縣，宋太平興國七年建火山軍。此戰在四年，尚未置軍，故但曰火山。此遼之山西兵分道以進者，非南京戰滿城之兵。」

〔二一〕長編：「上以鄭州防禦使楊業老於邊事，洞曉敵情，癸巳（十一月十七日），命業知代州兼三交駐泊兵馬部署，上密封囊裝，賜予甚厚。」

宋會要兵七：「十一月十四日關南言破契丹萬餘衆，斬首三千餘級。十九日雄州言戎虜皆遁，邊侯徹(候撤)警。」
長編：十一月「庚辰，代州言：『契丹於代州、雁門、西陘、護國、南川置寨。折彥贇與都監董思願、劉緖，巡檢侯美追擊大破之。獲鞍馬器仗甚衆。』(原注：「此據會要乃十一月四日事。」護國，宋會要作胡谷，餘同。)」「己亥，嵐州言：『三交口破契丹千餘衆。』辛丑，忻州言：『破契丹數千衆，斬首四十五級，獲鞍馬鎧甲，並生擒六十人以獻。』關南又言：『破契丹數萬衆，斬首萬餘級，獲橐駞五十三頭。』」
宋史卷四：十一月「辛卯，忻州言：『與契丹戰，破之。』關南言：『破契丹，斬首萬餘級。』」此作辛卯，與長編、宋會要、十朝綱要作辛丑者差十日，應是「破敵」與「捷聞」之别。
〔三〕高麗史卷二：「高麗景宗四年(九七九)，是歲渤海人數萬來投。」
長編：「是歲，契丹主明記改元曰乾亨。」

二年春正月丙子朔，封皇子隆緖爲梁王，隆慶爲恒王。丁亥，以惕隱休哥爲北院大王，前樞密使賢適封西平郡王。
二月戊辰，如清河。〔一〕
三月丁亥，西南面招討副使耶律王六、太尉化哥遣人獻党項俘。〔二〕

閏月庚午，有鵶飛止御帳，獲以祭天。〔三〕

夏四月庚辰，祈雨。戊子，清暑燕子城。〔四〕

五月，雷火乾陵松。

六月己亥，喜隱復謀反，囚于祖州。

秋七月戊午，王六等獻党項俘。

八月戊戌，東幸。〔五〕

冬十月辛未朔，命巫者祠天地及兵神。辛巳，將南伐，祭旗鼓。癸未，次南京。丁亥，獲敵人，射鬼箭。庚寅，次固安。〔六〕以青牛白馬祭天地。己亥，圍瓦橋關。〔七〕

十一月庚子朔，宋兵夜襲營，突呂不部節度使蕭幹及四捷軍詳穩耶律痕德戰却之。〔八〕壬寅，休哥敗宋兵於瓦橋東，守將張師引兵出戰，休哥奮擊，敗之。〔九〕戊申，宋兵陣於水南，〔一〇〕休哥涉水擊破之，追至莫州，殺傷甚衆。己酉，宋兵復來，擊之殆盡。〔一一〕丙辰，班師。〔一二〕乙丑，還次南京。

十二月庚午朔，休哥拜于越。大饗軍士。

〔一〕索隱卷一：「水經沽水注云：清河者，派河尾也。在泉州縣故城東，泉州縣在今武清縣東南，則清河當遼時在南京道析津府之武清縣東，上年冬，遼主駐蹕南京，故此年二月如清河。」
長編：太平興國五年（九八〇）二月「乙丑，岢嵐軍言：『近界戎人二百六十餘户、老幼二千三百餘口歸附。』」「壬申，岢嵐軍又言：『戎人八十九户、老幼六百三十二口歸附。』」

〔二〕宋元通鑑卷五：「太平興國五年三月，契丹兵十萬寇雁門，楊業領麾下數百騎自西陘出，至雁門北口，南向擊之，契丹兵大敗。殺其節度使駙馬侍中蕭咄李，獲都指揮李重誨。」
宋會要蕃夷一：太平興國「五年三月，并、代州潘美言：『契丹十萬衆寇雁門塞，聚兵分水嶺，臣令楊業、董思願、侯美、鄭昭達等率在外軍士救應，與鬥，大敗之。殺僞節度使駙馬侍中蕭咄李（即蕭啜里），生擒馬步軍都指揮使李重誨，獲其鎧甲軍衆銀牌印記戎器甚衆。』」（長編、宋史、十朝綱要畧同，並繫於三月癸巳、二十日。）
長編：閏三月辛未，「三交口言：『戎人二百三十四户、老幼五千三十七口歸附。』」

〔三〕宋會要方域二一：「太平興國五年（乾亨二年）閏三月，承美上言：『每奉詔勾招市馬，今年已招勾千七百餘匹赴闕。昨爲契丹移文當州，蕃、漢不得於中國進賣。臣以本界屬中朝，不當得止，契丹即發兵打劫當州西關以西蕃部三百餘帳。』」

〔四〕長編：「四月己丑，代州言：『戎人二百三十五户、二千四百二十四口歸附。』」

〔五〕長編：九月丙寅，「契丹以書遺豐州刺史王承美，令勿與中國市馬。承美不從，具奏其事。契丹怒，率衆掠豐州關以西部族三百餘帳」。

〔六〕今河北省固安縣。

〔七〕長編：「冬十月戊寅，命萊州刺史楊重進、沂州刺史毛繼美率兵屯關南，亳州刺史蔡玉、濟州刺史上黨陳廷山屯定州，單州刺史盧漢贇屯鎮州，備契丹也。」（宋會要、宋史同，宋史未著將名。）

〔八〕本史卷八四蕭幹傳作「宋兵圍瓦橋，夜襲我營，幹及耶律匀骨戰却之」。匀骨或是痕德異名。

〔九〕長編：十一月壬寅（初三日），「契丹寇雄州，（原注：實録、本紀皆不載此事，獨契丹傳十一月書此。）據龍灣堤。龍猛副指揮荆嗣率兵千人，力戰奪路，會中使有至州閲城壘者，出郛外，敵進圍之。諸軍赴援，多被傷，嗣與其衆夜相失。三鼓，乃突圍走莫州，敵爲橋於界河以濟，嗣邀擊之，殺獲甚衆」。（東都事畧、通考同。）

〔一〇〕水南，謂易水之南。

〔一一〕長編：十一月「己酉（初十日）詔巡北邊，壬子，發京師。（今河南省開封市。）」宋史卷四：十一月「己酉，帝伐契丹，壬子，發京師。癸丑，次長垣縣、關南，與契丹戰，大破之」。長編：十一月「癸丑（十四日），關南言：『破契丹萬餘衆，斬首三千餘級。』即以河陽節度使崔彦進爲關南兵馬都部署」。契丹國志卷六：「冬十一月，帝發兵萬餘衆，進攻關南，宋河陽節度使崔彦進將兵禦之，遼師失利。」

東都事畧卷一二三：「明年寇雄州，太宗復北征，師次大名，遂遁去。」

〔二〕長編：十一月「戊午，（十九日）雄州言：『契丹皆遁去。』」宋會要蕃夷一：十一月「十九日，駐蹕大名，雄州言：『戎虜皆遁，邊候徹（撤）警。』乃以十二日班師」。按十二日應是二十日。或十二月。宋史卷四：十一月「戊午，駐蹕大名府，諸軍及契丹大戰於莫州，敗績」。長編：十二月「丁丑（八日），以鄭州防禦使楊業領雲州觀察使，仍判鄭州知代州事。業自雁門之捷，契丹畏之，每望見業旗即引去，主將戍邊者多嫉之，或潛上謗書，斥言其短，上皆不問，封其書付業。上因契丹遁去，遂欲進攻幽州。……翰林學士李昉等上奏……上深納其說，即下詔南歸」。「庚辰（十一日），車駕發大名府。」「乙酉（十六日），至京師。辛卯（二十二日），上既還京師，議者皆言宜速取幽薊，左拾遺直史館張齊賢上疏諫曰……」（原注：「齊賢之論，其知本矣。然齊賢徒知契丹未可伐，而不知燕薊在所當取，豈惟齊賢不之知，雖趙普、田錫、王禹偁亦不之知也。」）

三年春二月丙子，東幸。己丑，復幸南京。〔一〕

三月乙卯，皇子韓八卒。〔二〕辛酉，葬潢、土二河之間，置永州。以秦王韓匡嗣爲西南面招討使。

夏五月丙午，上京漢軍亂，劫立喜隱不克，僞立其子留禮壽，上京留守除室擒之。〔三〕

秋七月甲子，留禮壽伏誅。〔四〕

冬〔五〕十月，如蒲瑰坡。

十一月辛亥，加除室同政事門下平章事。是月，以南院樞密使郭襲爲武定軍節度使。〔六〕

十二月，以遼興軍節度使韓德讓爲南院樞密使。〔七〕

〔一〕宋史卷四：太平興國六年（九八一）春正月「辛亥，易州破契丹數千衆」。長編：太平興國六年正月「辛亥，易州言：『破契丹數千衆，斬首三百級，馬五百匹。器甲以千數。』」（宋會要畧同。）長編：「三交西北三百里地名固軍，溪谷險絶，敵之所保，多由此入侵，潘美潛師襲之，敵棄城遁，軍吏安慶以其族來降，因積粟屯兵守之。自是敵不敢侵軼，邊民以安。」（原注：安慶來降，實録無之。據潘美行狀乃六年正月事，今附月末。徐慶國紀繫之四年八月癸亥，又云三交口即固軍，誤也。）

〔二〕韓八，本史卷一〇紀統和元年五月，卷六四皇子表並作藥師奴。

〔三〕宋史卷四：五月己未，「平塞軍與契丹戰，破之」。長編：「五月辛丑，契丹以七千人入侵平寨軍，守將擊走之，所殺獲甚衆，詔褒之。」六月「丙子，平寨軍言，破契丹萬餘衆」。（原注：「此據實録，别本實録亦同，恐即五月辛丑日事，本紀無之。」）

〔四〕長編：太平興國六年秋七月丙申朔，「上將大舉伐契丹，遣使賜渤海王詔書，令發兵以應王師，其略云：『聞爾國本爲大藩，近年頗爲契丹所制，爾迫于兵勢，屈膝事之，讒慝滋多，誅求無已，雖欲報怨，力且不能，所宜盡出族帳，助予攻取。俟其翦滅，當行封賞，幽薊土宇，復歸中朝，沙漠之外，悉以相與。』然渤海竟無至者」。宋史卷四：「七月丙午，詔渤海琰府王助討契丹。」宋大詔令集卷二四〇載討契丹諭烏舍城浮渝府渤海府主應王師詔。長編：七月「乙卯，嵐州言：『戎人五十三户三百六十三口内附，遣戍卒迎之，爲敵騎所邀，因擊破其衆，斬首十七級。』」

〔五〕據長編、宋史：「九月乙未朔，日有食之。」契丹國志作八年，誤。宋史卷四：九月「丙辰，易州言破契丹」。長編：九月「丙辰，知易州白繼贇言：『契丹來侵，逆擊之於平塞寨北，斬首二千級，獲鎧甲羊馬甚衆。』」

〔六〕長編：十一月甲辰，「先是上將討擊契丹，乃以詔書賜定安國王，令張掎角之勢。其王烏元明亦怨契丹侵侮不已，欲依中國以攄宿憤，得詔大喜。於是女真遣使朝貢，道出定安，烏元明託使者附表來上，且言：『扶餘府昨叛契丹，歸其國，此契丹災禍大至之日也。』表稱元興六年十月。上復優詔答之。仍付女真使者，令齎以賜焉」。定安國上表中云：「宜受天朝之密畫，率勝兵而助討，必欲報敵，不敢違命。」見宋史卷四九一定安國傳。宋大詔令集卷二四〇載十一月甲辰答定安國公烏元明璽書。

〔七〕契丹國志卷六：「乾亨八年（宋太平興國六年），辛巳，遼大赦。」

四年春正月〔一〕己亥，如華林、天柱。〔二〕

三月〔三〕乙未，清明。與諸王大臣較射，宴飲。

夏四月，自將南伐。至滿城，戰不利，守太尉奚瓦里中流矢死。統軍使善補爲伏兵所圍，樞密使斜軫救免，詔以失備杖之。

五月，班師。清暑燕子城。〔四〕

秋七月壬辰，遣使賜喜隱死。

八月，如西京。〔五〕

九月庚子，幸雲州。甲辰，獵于祥古山，帝不豫。壬子，次焦山，崩於行在。年三十五，在位十三年。〔六〕遺詔梁王隆緒嗣位，軍國大事聽皇后命。統和元年正月壬戌，上尊謚孝成皇帝，廟號景宗。重熙二十一年，加謚孝成康靖皇帝。

贊曰：遼興六十餘年，神册、會同之間，日不暇給；天禄、應曆之君，不令其終；保寧而來，人人望治。以景宗之資，任人不疑，信賞必罰，若可與有爲也。而竭國之力以助河東，破軍殺將，無救滅亡。雖一取償於宋，得不償失。知匡嗣之罪，數而不罰；善郭襲之諫，納而不用；沙門昭敏以左道亂德，寵以侍中。不亦惑乎！

〔一〕宣府鎮志卷一四：「乾亨四年，契丹以山後諸州給兵，民力凋敝，田穀多躪於兵，乃詔復今年租。（又敕）諸州有逃户莊田，許蕃、漢人承佃，供給租税。五週年内歸業者三分交還二分，十週年内還一半，十五週年三分還一分，詐認者罪之。」

〔二〕本史卷四〇地理志：順州「城東北有華林、天柱二莊。遼建涼殿，春賞花，夏納涼」。

〔三〕據宋史、長編：「癸巳朔，日有食之。」契丹國志作九年，誤。

〔四〕宋史卷四太宗紀：太平興國七年（九八二）「五月辛丑，崔彦進敗契丹於唐興」。「辛亥，三交行營言：『潘美敗契丹之師於雁門，破其壘三十六。』」「己未，府州破契丹於新澤砦，獲其將校以下百人。」長編：太平興國七年五月，「契丹三萬騎分道入寇：一襲雁門，潘美擊破之，斬首三千級，逐北至其境，破壘三十六，俘老幼萬餘口，獲牛馬五萬計；一攻府州，折御卿擊破之新澤寨，斬首七百級，擒酋長百餘人，獲兵器羊馬萬計；一趨高陽關，崔彦進擊破之唐興口，斬首二千級，獲兵器羊馬數萬」。（原注：「辛丑，高陽關奏到，辛亥，雁門奏到，己未，府州奏到，今并書之，皆署其日。」）

〔五〕按興宗重熙十三年始改雲州爲西京，下文九月幸雲州，雲州即西京，此作史者以後名稱前事。

〔六〕長編：「是歲……契丹主明記卒，謚景宗孝成皇帝，（原注：「十朝綱要：在位十五年。」）有子三人，曰隆緒、隆裕、隆慶。隆緒封梁王，繼立，號天輔皇帝，尊母蕭氏爲承天太后，改大遼爲大契丹。隆緒才十二歲，母蕭氏專其國政。初，蕭氏與樞密使韓德讓通，明記疾亟，德讓將兵在外，不俟召，率其親屬赴行帳，白蕭氏，易置大臣，立隆緒，遂以策立功爲司徒政事令，封楚王，賜姓耶律，改名隆運。尋拜大丞相、蕃、漢樞密使、南北面行營都部署，徙封齊王。隆緒親書鐵券，讀於北斗下以賜之。遷尚書令，又徙封晉王，賜不拜，乘車上殿，置護衛百人。護衛，惟國主得置之，隆緒以父事隆運。日遣其弟隆裕一問起居，望其帳即下車步入。」（原注：本傳載明記死在三道入寇及息兵詔前，恐三道入寇時，明記未死也。或明記死，太宗因詔息兵，然皆不得其實。今移見歲末，三道入寇在五月，息兵詔在十月，或載明記死於三月末，蓋因本傳，今不取。）契丹國志卷六：「帝性仁懦，雅好音律，喜醫術，伶倫、鍼灸之輩，授以節鉞使相者三十餘人。自幼得疾，沉疴連年，四時遊獵，間循故典，體憊不能親跨馬，令節大朝會，鬱鬱無歡，或不視朝者有之。耽於酒色，暮年不少休。燕燕皇后（蕭守興之女）以女主臨朝，國事一決於其手。大誅罰，大征討，蕃、漢諸臣，集衆共議，皇后裁決，報知於帝而已。易、定、幽，燕間兩大戰，烽書旁午，國内惶惶，帝嬰疾不能親駕，基業少衰焉。」

遼史補注卷十

本紀第十

聖宗一

聖宗文武大孝宣皇帝，諱隆緒，小字文殊奴。景宗皇帝長子，母曰睿智皇后蕭氏。帝幼喜書翰，十歲能詩。既長，精射法，曉音律，好繪畫。

乾亨二年，封梁王。〔一〕

四年秋九月壬子，景宗崩，癸丑，即皇帝位於柩前，時年十二。皇后奉遺詔攝政，詔諭諸道。

冬十月己未朔，帝始臨朝。辛酉，羣臣上尊號曰昭聖皇帝，尊皇后爲皇太后，大赦。以南院大王勃古哲總領山西諸州事，北院大王、于越休哥爲南面行軍都統，奚王和朔奴副之，同政事門下平章事蕭道寧領本部軍駐南京。乙丑，如顯州。

十一月甲午，置乾州。

十二月戊午朔，〔二〕耶律速撒討阻卜。辛酉，南京留守荆王道隱奏宋遣使獻犀帶請和，詔以無書却之。〔三〕甲子，撻剌干乃万十醉言宫掖事，〔四〕法當死，杖而釋之。辛未，西南面招討使秦王韓匡嗣薨。〔五〕癸酉，奉大行皇帝梓宫於菆塗殿。庚辰，省置中臺省官。〔六〕

〔一〕本史卷八紀保寧三年十二月己丑生。卷九紀乾亨二年正月封梁王，年十歲。

〔二〕據宋史、長編、契丹國志：「日有食之。」

〔三〕長編：太平興國七年（九八二）冬十月辛酉，「上初以契丹渝盟來援太原，遂親征范陽，欲收中國舊地，既而兵連不解，議者多請息民。癸亥，詔緣邊諸州軍縣鎮等，各務守境力田，無得闌出邊關，侵擾帳族，及奪畧畜産，所在嚴加偵邏，違者重論其罪。獲羊馬生口，並送於塞外。上嘗謂近臣曰：『朕每讀老子，至「佳兵者不祥之器，聖人不得已而用之」，未嘗不三復以爲規戒，王者雖以武功克定，終須用文德致治。朕每退朝，不廢觀書，意欲酌前代成敗而行之，以盡損益也。』」

宋會要蕃夷一：太平興國七年「十月，詔北邊州軍曰：『……今聞邊境謐寧，田秋豐稔，軍民等所宜安懷，無或相侵。如今輒入北界剽畧及竊盜，所屬州軍，收捉重斷，所盜得物，並送還北界。』」

〔四〕乃万十，本史卷六一刑法志作乃方十。撻剌干亦作達剌干、達干，本史卷四紀會同元年十一月，以達剌干爲副使。乃万十似是某宫副使，故得知宫掖事。

〔五〕西字原脱，據本史卷九紀乾亨三年三月及卷七四本傳補。

〔六〕事實卷二〇：「（太平興國七年）十月……未幾，錫里伊里等十一族七萬餘帳内，降者又三千帳，羊馬萬計。十二月，高陽關捕得敵中首領言：『契丹種族攜貳，慮王師致討，頗於近塞築城爲備。』」宋會要蕃夷一：「十二月，日利、月利、没細、兀瑶等十族附豐州。王承美出兵迎之，與虜戰，大敗走之。」宋史卷四太宗紀：太平興國七年閏十二月戊子朔，「豐州與契丹戰，破之。獲其天德軍節度使蕭太」。又卷二五三王承美傳：「王承美，豐州人。本河西藏才族都首領。其父事契丹，爲左千牛衛將軍，開寶二年，率衆來歸。承美授豐州牙内指揮使，父卒，改天德軍蕃漢都指揮使、知州事，移豐州刺史。遣軍校詣闕言，願誘退渾、突厥内附，上嘉其意。太平興國七年，與契丹戰，斬獲以萬計，禽其天德軍節度使韋太以獻。明年，契丹來寇，又擊敗其衆萬餘，追北至青冢百餘里，斬獲益衆。以功授本州團練使。以乞黨族次首領弗香克浪買爲歸德郎將，没細大首領越移爲懷化大將軍，瓦窰爲歸德大將軍。淳化二年冬來朝，令歸所部，控子河汊。自是諸蕃歲修貢禮，頗效忠順。」

長編：「閏十二月庚寅，豐州刺史王承美言：『契丹日利、月利、没細、兀瑶等十一族七萬餘帳内附。』又與契丹戰，破其萬餘衆，斬首二千級，獲天德節度使韋太及羊馬兵器萬數，遣其弟承義來獻俘。」韋太，應從宋史本紀作蕭太。又長編太平興國八年夏四月壬寅作「耶保、移邈二族首領弗香克浪買，乙黨族大首領歲移，并爲歸德郎將」。（宋會要方域二一之九同。）歲移即越移。

殿本考證云：「合兩史觀之，遼不言敗績，宋不言求和。」

高麗史卷九三崔承老傳：成宗元年（遼乾亨四年，九八二）……上書曰：「若契丹者與我連境，宜先修好，而彼又遣使求和，我乃絶其交聘者，以彼國嘗與渤海連和，忽生疑貳，不顧舊盟，一朝殄滅，故太祖以爲無道之甚，不足與交，所獻駱駝，亦皆棄而不畜，其深策遠計，防患乎未然，保邦於未危者，有如此也。渤海既爲丹兵所破，其世子大光顯等以我國家舉義而興，領其餘衆數萬户，日夜倍道來犇。太祖憫念尤深，迎待甚厚，至賜姓名，又附之宗籍，使奉其本國祖先之禋祀，其文武參佐以下，亦皆優沾爵命。」

統和元年春正月戊午朔，以大行在殯不受朝。乙丑，奉遺詔，召先帝庶兄質睦〔一〕于菆塗殿前，復封寧王。加宰相室昉、宣徽使普領〔二〕等恩。丙寅，荆王道隱有疾，詔遣使存問。是日，皇太后幸其邸視疾。戊辰，以烏隈烏骨里部節度使耶律章瓦同政事門下平章事。甲戌，荆王道隱薨，輟朝三日，追封晉王，遣使撫慰其家。丙子，以于越休哥爲南京留守，仍賜南面行營總管印綬，總邊事。渤海撻馬解里以受先帝厚恩，乞殉葬，詔不許，賜物以旌之。〔三〕戊寅，遣使賜于越休哥及奚王籌寧、〔四〕統軍使頗德等湯藥。命懇篤持送休哥下車牓，以諭燕民。辛巳，速撒獻阻卜俘。壬午，涿州刺史安吉奏宋築城河北，詔留守于越休哥撓之，勿令就功。趙妃及公主胡骨典、〔五〕奚王籌寧、宰相安寧、北大王普奴寧、〔六〕惕隱屈烈、吳王稍、寧王只没與橫帳、國舅、契丹、漢官等並進助山陵費。癸未，齊國公主率內外命婦進物如之。甲申，西南面招討使韓德威奏党項十五部侵邊，以兵擊破之。乙酉，以速撒破阻卜，下詔褒美；仍諭與大漢討党項諸部。丁亥，樞密使兼政事令室昉以年老請解兼職，詔不允。

二月戊子朔，〔七〕禁所在官吏軍民不得無故聚衆私語及冒禁夜行，違者坐之。〔八〕己丑，南京奏，聞宋多聚糧邊境及宋主將如臺山，〔九〕詔休哥嚴爲之備。甲午，葬景宗皇帝於乾陵，以近幸朗、掌飲伶人撻魯爲殉。上與皇太后因爲書附上大行。丙申，皇太后詣陵置奠，命繪近臣於御容殿，賜山陵工人物有差。庚子，以先帝遺物賜皇族及近臣。辛丑，南京統軍使耶律善補奏宋邊七十餘村來附，詔撫存之。乙巳，以御容殿爲玉殿，酒谷爲聖谷。速撒奏討党項捷，遣使慰勞。戊申，以惕隱化哥爲北院大王，〔一〇〕解領爲南府宰相。辛亥，幸聖山，〔一一〕遂謁三陵。甲寅，以皇女長壽公主下嫁國舅宰相蕭婆項之子吳留。〔一二〕

三月戊午，天德軍節度使頽剌父子戰殁，以其弟涅離襲爵。己未，次獨山。〔一三〕遣使賞西南面有功將士。〔一四〕辛酉，以大父帳太尉耶律曷魯寧爲惕隱。甲子，駐蹕遼河之平淀。〔一五〕辛巳，以國舅、同平章事蕭道寧爲遼興軍節度使，仍賜號忠亮佐理功臣。壬午，以青牛白馬祭天地。

夏四月丙戌朔，幸東京。以樞密副使耶律末只兼侍中，爲東京留守。庚寅，謁太祖廟。癸巳，詔賜物命婦寡居者。丙申，南幸。辛丑，謁三陵，以東京所進物分賜陵寢官吏。復詔賜西南路招討使大漢劍，〔一六〕不用命者得專殺。壬寅，致享于凝神殿。〔一七〕癸卯，謁乾陵。乙巳，遣人以酒脯祭平章耶律河陽墓。庚戌，幸夫人烏骨里第，謁太祖御容，禮畢，幸公主胡古典第飲，賜與甚厚。壬子，大臣以太后預政，宜有尊號，請下有司詳定册禮。詔樞密院諭沿邊節將，至行禮日，止遣子弟奉表稱賀，恐失邊備。樞密請詔北府司徒頗德譯南京所進律文，從之。遂如徽州。以耶律慶朗爲信州節度使。

五月丙辰朔，國舅、政事門下平章事蕭道寧以皇太后慶壽，請歸父母家行禮，而齊國公主及命婦、羣臣各進物。設宴，賜國舅帳耆年物有差。壬戌，西南路招討請益兵討西突厥〔一八〕諸部，詔北王府耶律蒲奴寧〔一九〕以敵畢、〔二〇〕迭烈二部兵赴之。癸亥，以于越休哥在南院過用吏人，詔南大王毋相循襲。庚午，耶律善補招亡入宋者，得千餘户歸國，詔令撫慰。

辛未，次永州，祭王子藥師奴墓。〔二一〕乙亥，詔近臣議皇太后上尊號册禮，樞密使韓德度以後漢太后臨朝故事草定上之。丙子，以青牛白馬祭天地。戊寅，幸木葉山。西南路招討使大漢奏，近遣拽剌跋剌哥諭党項諸部，來者甚衆，下詔褒美。

六月乙酉朔，詔有司，册皇太后日，給三品以上法服，三品以下用大射柳之服。西南路招討使奏党項酋長執夷離堇子隈引等乞内附，詔撫納之，仍察其誠僞，謹邊備。丙戌，還上京。己丑，有司奏，同政事門下平章事、駙馬都尉盧俊與公主不協，詔離之，遂出俊爲興國軍節度使。辛卯，有事于太廟。〔二二〕甲午，上率羣臣上皇太后尊號曰承天皇太后，羣臣上皇帝尊號曰天輔皇帝，大赦，改元統和。〔二三〕丁未，覃恩中外，文武官各進爵一級。以樞密副使耶律斜軫守司徒。

秋七月甲寅朔，皇太后聽政。乙卯，上親録囚。王子司徒婁國坐稱疾不赴山陵，笞二十。辛酉，行再生禮。癸酉，臨潢尹裹衮進飲饌。上與諸王分朋擊鞠。〔二四〕丙子，韓德威遣詳穩轄馬上破党項俘獲數，并送夷離堇之子來獻。辛巳，賞西南面有功將士。

八月戊子，上西巡。己丑，謁祖陵。辛卯，皇太后祭楚國王蕭思温墓。癸巳，上與皇太后謁懷陵，遂幸懷州。甲午，上與斜軫於太后前易弓矢鞍馬，約以爲友。己亥，獵赤山，遣使薦熊肪、鹿脯于乾陵之凝神殿。以政事令孫楨無子，詔國舅小翁帳郎君桃隈爲之後。

千以助之。

乙巳，詔于越休哥提點元城。壬子，韓德威表請伐党項之復叛者，詔許之；仍發别部兵數千以助之。

九月癸丑朔，以東京、平州旱、蝗，詔振之。乙卯，謁永興、長寧、敦睦三宫。丙辰，南京留守奏，秋霖害稼，請權停關征，以通山西糴易，從之。庚申，謁宣簡皇帝廟。辛酉，幸祖州，謁祖陵。壬戌，還上京。辛未，有司請以帝生日爲千齡節，從之。皇太后言故于越屋只〔二五〕有傅導功，宜録其子孫；遂命其子泮決爲林牙。丙子，如老翁川。〔二六〕

冬十月癸未朔，司天奏老人星見。戊子，以公主淑哥下嫁國舅詳穩照姑。〔二七〕癸巳，速撒奏敵烈部及叛蕃來降，悉復故地。乙未，以燕京留守于越休哥言，每歲諸節度使貢獻，如契丹官例，止進鞍馬，從之。丁酉，以吴王稍爲上京留守，行臨潢尹事。上將征高麗，親閲東京留守耶律末只所總兵馬。丙午，命宣徽使兼侍中蒲領、林牙肯德等將兵東討，賜旗鼓及銀符。

十一月壬子朔，觀漁撻馬濼。癸丑，應州奏，獲宋諜者，言宋除道五臺山，將入靈丘界。詔諜者及居停人並磔于市。庚辰，上與皇太后祭乾陵，下詔諭三京左右相、左右平章事、副留守判官、諸道節度使判官、諸軍事判官、録事參軍等，當執公方，毋得阿順。諸縣令佐如遇州官及朝使非理徵求，毋或畏徇。恒加采聽，以爲殿最。民間有父母在，别籍異

居者，聽鄰里覺察，坐之。有孝于父母，三世同居者，旌其門閭。〔二八〕

十二月壬午朔，謁凝神殿，遣使分祭諸陵，賜守殿官屬酒。是日，幸顯州。丁亥，以顯州歲貢綾錦分賜左右。甲午，東幸。己亥，皇太后觀漁于玉盆灣。辛丑，觀漁于濬淵。甲辰，敕諸刑辟已結正決遣而有冤者，聽詣臺訴。〔二九〕是夕，然萬魚燈于雙溪。戊申，千齡節，祭日月，禮畢，百僚稱賀。〔三〇〕

〔一〕質睦，本史卷六四皇子表作只没，下文本月壬午亦作只没。

〔二〕本史卷七九耶律阿没里傳：「阿没里，字蒲鄰。……保寧中，爲南院宣徽使。統和初，以征高麗功，遷北院宣徽使，加政事令。」普領即蒲鄰。

〔三〕全遼文卷五耶律延寧墓誌：「景宗皇帝卧朝之日，願隨從死，今上皇帝（聖宗）念此忠赤，特寵章臨，超授保義奉節功臣、羽厥里節度使、特進檢校太尉、同政事門下平章事、上柱國、漆水縣開國伯，食邑七百户。」

〔四〕本史卷八五奚和朔奴傳：「和朔奴字籌寧，奚可汗之裔。」統和初，「爲南面行營副部署」。

〔五〕胡骨典本史卷六五公主表作和古典，下文本年四月又作胡古典。

〔六〕北大王普奴寧即蒲奴隱，耶律勃古哲字。上年十月爲南院大王，休哥爲北院大王。休哥既爲南京留守，普奴寧遂爲北大王。

〔七〕據宋史、長編、契丹國志：「日有食之。」

〔八〕畢沅續通鑑於此下增「韓德讓用事故也」一句。按遼代皇帝傳襲，長期遺存舊俗推選痕迹。韓德讓爲穩定朝廷權力，故採取此緊急措施。此後即轉向立長立嫡。

〔九〕臺山，按下文本年十一月，應作五臺山。

〔一〇〕下文統和二十三年三月，以惕隱化哥爲南院大王，二十九年六月，以南院大王化哥爲北院樞密使。本史卷八三本傳亦無本年爲北院大王事，應是訛舛。

〔一一〕索隱卷二：「下云『遂謁三陵』，蓋號祖州之祖山爲聖山也。」按讓國皇帝葬醫巫閭山，陵曰顯陵；世宗葬顯陵西山；景宗乾陵在閭山之西。三陵應指此三陵，聖山謂閭山。

〔一二〕按蕭婆項即蕭斡，吴留即蕭恒德。檢本史卷六五公主表，景宗第二女長壽，封衛國公主，嫁蕭排押；第三女延壽，封越國公主，嫁蕭恒德。又卷八八蕭排押傳及蕭恒德傳，排押「尚衛國公主」，恒德「統和元年尚越國公主」。則此長壽應作延壽。

〔一三〕索隱卷二：「案一統志，山在宣化府西寧縣南三十里，夐出羣山之表，是在遼西京道弘州永寧縣，與紀下云賞西南面有功將士合。又延慶州東亦有獨山，則在遼儒州，一名團山。」

〔一四〕宋史卷四：太平興國八年（九八三）三月庚申，「豐州破契丹兵，降三千餘帳」。長編：太平興國八年三月「壬申，豐州刺史王承美言：『契丹來寇，承美擊敗其衆萬餘，追北百有餘里，至青冢，斬首二千餘級，降者三千帳，獲羊馬兵仗以萬計。』」夏四月「壬寅，以豐州刺史王承美爲團練使，没細都大首領越移爲懷化大將軍，瓦瑶爲歸德大將軍，耶保、移邈二族首領弗香克浪買、乞黨族大首領歲移並爲歸德郎將，賞其破契丹之功也。」

〔一五〕按此平淀即本史卷六八遊幸表太平四年九月之平川，卷三太宗紀天顯四年十一月作三叉口，即三叉口平淀。亦即此遼河之平淀。

〔一六〕羅校：「韓德威傳：『乾亨末，權西南招討使，統和初，党項寇邊，一戰却之，賜劍，許便宜行事。』大漢殆德威小字耶。」

〔一七〕乾統五年張讓墓誌，讓曾以乾州刺史兼凝神崇聖殿都部署。

〔一八〕索隱卷二：「案唐書，西突厥賀魯於高宗時亡，其處月、處密二部，降中國，其别種突騎施烏質勒及别種蘇禄迭興，至開元末亦亡。代宗以後，葛邏禄踞其地。元太祖西征阿兒厮蘭，降其國人入中國，爲哈喇魯氏，亦曰合魯氏。當遼代，正屬葛邏禄强盛時，襲號西突厥，實非唐之西突厥。西突厥之遺種，有阿伯特真者，西徙入波斯東境，據伽色尼立國，爲土耳其國始祖，則非遼西南招討使兵力所能及也。」下文西南路招討使奏諭党項諸部來者甚衆。又六月朔，西南路招討使奏党項酋長乞内附。則此西突厥諸部實指党項。

〔一九〕案即上文本年正月北大王普奴寧，本史卷八二有傳之耶律勃古哲。

〔二〇〕敵畢似是迪離畢。

〔二一〕王子當作皇子，即本史卷九景宗紀乾亨三年三月之皇子韓八。地理志永州亦作皇子韓八。

〔二二〕沈括使遼圖抄：「至單于庭，有屋、單于之朝寢、蕭后之朝寢凡三，其餘皆氈廬，不過數十，悉東向……其東相向六七帳，曰中書、樞密院、客省，又東氈廬一，旁駐氈廬六，前植纛，曰太廟，皆草莽之中。」圖抄所記爲大康年間事，太廟之制應無不同。

〔二三〕長編：太平興國七年，「契丹主明記卒」，隆緒繼立……「改大遼爲大契丹。」錢氏考異卷三：「案遼自太宗建國號大遼，至聖宗統和元年去遼號，仍稱大契丹，道宗咸雍二年復稱大遼。遼史皆没而不書。」改國號，東都事畧、契丹國志及長編皆載之。長編：慶曆二年四月庚辰仁宗與興宗國書云：「昔我烈考章聖皇帝……與大契丹昭聖皇帝弭兵講好。」又王暐道山清話云：「契丹遣使論國書中所稱大宋、大契丹，以非兄弟之國，今輒易曰南朝、北朝。上詔中書、密院共議。當時，輔臣多言此不計利害，不從，徒生怨隙。」梁莊肅折之乃如故。蓋道宗咸雍二年始復稱大遼，以前國書，南北均稱大契丹。宋會要蕃夷一：「是年，契丹改元統和，尊母蕭氏爲承天皇太后，隆緒自號天輔皇帝。」

〔二四〕擊鞠參見金史卷三五禮志。又見本書卷四九禮志注。

〔二五〕屋只，本史卷七七本傳作屋質。

〔二六〕索隱卷二：「地理志慶州有老翁嶺，此川蓋出嶺下。」

〔二七〕照姑，本史卷六五公主表作蕭神奴。

〔二八〕長編：太平興國八年十一月，「高陽關捕得契丹生口，送至闕下。戊午，上召見，言：『契丹種族攜貳，慮王師致討，頗於近塞築城爲備。』上謂宰相曰：『戎人以剽畧爲務，乃修築城壘，爲自全之計耳。曩者劉繼元盜據汾晉，周世宗及太祖皆親征不利，朕決取之，爲世宗、太祖刷耻，親禽繼元。今日視之，猶几上肉耳。當其保堅城，結北鄙爲援，豈易制乎。』宋琪對曰：『臣少陷北庭，備知戎馬之數，自晉末始强盛，然種族蕃多，其心不一。自石嶺關之敗，平繼元緣邊諸部，頻有克捷，以臣度之，其部下攜貳必矣。國家不須致討，可坐待其滅亡。』久之，上復謂宰相曰：『數有人自北邊來，偵知契丹事，自朝廷增修邊備，北人甚懼，威虜軍主財吏，盜官錢盡室奔入契丹，至涿州，州將不敢受，悉遣還，晉漢微弱，邊陲無盡節之臣，率張皇事勢，以要恩寵，爲自利之計。今之邊將，皆朕所推擇，咸能盡心，無復襲舊態也。幽州四面平川，無險固可恃，難於控扼。異時收復燕、薊，當於古北口以來，據其要害，不過三五處屯兵設堡寨，自絶南牧矣。』琪對曰：『范陽是前代屯兵建節之地，古北口及松亭關野狐關三路並立堡障，至今石壘基堞尚存。將來平定幽、朔，止於此數處置戍可也。况奚族是契丹世仇，儻以恩信招懷之，俾爲外禦，自可不煩朝廷出師矣。』」（統類、宋會要、事實畧同，事實繫七年十二月。）

〔二九〕即詣御史臺申訴。

〔三〇〕長編：「是歲，塔坦國遣使唐特墨與高昌國使安骨盧俱入貢。骨盧複道夏州以還，特墨請道靈州，且言其國王欲觀山川迂直，擇便路入貢。詔許之。」

二年春正月甲子，如長濼。

二月癸巳，國舅帳彰德軍節度使蕭闥覽來朝。甲午，賜將軍耶律敵不春衣、束帶。丙申，東路行軍都統、宣徽使耶律蒲寧奏討女直捷，〔一〕遣使執手〔二〕獎諭。庚子，朝皇太后，太后因從觀獵于饒樂川。〔三〕乙巳，五國烏隈于厥節度使耶律隗洼以所轄諸部難治，〔四〕乞賜詔給劍，便宜行事，從之。丙午，上與諸王大臣較射。丁未，韓德威以征党項回，遂襲河東，獻所俘，賜詔褒美。

三月乙卯，劃離部〔五〕請今後詳穩止從本部選授爲宜，上曰：「諸部官惟在得人，豈得定以所部爲限。」不允。贈故同平章事趙延煦兼侍中。

夏四月丁亥，宣徽使、同平章事耶律普寧、都監蕭勤德獻征女直捷，授普寧兼政事令，勤德神武衛大將軍，各賜金器諸物。庚寅，皇太后臨決滯獄。辛卯，祭風伯。壬辰，以宣徽南院使劉承規爲承德軍節度使，崇德宫都部署、保義軍節度使張德筠爲宣徽北院使。

五月乙卯，祠木葉山。丁丑，駐蹕沿柳湖。

六月己卯朔，〔六〕皇太后決獄，至月終。

秋七月癸丑，皇太后行再生禮。

八月辛卯，東京留守兼侍中耶律末只奏，女直朮不直、賽里等八族乞舉衆内附，詔納之。

九月戊申朔，駐蹕土河。辛未，以景宗忌日，詔諸道京鎮遣官行香飯僧。〔七〕

冬十月丁丑朔，以歸化州刺史耶律普寧爲彰德軍節度使，右武衛大將軍韓倬爲彰國軍節度使兼侍衛親軍兵馬都指揮使。

十一月壬子，〔八〕以樞密直學士、給事中鄭嘏〔九〕爲儒州刺史。是月，速撒等討阻卜，殺其酋長撻剌干。〔一〇〕

十二月辛丑，以翰林學士承旨馬得臣爲宣政殿學士，耶律頗德南京統軍使，耶律瑶昇大內惕隱，〔一一〕大仁靖東京中臺省右平章事。〔一二〕

〔一〕耶律蒲寧原誤「蕭蒲寧」。即統和元年正月宣徽使普領，下文本年四月又作耶律普寧。普領、蒲寧、普寧均蒲鄰異譯，即耶律阿没里一人。行軍都統，都統二字原缺，據本史卷七九本傳補。去年十二月「東幸」似即準備討伐。

〔二〕見本史卷一一六國語解景宗、聖宗紀條目。

〔三〕即指饒州。後漢書卷一二〇鮮卑傳：「以季春月大會於饒樂水上。」清一統志卷二七謂饒樂水即英金河，河在赤峯縣北，即在遼饒州州治。

〔四〕按本史卷六九部族表作「五國隈烏古部節度使耶律隈洼」。五國即剖阿里、盆奴里、奥里米、越里篤、越里吉（越棘）五部，其分布範圍自烏蘇里江以東，黑龍江下游海口至庫頁，在額爾古納河流域迤東，爲烏古敵烈等部。烏古分隈烏古（烏隈烏古部）三河烏古部。烏古亦譯于厥、羽厥里，即胡嶠記所稱「西北至嫗厥律」者。契丹國志卷二二云：「于厥東南至上京五千餘里。」隈洼所轄範圍甚寬，主要爲獵區、牧區，故請賜詔給劍，庶得便宜行事。隗洼於統和三年冬病死任所。

〔五〕本史卷六九部族表同，本史卷三紀天顯七年十一月及卷四六百官志並作獲里國。

〔六〕本史卷四四朔考：宋「六月庚辰朔」。

〔七〕長編：四月，「王延德等至高昌，延德具言，初發京師，越明年四月，乃至高昌國，師子王避暑於北庭。……七月，令延德先還國，王九月乃還。時有契丹使者來，謂師子王曰：聞漢遣使塔坦，而道出王境，誘王窺邊，宜早送至塔坦，無使久留，因言漢吏來覘王封域，將有異圖，王當察之。延德知其語，因謂王曰：犬戎素不順中國，今乃反間，我欲殺之，王固勸乃止。」

〔八〕十一月上原有「冬」字，衍文從删。

〔九〕本史卷四七百官志樞密直學士目、給事中目兩見，皆作郭嘏，與此歧。

〔一〇〕撻刺干，本史卷八五耶律題子傳作陀羅斤。撻刺干是官號。

〔一一〕本史卷八四耶律善補傳：「善補字瑶昇，統和初，爲惕隱。會宋來侵……不敢戰……罷惕隱。」

〔一二〕上文乾亨四年十二月庚辰，省置中臺省官。至此又置中臺省右平章事。事實卷二〇：「雍熙初，知雄州賀令圖與其父岳州刺史懷浦等上言，契丹主幼，國事皆決於母燕燕，大將韓德讓寵倖用事，請乘其釁以取幽州。太宗以爲然。」宋會要、長編、統類亦記賀令圖等相繼上言幽州可取狀。參見下文四年正月注〔二〕。

三年春正月丙午朔，如長濼。丁巳，以翰林學士邢抱朴爲尚書、禮部侍郎、知制誥，左拾遺知制誥劉景、吏部郎中知制誥牛藏用並政事舍人。

二月丙子朔，以牛藏用知樞密直學士。〔一〕

三月乙巳朔，樞密奏契丹諸役户多困乏，請以富户代之。上因閱諸部籍，涅剌、烏隈二部〔二〕户少而役重，并量免之。

夏四月乙亥朔，祠木葉山。壬午，以鳳州刺史趙匡符爲保静軍節度使。癸未，以左監門衛大將軍王庭鶚爲奉先軍節度使，彰武軍節度使韓德凝爲崇義軍節度使。

五月壬子，還上京。癸酉，以國舅蕭道寧同平章事、知瀋州軍州事。〔三〕

六月甲戌朔，〔四〕如栢坡。皇太后親決滯獄。乙亥，以歸義軍節度使王希嚴爲興國軍節度使。

秋七月甲辰朔，詔諸道繕甲兵，以備東征高麗。甲寅，東幸。〔五〕甲子，遣郎君班褭賜秦王韓匡嗣葬物。丙寅，駐蹕土河。以暴漲，命造船橋，明日乘步輦出聽政。老人星見。丁卯，遣使閱東京諸軍兵器及東征道路。以平章事蕭道寧爲昭德軍節度使，武定軍節度使、守司空兼政事令郭襲爲天平軍節度使，大同軍節度使、守太子太師兼政事令劉延構爲義成軍節度使，贈尚父秦王韓匡嗣尚書令。

八月癸酉朔，以遼澤沮洳，罷征高麗。命樞密使耶律斜軫爲都統，駙馬都尉蕭懇德〔六〕爲監軍，以兵討女直。丁丑，次槀城。庚辰，至顯州，謁凝神殿。辛巳，幸乾州，觀新宮。癸未，謁乾陵。甲申，命南北面臣僚分巡山陵林木，及令乾、顯二州上所部里社之數。丙戌，北皮室詳穩進勇敢士七人。戊子，故南院大王諧領已里婉妻蕭氏〔七〕奏夫死不能葬，詔有司助之。庚寅，東征都統所奏路尚陷濘，未可進討，詔俟澤涸深入。癸巳，皇太后謁顯陵。庚子，謁乾陵。辛丑，西幸。

閏九月癸酉，〔八〕命邢抱朴勾檢顯陵。丙子，行次海上。庚辰，重九，駱駝山登高，賜羣臣菊花酒。〔九〕辛巳，詔諭東征將帥，乘水涸進討。丙申，女直宰相朮不里來貢。戊戌，駐蹕東古山。〔一〇〕己亥，速撒奏朮不姑諸部至近淀，夷離堇易魯姑請行俘掠，〔一一〕上曰：「諸部於國無惡，何故俘掠，徒生事耳。」不允。

冬十一月甲戌，詔吴王稍領秦王韓匡嗣葬祭事。丁丑，詔以東北路兵馬監軍妻婆底里存撫邊民。戊寅，賜公主胡骨典葬夫金帛、工匠。辛卯，以韓德讓兼政事令。癸巳，禁行在市易布帛不中尺度者。丙申，東征女直，都統蕭闥覽、菩薩奴以行軍所經地里、物産來上。〔三〕

〔一〕長編：雍熙二年（統和三年，九八五）二月「丙戌，上謂宰相曰：『朕覽史書，見晉高祖求援於契丹，遂行父事之禮，仍割地以奉之，使數百萬黎庶，陷於契丹。馮道、趙瑩，位居宰輔，皆遣令持禮，屈辱之甚也。敵人貪婪，啗之以利可耳，割地甚非良策。朕每思之，不覺歎惋。』宋琪等奏曰：『晉高祖遣馮道奉使，張筵送之，親舉酒灑涕曰：「達兩君之命，交二國之權，勞我重臣，之彼窮塞，息民繼好，宜體此懷，勿以爲憚也。」及道回，有詩曰：「殿上一杯天子泣，門前雙節國人嗟。」方今亭鄣肅清，生靈安泰，皆由得制禦之道。恢復舊境，亦應有時。』上然之」。（統類畧同。）

〔二〕涅剌亦作涅離，烏隈即烏隗。本史卷三三營衛志下云：「烏隗部，其先曰撒里卜，與其兄涅勒同營，阻午可汗析爲二：撒里卜爲烏隗部，涅勒爲涅剌部。」

〔三〕高麗史卷三：成宗四年（九八五）五月，「宋將伐契丹，收復燕薊，以我與契丹接壤，數爲所侵，遣監察御史韓國華賫詔來諭曰：『……惟王久慕華風，素懷明畧，效忠純之節，撫禮義之邦，而接彼犬戎，罹於蠆毒，舒泄積忿，其在兹乎！可申戒師徒，迭相掎角；協比鄰國，同力盪平。奮其一鼓之雄，戡此垂亡之虜。良時不再，王其圖之。應虜獲生口、牛羊、財物、器械，並給賜本國將士，用申勸賞。』王遷延不發兵。國華諭以威德，王始許發兵西會。國華乃還。先是契丹伐女真，路由我境，女真謂我導敵搆禍，貢馬于宋，因誣譖高麗與契丹倚爲勢援，摽掠生口。韓遂齡之如宋也，帝出女真所上告急木契以示遂齡曰：『歸語本國，還其所俘。』王聞之憂懼，及國華至，王語曰：『女真貪而多詐，前冬再馳木契，言契丹兵將至其境，本國猶疑虛僞，未即救援，契丹果至，殺掠甚衆，餘族遁逃入於本國懷昌、威化、光化之境，契丹兵追捕，呼我戍卒，言女真每寇盜我邊鄙，今已復讐，整兵而回。於是女真來奔者二千餘人，皆資給遣還。不意反潛師奄至，殺掠吾吏民，驅虜丁壯，没爲奴隸，以其世事中朝，不敢報怨，豈期反相誣告，以惑聖聰。本國世稟正朔，謹修職貢，深荷寵靈，敢有二心，交通外國。況契丹介居遼海之外，復有二河之阻，無路可從，且女真逃難，受本國官職者十數人尚在，望召赴京闕，令入貢之使庭辨，庶幾得實，願達天聰。』國華許諾」。

〔四〕朔字，據本史卷四四朔考補。

〔五〕此繼元年十二月之後，再次東幸，準備用兵。

〔六〕懇德亦作勤德，即蕭恒德，本史卷八八有傳。

〔七〕已里婉，下文統和四年六月作乙里婉，契丹語封號，漢義謂妃、夫人。此「故南院大王諧領已里婉妻蕭氏」，已里婉妻爲譯語重複用字。漢義應作夫人或妃較愜。

〔八〕按是年遼閏八月，閏字下當有脫文。閏八月壬寅朔，九月壬申朔，癸酉爲九月初二，丙子初五，庚辰爲重九，正合。大典卷一一二〇四三引亦作「九月丙子，行次海上。庚辰重九，次駱駝山登高，賜羣臣菊花酒」。

〔九〕索隱卷二：「案北方漠南，山以駱駝名者甚多，此紀上云，自顯陵、乾陵行次海上，則此山爲今義縣之駱駞山。一統志：山在義州北四十五里，遼宜州、海北州、成州、遼西州並在州境。」本史卷五三禮志：「重九日……擇高地卓帳，賜蕃、漢臣僚飲菊花酒。」參見同卷重九儀。

〔一〇〕清一統志卷二四：「東高山，在宣化府（今宣化市）龍門縣西北。」

〔一一〕易，疑是曷字之誤。

〔一二〕據宋史、契丹國志，下有「十二月庚子朔，日有食之」十字。宋會要兵一四：太宗「雍熙二年十二月，定州駐泊都總管田重進等上言：『入虜界攻下岐溝關，殺守城兵士千餘人，及獲牛羊積聚器甲甚衆。』是月代州兵馬副總管盧漢贇上言：『北虜南侵，率所部兵於土鐙堡掩襲，斬首二千級、獲馬千餘疋、車帳器甲馬甚衆。』」王安石臨川集卷八七馬公神道碑：「雍熙二年（統和三年，九八五）又監博州兵馬。劉延讓敗於君子驛，而契丹歸矣。公方料丁壯集芻糧，繕城治械如寇至。吏民初不悦其生事也，已而契丹果至，度不可攻，乃去。」

遼史補注卷十一

本紀第十一

聖宗二

四年春正月甲戌，觀漁土河。林牙耶律謀魯姑、彰德軍節度使蕭闥覽上東征俘獲，賜詔獎諭。〔一〕己卯，朝皇太后。丙子，樞密使耶律斜軫、林牙勤德等上討女直所獲生口十餘萬、馬二十餘萬及諸物。決滯訟。壬午，樞密使斜軫、林牙勤德、謀魯姑、節度使闥覽、統軍使室羅、侍中抹只、奚王府監軍迪烈與安吉等克女直還軍，遣近侍泥里吉詔旌其功，仍執手撫諭，賜酒果勞之。甲午，幸長濼。〔二〕

二月壬寅，以四番都統軍李繼忠爲檢校司徒、上柱國。〔三〕癸卯，西夏李繼遷叛宋來降，以爲定難軍節度使、銀夏綏宥等州觀察處置等使、特進檢校太師、都督夏州諸軍事。西番酋帥瓦泥乞移爲保大軍節度使、鄜坊等州觀察處置等使。甲寅，耶律斜軫、蕭闥覽、謀魯姑等族帥來朝，〔四〕行飲至之禮，賞賚有差。丙寅，行次㲲里井。

三月甲戌，于越休哥奏宋遣曹彬、崔彦進、米信由雄州道，田重進飛狐道，潘美、楊繼業雁門道來侵，〔五〕岐溝、涿州、固安、新城皆陷。〔六〕詔宣徽使蒲領馳赴燕南，與休哥議軍事；分遣使者徵諸部兵益休哥以擊之；復遣東京留守耶律抹只以大軍繼進，賜劍專殺。乙亥，以親征告陵廟、山川。丙子，統軍使耶律頗德敗宋軍于固安，休哥絶其糧餉，擒將吏，獲馬牛、器仗甚衆。庚辰，寰州刺史趙彦章以城叛，〔七〕附于宋。辛巳，宋兵入涿州。順義軍節度副使趙希贊以朔州叛，〔八〕附於宋。時上與皇太后駐兵駝羅口，〔九〕詔趣東征兵馬以爲應援。壬午，詔林牙勤德以兵守平州之海岸以備宋。仍報平州節度使迪里姑，若勤德未至，遣人趣行；馬乏則括民馬；鎧甲闕，則取於顯州之甲坊。癸未，遼軍與宋田重進戰于飛狐，不利，冀州防禦使大鵬翼、康州刺史馬贇、〔一〇〕馬軍指揮使何萬通陷焉。丁亥，以北院樞密使耶律斜軫爲山西兵馬都統，以北院宣徽使蒲領爲南征都統，〔一一〕以副于越休哥。彰國軍節度副使艾正、觀察判官宋雄以應州叛，〔一二〕附于宋。庚寅，遣飛龍使亞刺、文班吏亞達哥閲馬以給先發諸軍，詔駙馬都尉蕭繼遠領之。辛卯，武定軍馬步軍都指揮使、郢州防禦使吕行德、副都指揮使張繼從、馬軍都指揮使劉知進等以飛狐叛，〔一三〕附于宋。癸巳，賜林牙謀魯姑旗鼓四、劍一，率禁軍之驍鋭者，南助休哥。丙申，步軍都指揮使穆超以靈丘叛，附于宋。詔遣使賜樞密使斜軫密旨及彰國軍節度使骨只杓窊印以趣征

討。〔一四〕

夏四月己亥朔，次南京北郊。庚子，惕隱瑤昇、〔一五〕西南面招討使韓德威以捷報。辛丑，宋潘美陷雲州。〔一六〕壬寅，遣抹只、謀魯姑、勤德等領偏師以助休哥，仍賜旗鼓、杓窊印撫諭將校。癸卯，休哥復以捷報，上以酒脯祭天地，率羣臣賀于皇太后。詔勤德還軍。丙午，頗德上所獲鎧仗數。戊申，監軍、宣徽使蒲領奏敵軍引退，而奚王籌寧、北大王蒲奴寧、統軍使頗德等以兵追躡，皆勝之。遣敞史勤德持詔褒美，及詔侍中抹只統諸軍赴行在所。頻不部節度使和盧覩、黄皮室詳穩解里等各上所獲兵甲。又詔兩部突騎赴蔚州，以助闥覽。横帳郎君老君奴率諸郎君巡徼居庸之北。將軍化哥統平州兵馬，横帳郎君奴哥爲黄皮室都監，〔一七〕郎君謁里爲北府都監，各以步兵赴蔚州以助斜軫。庚戌，以斜軫爲諸路兵馬都統，闥覽兵馬副部署，迪子都監，〔一八〕以代善補、韓德威。癸丑，以艾正、趙希贊及應州、朔州節度副使、〔一九〕奚軍小校隘離轄、渤海小校貫海等叛入于宋，籍其家屬，分賜有功將校。宋將曹彬、米信北渡拒馬河，與于越休哥對壘，挑戰，南北列營長六七里。時上次涿州東五十里。甲寅，詔于越休哥、奚王籌寧、〔二〇〕宣徽使蒲領、南、北二王等嚴備水道，無使敵兵得潛至涿州。乙卯，休哥等敗宋軍，獻所獲器甲、貨財，賜詔褒美。蔚州左右都押衙李存璋、許彦欽等殺節度使蕭啜里，〔二一〕執監城使、銅州〔二二〕節度使耿紹忠以城叛，附于宋。丙辰，復涿州，告天地。戊午，上次沙姑河之北淀，[二三]召林牙勤德議軍事。諸將校各以所俘獲來上。奚王籌寧、南、北二王率所部將校來朝。以近侍粘米里所進自落鴇祭天地。己未，休哥、蒲領來朝，詔三司給軍前夏衣布。庚申，上朝皇太后。辛酉，大軍次固安。壬戌，圍固安城，統軍使頗德先登，城遂破，大縱俘獲。居民先被俘者，命以官物贖之。甲子，賞攻城將士有差。

五月庚午，遼師與曹彬、米信戰于岐溝關，[二四]大敗之，追至拒馬河，溺死者不可勝紀；餘衆奔高陽，又爲遼師衝擊，死者數萬，棄戈甲若丘陵。[二五]輓漕數萬人匿岐溝空城中，圍之。壬申，以皇太后生辰，縱還。癸酉，班師，還次新城。休哥、蒲領奏宋兵奔逃者皆殺之。甲戌，以軍捷，遣使分諭諸路京鎮。丁丑，詔諸將校論功行賞，無有不實。[二六]己卯，次固安南，以青牛白馬祭天地。庚辰，以所俘宋人射鬼箭。詔遣詳穩排亞率弘義宮兵及南、北皮室、郎君、拽剌四軍赴應、朔二州界，與惕隱瑶昇、招討韓德威等同禦宋兵在山西之未退者。[二七]辛巳，以瑶昇軍赴山西。壬午，還次南京。癸未，休哥、籌寧、蒲奴寧進俘獲。斜軫遣判官蒲姑奏復蔚州，斬首二萬餘級，乘勝攻下靈丘、飛狐，賜蒲姑酒及銀器。丙戌，御元和殿，大宴從軍將校，封休哥爲宋國王，加蒲領、壽寧、蒲奴寧及諸有功將校爵賞有差。丁亥，發南京，詔休哥備器甲，儲粟，待秋大舉南征。戊子，斜軫奏宋軍復圍蔚州，擊破之。詔以兵授瑶昇、韓德威等。壬辰，以宋兵至平州，瑶昇、韓德威不盡追殺，降詔詰責。仍諭，據城未降者，必盡掩殺，無使遁逃。癸巳，以軍前降卒分賜扈從。乙未，賞頗德諸將校士卒。

六月戊戌朔，〔二八〕詔韓德威赴闕，加統軍使頗德檢校太師。甲辰，詔南京留守休哥遺礮手西助斜軫。〔二九〕乙巳，以夷離畢婭里古部送輜重行宫，暑行日五十里，人馬疲乏，遣使讓之。丁未，度居庸關。壬子，南京留守奏百姓歲輸三司鹽鐵錢，折絹不如直，詔增之。甲寅，斜軫奏復寰州。〔三〇〕乙卯，皇太妃、諸王、公主迎上嶺表，設御幄道傍，置景宗御容，率從臣進酒，陳俘獲于前，遂大宴。戊午，幸涼陘。以所俘分賜皇族及乳母。〔三一〕己未，聞所遣宣諭回鶻、覈列哿國度里、亞里等爲朮不姑邀留，詔速撒賜朮不姑貨幣，諭以朝廷來遠之意，使者由是乃得行。〔三二〕癸亥，以節度使韓毗哥、翰林學士邢抱朴等充雲州宣諭招撫使。丙寅，以太尉王八所俘生口分賜趙妃及于越迪輦乙里婉。

秋七月丙子，樞密使斜軫遣侍御涅里底、幹勤哥奏復朔州，擒宋將楊繼業，及上所獲將校印綬、誥敕，賜涅里底等酒及銀器。辛巳，以捷告天地。以宋歸命者二百四十人分賜從臣。又以殺敵多，詔上京開龍寺建佛事一月，飯僧〔三三〕萬人。辛卯，斜軫奏大軍至蔚州，營于州左。得諜報，敵兵且至，乃設伏以待。敵至，縱兵逆擊，追奔逐北，至飛狐口。遂乘勝鼓行而西，入寰州，殺守城吏卒千餘人。宋將楊繼業初以驍勇自負，號楊無敵，北據雲、朔數州。至是，引兵南出朔州三十里，至狼牙村，惡其名，不進；左右固請，乃行。遇斜軫，伏四起，中流矢，墮馬被擒。瘡發不食，三日死。〔三四〕遂函其首以獻。詔詳穩轄麥室傳其首于越休哥，以示諸軍，仍以朔州之捷宣諭南京、平州將吏。自是宋守雲、應諸州者，聞繼業死，皆棄城遁。

八月丁酉朔，〔三五〕置先離闥覽官六員，領于骨里、女直、迪烈于等諸部人之隸宫籍者。〔三六〕以北大王蒲奴寧爲山後五州都管。乙巳，韓德讓奏宋兵所掠州郡，其逃民禾稼，宜募人收穫，以其半給收者，從之。乙卯，斜軫還自軍，獻俘。己未，用室昉、韓德讓言，復山西今年租賦。詔第山西諸將校功過而賞罰之。乙室帳宰相安寧以功過相當，追告身一通；諦居部節度使佛奴笞五十。惕隱瑤昇、拽剌欻烈、朔州節度使慎思、應州節度使骨只、雲州節度使化哥、軍校李元迪、蔚州節度使佛留、都監崔其、劉繼琛，皆以聞敵逃遁奪官；欻烈仍配隸本貫；〔三七〕領國舅軍王六笞五十。壬戌，以斜軫所部將校前破女直，後有宋捷，第功加賞。癸亥，加斜軫守太保。

九月丙寅朔，皇太妃以上納后，進衣物、駝馬，以助會親頒賜。甲戌，次黑河，以重九登高于高水南阜，祭天。賜從臣命婦菊花酒。丁丑，次河陽北。戊寅，內外命婦進會親禮物。辛巳，納皇后蕭氏。〔三八〕丙戌，次儒州，以大軍將南征，詔遣皮室詳穩乞的、郎君拽剌先赴本軍繕甲兵。〔三九〕己丑，召北大王蒲奴寧赴行在所。甲午，皇太后行再生禮。

冬十月丙申朔，党項、阻卜遣使來貢。丁酉，皇太后復行再生禮，爲帝祭神祈福。己亥，以乙室王帳郎君吴留爲御史大夫。政事令室昉奏山西四州自宋兵後，〔四〇〕人民轉徙，盜賊充斥，乞下有司禁止。命新州〔四一〕節度使蒲打里選人分道巡檢。北大王帳郎君曷葛只里言本府王蒲奴寧十七罪，詔横帳太保覈國底鞫之。蒲奴寧伏其罪十一，笞二十釋之。曷葛只里亦伏誣告六事，命詳酌罪之。知事勤德連坐，杖一百，免官。甲辰，出居庸關。乙巳，詔諸京鎮相次軍行，諸細務權停理問。庚戌，分遣拽剌沿邊偵候。辛亥，命皇族廬帳駐東京延芳淀。〔四二〕壬子，詔以敕牓付于越休哥，以南征諭拒馬河南六州。乙卯，幸南京。戊午，以南院大王留寧〔四三〕言，復南院部民今年租賦。壬戌，以銀鼠、青鼠及諸物賜京官、僧道、耆老。甲子，上與大臣分朋擊鞠。

十一月丙寅朔，党項來貢。庚午，以政事令韓德讓守司徒。壬申，以古北、松亭、榆關征税不法，致阻商旅，遣使鞫之。女直請以兵從征，許之。癸酉，御正殿，大勞南征將校。丙子，南伐，次狹底堝，〔四四〕皇太后親閱輜重兵甲。丁丑，以休哥爲先鋒都統。戊寅，日南至，上率從臣祭酒景宗御容。〔四五〕辛巳，詔以北大王蒲奴寧居奉聖州，山西五州公事，並聽與節度使蒲打里共裁決之。癸未，祭日月，爲駙馬都尉勤德祈福。乙酉，置諸部監，勒所部各守營伍，毋相錯雜。丙戌，遣諜魯姑、蕭繼遠沿邊巡徼。〔四六〕以所獲宋卒射鬼箭。丁亥，以青牛白馬祭天地。辛卯，次白佛塔川，獲自落馴狐，以爲吉徵，祭天地。詔駙馬都尉蕭繼遠、林牙謀魯姑、太尉林八等固守封疆，毋漏間諜。軍中無故不得馳馬，及縱諸軍殘南境桑果。壬辰，至唐興縣。〔四七〕時宋軍屯滹沱橋〔四八〕北，選將亂射之，橋不能守，進焚其橋。癸巳，涉沙河，〔四九〕休哥來議事。北皮室詳穩排亞獻所獲宋諜二人，上賜衣物，令還招諭泰州。〔五〇〕楮特部節度使盧補古、都監耶律盻與宋戰于泰州，不利。甲午，祭麃鹿神。以盧補古臨陣遁逃，奪告身一通；其判官、都監各杖之。郎君拽剌雙骨里遇宋先鋒於望都，擒其士卒九人，獲甲馬十一，賜酒及銀器。乙未，以盧補古等罪詔諭諸軍。以御盞郎君化哥權楮特部節度使，橫帳郎君佛留爲都監，代盧補古。權領國舅軍桃畏請置二校領散卒，詔以郎君世音、頗德等充。命彰德軍節度使蕭闥覽、將軍迪子署地東路。詔休哥、排亞等議軍事。

十二月己亥，休哥敗宋軍於望都，遣人獻俘。〔五一〕壬寅，營于滹沱北，詔休哥以騎兵絶宋兵，毋令入邢州；〔五二〕命太師王六謹偵候。癸卯，小校曷主遇宋輜重，引兵殺獲甚衆，并焚其芻粟。甲辰，詔南大王與休哥合勢進討，宰相安寧領迪離部〔五三〕及三剋軍殿。上率大軍與宋將劉廷讓、李敬源戰于莫州，〔五四〕敗之。乙巳，擒宋將賀令圖、楊重進等；國舅詳穩撻烈哥、宮使蕭打里死之。丙午，詔休哥以下入內殿，賜酒勞之。丁未，築京觀。復以南京禁軍擊楊團城，〔五五〕守將以城降。詔禁侵掠。己酉，營神榆村，詔上楊團城粟麥、兵甲之數。辛亥，以黑白二牲祭天地。〔五六〕癸丑，拔馮母鎮，〔五七〕大縱俘掠。丙辰，邢州降。〔五八〕丁巳，拔深州，以不即降，誅守將以下，縱兵大掠。李繼遷引五百騎欵塞，願婚大國，永作藩輔。詔以王子帳節度使耶律襄之女汀封義成公主下嫁，賜馬三千疋。〔五九〕

〔一〕此次被征服者爲定安國。渤海遺民所建。在鴨綠江中游。

〔二〕長編：雍熙三年（九八六）春正月戊寅，「先是知雄州賀令圖與其父岳州刺史懷浦及文思使薛繼昭、軍器庫使劉文裕、崇儀副使侯莫陳利用等相繼上言：『自國家伐太原，而契丹渝盟發兵以援，非天威兵力決而取之，河東之師幾爲遷延之役，且契丹（主）年幼，國事決於其母，其大將韓德讓寵倖用事，國人疾之，請乘其釁，以取幽、薊。』上遂以令圖等言爲然，始有意北伐」。（宋會要、統類、東都事畧畧同。）「刑部尚書宋琪上疏曰：『伏以國朝大舉精兵，討除邊寇，靈旗所指，燕城必降。……』琪本燕人，究知敵帳、車馬、山川形勝，所言悉有歸趣。俄又上疏言：『……臣有平燕之策，入燕之路，具在前奏，願加省覽。』疏奏，頗采用之。」高麗史卷三：成宗「五年正月，契丹遣厥烈來請和」。

〔三〕李繼忠，本史卷四六百官志二作李繼冲。

〔四〕謀魯姑，本史卷八二本傳作磨魯古。「族」，疑應作「諸」。

〔五〕長編：雍熙元年「九月，初，李繼捧入朝，其弟夏州蕃落使繼遷留居銀州，及詔發繼捧親屬赴闕，獨繼遷不樂内徙。時年十七，勇悍有智謀，僞稱乳母死，出葬郊外，以兵甲實棺中，與其黨數十人奔入蕃族地斤澤，距夏州東北三百里，出其祖彝興像以示戎人，戎人皆拜泣。繼遷自言我李氏子孫，當復興宗緒，族帳稍稍歸附，嘗遣所部奉表詣麟州貢馬及橐駝等。敕書招諭之，繼遷不出，是月，知夏州尹憲偵知繼遷所在，與巡檢使曹光實選精騎，夜發兵掩襲地斤，再宿而至，斬首五百級，燒四百餘帳，獲繼遷母妻及羊馬器械萬計，繼遷僅以身免」。

〔六〕宋會要蕃夷一：「下詔三道進討，曹彬、崔彦進、米信自雄州入，田重進趣飛狐，楊業出雁門，剋期齊舉焉。」（宋會要兵八同。）

事實卷二〇：「雍熙三年，大發師，以天平軍節度曹彬爲幽州行營前軍都總管，出涿州，河陽節度崔彦進副之；馬軍都指揮使米信爲幽州西北道行營都總管，出雲中，代州觀察杜彦圭副之；步軍都指揮使田重進爲定州路行營都統，出飛狐口，蘄州刺史譚延美副之；忠武軍節度使潘美爲靈、應州行營都總管，出雁門，靈州觀察使楊業副之。」

東都事畧卷三：雍熙三年「三月，曹彬克契丹固安城。田重進破契丹於飛狐北。潘美自西陘與契丹遇，追至寰州，克之」。又卷一二三附録：「曹彬克固安城，又下新城。」（宋史、事實畧同。）

宋會要蕃夷一：「雍熙三年正月，命天平軍節度曹彬爲幽州道行營前軍馬步水陸都總管，率河陽節度使崔彦進三十餘將，下詔三路北伐契丹，自三月王師入北境，所在城邑多降。」宋史卷五：「三月癸酉，曹彬與契丹兵戰固安南，克其城。丁丑，田重進戰飛狐北，又破之。潘美自西陘入，與契丹兵遇，追至寰州，破之，執其刺史趙彦辛以城降。辛巳，曹彬克涿州，潘美圍朔州，其節度副使趙希贊以城降。癸未，田重進戰飛狐北，獲其西南面招安使大鵬翼、康州刺史馬頵、馬軍指揮使何萬通。乙酉，曹彬敗契丹於涿州南，殺其相賀斯。丁亥，潘美師至應州，其節度副使艾正、觀察判官宋雄以城降。辛卯，田重進攻飛狐，其守將呂行德、張繼從、劉知進等舉城降，以其縣爲飛狐軍。丙申，進圍靈丘，其守將穆超以城降。」（宋會要兵八同。）田重進圍靈丘東都事畧作辛巳，十朝綱要作辛卯。宋史、長編、統類及本史皆作丙申，應指圍城與以城降宋之日。

〔七〕彦章，長編、事實卷二〇、宋會要兵八、宋史卷五並作彦辛，統類作趙彦。（拾遺卷七引長編作彦章。）

〔八〕順義原誤「義順」。據本史卷四一地理志五及全遼文卷四張正嵩墓誌銘改。長編：雍熙三年「三月，潘美出雁門，自西陘入，與敵戰，勝之，斬首五百級。逐北至寰州，斬首五百級」。「庚辰，刺史趙彦辛舉寰州降，詔以彦辛爲本州團練使。曹彬進壁於涿州東，復與敵戰，李繼隆、范廷召等皆中流矢，督戰愈急，敵遂敗。乘勝攻其北門，克之。辛巳，取涿州。潘美進圍朔州，其知節度副使趙希贊舉城降，詔以希贊爲本州觀察使。」（統類、事實畧同。）

〔九〕索隱卷二：「且一統志涿州初無駞羅口之名，惟寧武府古蹟有託邏臺，在寧武縣西北，一名陀羅臺，亦曰槖蓮臺。北魏既滅赫連氏，遷其子孫散處代北山谷，故其地有赫連臺。槖蓮、陀羅皆音相近而訛。然則此紀駞羅口爲陀羅臺山口，遼屬西京道武州，與宋之忻、代二州接界，自其口東出乃至南京北郊耳。」陀羅口在涿州東北。

〔一〇〕大鵬翼，宋史卷五太宗紀作西南面招安使，宋會要兵八、長編、契丹國志並同。馬贇，長編作監軍馬頵，契丹國志卷七作監軍馬碩，宋會要、宋史並作康州刺史馬頵。

長編：三月，「田重進至飛狐，北界西南面招安使大鵬翼等帥衆來援，行營西上閤門使袁繼忠謂重進曰：『敵多騎兵，利於平地，不如乘險逆擊之。』蘄州刺史朝城譚延美曰：『敵恃衆易我，若出其不意，可克也。』於是重進陣壓東偏，數交鋒，勝敗未決。日將夕，命荆嗣出西偏，薄山崖，以短兵接戰。敵投崖而下，手斬首百餘級。敵勢挫衄，散卒千餘人在野，嗣呵止，降之。敵退屯土嶺，裨將黄明與戰，不利，嗣謂明曰：『汝第頓兵於此，爲我聲援，我當奪此嶺。』遂力戰，克之。追奔五十餘里，抵蒼頭而還，拔小冶、直谷二寨。嗣因留屯直谷，居數日，敵遣騎挑戰，勢頗張，重進召嗣合兵擊卻之。敵乘夜復圍直谷、石門二寨，重進遣嗣往救，嗣曰：『今所部才五百人，敵衆二萬餘，力不敵矣。』重進憂之，問嗣計策安出，嗣曰：『譚延美方屯小冶，有兵二千，願間道往邀其策應。』遂馳見延美，延美曰：『敵勢如此，何可當也。』嗣曰：『但願以全軍就平州列隊樹旗，別遣三二百人執白幟於道側，嗣乃以所部五百人疾驅往鬬，彼見旗幟綿亘遠甚，疑大軍繼至，敵雖衆可破也。』延美許焉。癸未，嗣還，力戰，一日五七合，敵不勝，將遁去。重進遂以大軍乘之，敵北騎崩潰，生擒大鵬翼及監軍馬頵、副將何萬通并契丹渤海千餘人，斬首數千級，俘老幼七百人，獲馬畜鎧累萬計。大鵬翼貌壯偉而勇健，名聞遠塞，既禽之，戎奪氣」。（統類畧同，拾遺引長編敵作虜，應是未經清人改字之本。）

〔一二〕蒲領，又作蒲寧、普寧，即耶律阿没里。本史卷七九本傳作字蒲鄰。都統，本傳作都監，下文本年四月亦稱監軍。

〔一三〕彰國軍節度副使艾正，「副」字原脱。按本史卷四一地理志五應州彰國軍。下文夏四月癸丑有「以艾正、趙希贊及應州、朔州節度副使叛入於宋」，宋史卷五太宗紀「三月辛巳，潘美圍朔州，其節度副使趙希贊以城降。丁亥，潘美師至應州，其節度副使艾正……以城降」。長編以趙希贊爲朔州節度副使，長編、統類俱誤艾正爲應州節度使。實應州節度使爲骨只，見下文八月己未。本月下文彰國軍節度使原脱人名，四月癸丑句亦誤，今並補正。長編：三月，「曹彬入涿州，遣部將浚儀李繼宣等領輕騎渡涿河覘敵勢。乙酉（十七日），敵率衆來攻，繼宣擊破之於城南，斬首千級，獲馬五百匹，殺奚宰相賀斯。丁亥（十九日），潘美轉攻應州，其節度使艾正、觀察判官宋雄舉城降。即授正本州觀察使，雄爲鴻臚少卿同知應州。雄，幽州人也」。（統類、宋會要兵八並同。）

事實卷二〇：「（曹）彬又戰涿州南，斬首千餘級，殺奚宰相賀斯，美遂圍應州，其節度副使艾正以城降。」

〔一三〕長編：三月，「田重進圍飛狐，令大鵬翼至城下，諭其守將，定武軍馬步軍都指揮使、郢州防禦使呂行德尚欲堅守，重進急攻之。辛卯，行德乃與其副都指揮使張繼從、馬軍都指揮使劉知進等舉城降。詔升其縣爲飛狐軍，以行德爲左驍衛將軍、順州防禦使，繼從爲右屯衛將軍、檀州刺史，知進爲左監門衛將軍。重進又圍靈邱。丙申，其守將步軍都指揮使穆超舉城降，以超爲右監門衛將軍」。（統類同。）

〔一四〕骨只二字原脱，據下文八月己未補，參上文本月注〔一二〕。

〔一五〕本史卷八四耶律善補傳：「善補字瑶昇。統和初爲惕隱。會宋來侵，善補爲都元帥逆之。」

〔一六〕長編：「夏四月辛丑，潘美克雲州，斬首千級。田重進破敵援軍於飛狐北，斬首千級，俘四百餘人。壬寅，米信破敵於新城，斬首三百級。（統類同。）敵衆復集，信兵稍卻，信獨以麾下龍衛卒三百人禦之，被圍數重，矢下如雨，信自射殺數人，麾下多死，日將暮，信持大刀率從騎百餘人呼突圍，殺數十人。會曹彬遣李繼宣等援之，遂破敵於新城東北，斬首千級，獲馬一百匹。」「己酉（十一日），田重進又破敵衆於飛狐北，殺酋長二人，斬首千級，獲馬三百匹。壬子，命左拾遺張舒同知雲州，契丹大同節度副使趙毅爲右千牛衛將軍，領儒州刺史，節度判官張日用、觀察判官宋元並爲殿中丞，掌書記崔從善爲右贊善大夫，皆仍舊職。乙卯，田重進至蔚州，左右都押衙李存璋、許彥欽（統類誤作趙彥欽）等殺敵酋蕭多羅（宋史作蕭啜理）及其守卒千人，執監城使、同州節度使耿紹忠，舉城降。以崇儀使魏震知蔚州，（震不詳邑里。）授存璋順州團練使，彥欽平州團練使，同知蔚州。初，王師入北境，所向皆下，多羅、紹忠等懼不自安，謀欲殺城中將吏，盡率其豪傑歸敵中。存璋等知其謀，乃先事而發，紹忠父美爲敵奉聖節度使，弟紹雍爲三司使，紹忠領同州，州西南數百里。（統類、宋會要兵八並作「州在西樓南數百里」。）方從戎主至遥樂河，聞王師至，遣爲蔚州監城使，於是被執。存璋等初請降，重進疑之。先命荆嗣率猛士數十人縋而入，得寔，乃納其欵。重進軍乏食，嗣部降卒輦州廪給之，存璋等既殺酋黨，慮孤城難守，乃盡率其吏民奔重進軍，重進厚撫之，敵援兵大至，副都指揮使江謙妄言惑衆，嗣即斬之。悉收城中輜重還集重進軍，與敵轉戰，時軍校五輩，其四悉以戰死，至大嶺，嗣力鬭，敵始卻，遂空蔚州。（原注：荆嗣傳又云：「重進將受降，而賊反拒王師所出之路，遂與鬥，殺傷甚多，嗣屢縋入城取守將之歸服者。」他書並不載蔚州既降復叛事。真宗實録、荆嗣傳亦止云嗣先縋入城察降之虚寔耳。賊反拒及復縋入城取降將皆削去，今從之。若輦倉粟及輜重則仍附見。）是役也，邊民之驍勇者，競團結以襲敵，或夜入城壘，斬取首級來歸。上聞而嘉之曰：『此等生長邊陲，嫻習戰鬭，若明立賞格，必大有應募者。』乃下詔募民，有能糾合應援王師者，資以糧食，假以兵甲；禽敵中酋豪者，隨職名高下補署；獲生口者人賞錢五千；得首級三千；馬上等十千、中七千、下五千；平幽州後，願在軍者優與存録；願歸農者給復三年。自是應募者益衆。初，曹彬與諸將入辭，上謂彬曰：『但令諸將先趨雲、應。卿以十餘萬衆，聲言取幽州，且持重緩行，毋得貪利以要敵，敵聞之必萃勁兵於幽州，兵既聚，則不暇爲援於山後矣。』既而潘美果下寰、朔、雲、應等州，田重進又取飛狐、靈邱、蔚州，多得山後要害之地，而彬等亦連收新城、固安，下涿州，兵勢大振。每捷奏至，上頗疑彬進軍之速，且憂敵斷糧道。彬至涿州，留十餘日，食盡乃退師至雄州，以援供饋，上聞之大駭曰：『豈有敵人在前，而卻軍以援芻粟乎，何失策之甚也。』亟遣使止之，令勿復前，引師緣白溝河與米信軍接，養兵畜鋭，以張西師之勢，待美盡畧山後之地，會重進東下，趣幽州，與彬、信合。以全師制敵，必勝之道也。而彬所部諸將聞美及重進累戰獲利，自以握重兵不能有所攻取，謀畫蜂起，更相矛盾。彬不能制。乃裹五十日糧，再往攻涿州，敵當其前，且行且戰，去城才百里，歷二十日始至。有敵酋領萬騎與米信戰，相持不解，俄遣使紿言乞降，上蔡令大名柳開督饋餉隨軍，謂信曰：『此兵法所謂無約而請和者也，彼將有謀，急攻之必勝。』信遲疑不決，踰二日，敵復引兵排戰，後偵知果以矢盡，俟取於幽州也。」（統類、宋會要兵八畧同。）

〔一七〕奴哥，本史卷八五本傳作奴瓜，「統和四年，宋楊繼業來侵，奴瓜爲黄皮室糺都監，擊敗之」。

〔一八〕迪子，本史卷八五本傳作題子，「授西南面招討都監」。

〔一九〕以艾正、趙希贊及應州、朔州節度副使……叛入於宋，「及」當作「即」，參見上文三月注〔一三〕。

〔二〇〕籌寧，奚王和朔奴字，本史卷八五有傳。

〔二一〕許彦欽，長編、宋會要同，統類作趙彦卿，誤。

〔三二〕銅州，長編、統類、宋會要並作同州。統類、宋會要並稱「同州在西樓南數百里」。

〔三三〕索隱卷二：「案此淀即水經聖水注之清淀水也。注云：聖水受南沙溝之桃水，北沙溝之洹水，又東南流會清淀水，水發西淀，東流注聖水，謂之劉公口。金史地理志：涿州范陽縣有劉李河，今名琉璃河，即因劉公口而名，此紀沙姑河即因沙溝水而名，則北淀即清淀水無疑。」

〔三四〕索隱卷二：「一統志，關在涿州西南三十五里，即今岐溝店市。又曰岐溝在涿州西南三十里，即水經注所謂奇溝也。亦曰祁溝，唐末置關於此。漢章謂奇溝亦見聖水注。注云，涿水出涿縣故城西南奇溝東八里大坎下。本史地理志：涿州有祁溝河。」

〔三五〕長編：四月，「(曹)彬雖復得涿州，時方炎暑，軍士疲乏，所齎糧又不繼，乃復棄之，還師境上。彬初欲令所部將開封盧斌以兵萬人戍涿州，(後)彬從其言令斌擁城中老幼並狼山而南，彬等以大軍退，無復行伍，爲敵所躡。五月庚午，至岐溝關北，敵追及之，我師大敗。彬等收餘軍，宵涉巨馬河，營於易水之南，李繼宣力戰巨馬河上，敵始退。追奔至狐山(畢氏續通鑑作孤山)，方涉巨

九朝編年備要卷四：「雍熙三年春正月，命曹彬等分道伐契丹。夏五月，詔班師。彬等之行也，上諭以『潘美之師，但先趨雲、應，卿等以十萬之衆，聲言取幽州，持重緩行，毋貪小利，虜聞大兵至，必悉衆救范陽，不暇援山後矣。』彬至涿州，留十餘日，食盡，退師雄州，以援供饋。上聞之，大駭曰：『豈有敵人在前，而卻軍以援粟乎？』亟遣使止之。彬所部聞美及重進累捷，耻不能有所攻取，乃再趨涿州，復以糧食不繼退師，至岐溝關，北虜追及之，我師大敗。」

馬河，人畜相蹂踐而死者甚衆」。（統類畧同。）

續通鑑：「餘衆奔高陽，爲遼師衝擊，死者數萬人，沙河爲之不流，棄戈甲若邱陵，休哥收宋師以爲京觀。」

〔二六〕宋史卷五：五月「丙子，召曹彬、崔彦進、米進歸闕。命田重進屯定州，潘美還代州。徙雲、應、寰、朔吏民及吐渾部族分置河東、京西。會契丹十萬衆復陷寰州，楊業護送遷民。遇之，苦戰力盡，爲所擒，守節而死」。

〔二七〕排亞，本史卷八八有傳，作排押。本傳云：「統和初，爲左皮室詳穩。……四年，破宋將曹彬、米信兵於望都。……與樞密使耶律斜軫收復山西所陷城邑。」弘義宫兵，傳作永興宫分糺，郎君軍，傳作舍利軍。

〔二八〕據長編、宋史、契丹國志：「六月戊戌朔，日有食之。」

〔二九〕本史卷四六百官志：「礮手軍詳穩司，掌飛礮之事。」

〔三〇〕續通鑑：「遼諸路兵馬都統耶律斜軫將兵十萬至安定西，知雄州賀令圖遇之，敗績，南奔。斜軫追及，戰於五臺，死者數萬人，明日，攻陷蔚州。令圖與潘美帥師往救，與斜軫戰於飛狐，南師又敗。於是渾源、應州之兵皆棄城走，斜軫乘勝入寰州，殺守城吏卒千餘人。」契丹復寰州，宋史繫五月，長編、統類作八月，均是帶叙。

〔三一〕北族乳母地位受尊重。

〔三二〕王延德西州程記：「自夏州歷玉亭鎮，次歷黃羊渡，至都囉囉族，漢使過者，遺以財貨，謂之『打當』。」即過路錢，作爲水草之費。此應屬當時牧區部落間之通例。朮不姑爲經由漠北至西域之通道所經過。索隱卷二：「覈列咢即轄列留國，見百官志。」

〔三三〕飯僧，原訛倒僧飯，據前後文例乙正。

長編：七月「壬午，遣樞密都承旨楊首一等詣并、代等州，部所徙山後諸州降民至河南府許、汝等州，徙者凡八千二百三十六户，七萬八千二百六十二口，及牛羊駝馬四十餘萬頭」。

〔三四〕九朝編年備要卷三：「太平興國四年，劉繼元降，北漢平。上遣中使詔劉繼業，得之，大喜，命爲防禦使。繼業初爲繼元扞太原城東南，頗殺傷王師，及繼元降，繼業猶據城苦戰。上素知其勇，欲生致之，諭繼元俾招之，繼元遣所親信往，繼業乃北面再拜，大慟，釋甲來見，上喜，撫慰之甚厚，復姓楊氏，名業。業初姓楊氏，名重貴，幼事北漢，更賜以姓名。上尋命業知代州。業在邊，契丹畏之，每望業旗即引去。」

長編：「八月初徙雲、朔、寰、應四州民，詔潘美、楊業等以所部兵護送之。時契丹國母蕭氏與其大臣耶律漢寧、南北皮室及五神（一本改作烏紳，疑是五押）惕隱領衆十餘萬復陷寰州。業謂美等曰：『今寇鋒益盛，不可與戰，朝廷止令取數州之民，但領兵出大石路，先遣人密告雲、朔守將，俟大軍離代州日，令雲州之衆先出，我師次應州，契丹必悉兵來拒，即令朔州吏民出城。直入石碣谷，遣彊弩三千，列於谷口，以騎士援於中路。則三州之衆保萬全矣。』監軍、西上閤門使、蔚州刺史王侁沮其議曰：『……君素號無敵，今見敵逗撓不戰，得非有他志乎！』業曰：『業非避死，蓋時有未利，徒殺傷士卒而功不立，今君責業以不死。當爲諸公先死耳。』乃引兵自石峽路趨朔州，將行，泣謂美曰：『此行必不利，業太原降將，分當死，上不殺，寵以連帥，授之兵柄，非縱敵不擊，蓋伺其便，將立尺寸功，以報國恩。今諸君責業以避敵，業當先死於敵。』因指陳家谷口曰：『諸君於此張步兵彊弩爲左右翼以援。俟業轉戰至此，即以步兵夾擊救之。不然者無遺類矣。』美即與侁領麾下兵陣於谷口，自寅至巳，侁使人登托邏臺望之，以爲敵敗走，侁欲爭其功，即領兵離谷口，美不能制，乃緣灰河西南行二十里。俄聞業敗，即麾兵卻走。業力戰自日中至暮，果至谷口，望見無人，即拊膺大慟，再率帳下士力戰，身被數十創，士卒殆盡，業猶手刃數十百人，馬重傷不能進，遂爲敵所禽，（業）不食三日而死。其子延玉與岳州刺史王貴俱死焉。」（宋會要兵八同。）

〔三五〕朔字原脱，據本史卷四四朔考補。

〔三六〕本史卷一一六國語解百官志：「先離撻覽，奚、渤海等國官名。疑即撻林字訛。」余靖武溪集卷一八契丹官儀：「東北則有撻領相公，掌黑水等邊事。」則不限於隸宮籍者。

〔三七〕欻，原誤「配」。據上文及大典卷五二四九改。

〔三八〕錢氏考異卷八三：「統和十九年三月，皇后蕭氏以罪降爲貴妃，其五月册蕭氏爲齊天皇后，紀不言復立，而仁德皇后傳亦無中廢之文，其非一人可知，后妃傳不載，蓋史闕文也。至開泰六年六月，德妃蕭氏賜死，其即廢后與否，史無明文，無以知之矣。」依理應即廢后。

〔三九〕乞的，下卷六年十二月作乞得。郎君拽剌下疑脱一人名，或即下文本年十一月之郎君拽剌雙骨里。

〔四〇〕州原誤「川」。按下文有「山西五州」，據改。四州即指朔、應、雲、蔚。

〔四一〕遼無新州，本史卷四一地理志五：「奉聖州武定軍，本唐新州。」此用舊名。

〔四二〕此淀在居庸關至南京途中，「東京」當作南京或京東。

〔四三〕本史卷八四耶律海里傳：「海里字留隱……在南院十餘年，鎮以寬静，户口增給。」寧、隱音近，留隱即留寧，海里字。

〔四四〕今北京市西南十里。

〔四五〕酒，疑應作奠。

〔四六〕本史卷八二耶律磨魯古傳：「太后親征，磨魯古爲前鋒，與北府宰相蕭繼先巡邏境上。」卷七八蕭繼先傳：「乾亨初，尚齊國公主，拜駙馬都尉。統和四年，宋人來侵，繼先率邏騎逆境上，多所俘獲，上嘉之，拜北府宰相。」謀魯姑即磨魯古，蕭繼遠即蕭繼先。

〔四七〕索隱卷二：「案自後周顯德六年，省鄚州之唐興縣入鄚州，宋初已無此縣，史以故縣名。當時唐興砦在今安新縣東南二十里。」

〔四八〕索隱卷二：「案此時滹沱河未徙，尚在今東鹿縣西北，見元史地理志。」

〔四九〕索隱卷二：「案此沙河在今安國縣（故保定府祁州）西南合唐河即古泒水。」

〔五〇〕索隱卷二：「案此時泰州已改爲保塞軍，保州，史亦以故州名名之。通鑑後晉紀開運元年夏四月，馬全節攻遼泰州，拔之。注引五代會要後唐天成三年，泰州以清苑縣爲理所，至晉開運二年，移治滿城縣，至周廣順二年廢州。」

〔五一〕宋會要蕃夷一：「十二月五日，定州田重進言：『入虜界攻下岐溝關，殺守城千餘人及獲牛羊、積聚器甲甚衆。』」互有勝負，南、北各記勝利。

〔五二〕邢州，契丹國志卷七作祁州。長編：「（是年）契丹長驅入深、祁。」紀本年下文云：「拔深州。」邢應作祁。祁州，今河北省安國縣。

〔五三〕迪離似是迪離畢。

〔五四〕索隱卷二：「案今任邱縣治。漢鄚縣，唐置鄚州，開元十三年改爲莫。」

宋史卷五：「雍熙三年十二月壬寅，契丹敗劉廷讓軍於君子館。」

長編：十二月，「契丹將耶律遜寧號于越者，以數萬騎入寇瀛州。都部署劉廷讓與戰於君子館。會天大寒，我師不能彀弓弩，虜圍廷讓數重，廷讓先以麾下精卒與滄州都部署李繼隆，令後殿，緩急期相救。及廷讓被圍，繼隆退屯樂壽，御前忠佐神勇指揮使鉅野桑贊與所部兵力戰，自辰至申，而虜援兵復至。贊引衆先遁，廷讓全軍皆没，死者數萬人。廷讓得麾下他馬乘之，僅脱死。先鋒將六宅使、平州團練使、知雄州賀令圖、武州團練使、高陽關部署楊重進俱陷於虜。令圖性貪功生事，復輕而無謀，于越素知令圖，嘗使諜紿之曰：『我獲罪於契丹，旦夕願歸朝，無路自投，幸君少留意焉。』令圖不虞其詐，自以爲終獲大功，私遣于越重錦十兩，至是于越傳言軍中，願得見雄州賀使君，令圖先爲所紿，意其來降，即引麾下數十騎逆之，將至其帳數步外，于越據胡牀罵曰：『汝嘗好經度邊事，今乃送死來耶！』麾左右盡縛其從騎，反縛令圖而去。重進力戰死之。初，令圖與父懷浦首謀北伐，一歲中，父子皆敗，天下笑之」。

事實卷二〇同。按此與宋史並言重進戰死，蓋南、北史源不同。然契丹國志卷七亦云：「平州團練使賀令圖、高陽關部署楊重進俱陷。」

〔五五〕以，原作「入」，據大典卷五二四九改。索隱卷二：「即陽城，在今完縣西。」

〔五六〕九朝編年備要卷四：「十二月，契丹寇代州，兵薄城下。神衛都校馬正率所部禦之，衆寡不敵，副部署盧漢贇畏懦，保壁自守。守臣張齊賢選廂軍二千出正之左右，誓衆感慨，一以當百，虜少卻。先是，齊賢約潘美以并師來會，間使爲虜所得，既而美使至，謂有旨令無出師。齊賢乃閉其使室中，夜遣兵由城西南持幟然炬，虜見謂并師至，駭而北走，齊賢先伏兵掩擊，大敗之。」續通鑑：十二月壬子，「遼師復自胡谷入薄代州城下，神衛都指揮馬正以所部列州南門外，衆寡不敵，副部署盧漢贇保壁自固。知州張齊賢選廂軍二千出正之右，誓衆感慨，一以當百。遼師遂卻走。（長編此處有「循胡盧河南而西」句。）先是齊賢約潘美以并師來會戰，其間使爲遼所得，齊賢深憂之，俄而有候至，云美師出并行四十里。（長編有「至栢井」三字，柏井一作百井。）

忽奉密詔，東路之師衄於君子館。并軍不許出戰，已還州矣。於時敵騎塞川，齊賢曰：『敵知美來而不知美退。』乃閉美使於密室。中夜發兵二百，人持一幟，負一束芻，距州城西南三十里，列幟燃芻。遼師遥見火光中有旂幟，意謂并師至矣，駭而北走。齊賢先伏步卒二千於土磴寨，掩擊，大敗之。禽其王子（長編作「北大王之子。」）一人，帳前舍利一人，斬首數百級。（數百級，長編作「二千餘級」。）俘五百餘人，獲馬千餘匹，車帳、牛羊、器甲甚衆」。

〔五七〕殿本考證：「按宋通鑑，壬子，契丹薄代州爲張齊賢所敗，殺其國舅詳穩撻烈哥、宫使蕭打里，遼史於癸丑但記拔馮母鎮，大縱俘掠。而壬子之敗則諱之。」羅校：「按史雖諱壬子之敗，然撻烈哥等之死，則已見前莫州之戰下，宋紀：『壬子，代州副部署盧漢贇敗契丹於土鐙堡，殺監軍舍利二人。』殆即宋通鑑所謂爲張齊賢所敗。」（長編作擒其北大王之子一人，帳前舍利一人，按北大王爲勃古哲，則撻烈哥乃勃古哲之子，帳前舍利殆蕭打里耶？）考長編、統類並云：「後知盧漢贇未嘗接戰，罷爲右監門衛大將軍。」是則宋會要、宋史、十朝綱要等所稱「代州副部署盧漢贇敗契丹於土鐙堡」者非實，因「齊賢悉歸功於漢贇」而誤。至於監軍舍利二人、宋史作「殺」是，長編、統類作「擒」非。土鐙堡，今山西原平縣西北。

〔五八〕邢州應作祁州，參注〔五二〕。

〔五九〕宋會要蕃夷一：「（雍熙三年）冬，又寇易州，州遣强壯指揮使劉鈞等率兵襲岐溝關，破之，斬（首）千餘級，焚其積聚而還。」（東都事畧、通考同。）

遼史補注卷十二

本紀第十二

聖宗三

五年春正月乙丑，破東城縣，縱兵大掠。丁卯，次文安，遣人諭降，不聽，遂擊破之。盡殺其丁壯，俘其老幼。戊寅，上還南京。己卯，御元和殿，大賚將士。壬辰，如華林、天柱。〔一〕

二月甲午朔，至自天柱。

三月癸亥朔，幸長春宮，〔二〕賞花釣魚，以牡丹徧賜近臣，歡宴累日。丁丑，以諦居部下拽剌解里偵候有功，命入御盞郎君班祗候。

夏四月癸巳朔，幸南京。丁酉，上率百僚册上皇太后尊號曰睿德神畧應運啓化承天皇太后；禮畢，羣臣上皇帝尊號曰至德廣孝昭聖天輔皇帝。〔三〕戊戌，詔有司條上勳舊，等第加恩。癸丑，清暑冰井。

六月壬辰朔，〔四〕召大臣決庶政。丙申，以耶律蘇爲遥郡刺史。〔五〕

秋七月戊辰，涅剌部節度使撒葛里有惠政，民請留，從之。是月，獵平地松林。

九月丙戌，幸南京；是冬止焉。〔六〕

〔一〕九朝編年備要卷四：雍熙四年（九八七）春正月，「契丹入寇，陷深、邢（祁）、德、易等州」。統類卷三：「雍熙四年春正月，初曹彬及劉廷讓等相繼敗覆，軍亡死者，前後數萬人。緣邊瘡痍之卒，不滿萬計，皆無復鬭志，河朔震恐，悉科鄉民爲兵以守城。皆白徒，未嘗習戰陳，但堅壁自固，不敢禦敵，虜勢滋振。長驅入深、祁，陷易州，殺官吏，虜士民。所過郡邑，攻不能下者，則俘村野子女，縱火大掠，輦金帛而去。」（長編同。）

宋會要蕃夷一：雍熙「四年正月十二日，詔應、幽州邊境背没軍人等，或因事疑阻，或負過逃亡，豈所願爲，蓋非獲已。用推恩信，特示招携。今後有能自北界脱身來歸朝廷者，並不問罪，依舊隸軍額。如曾受契丹補置者，並與僞命職官，仍令沿邊州縣，隨處支賜衣服、續食部、送赴闕下」。二十三日，「又寇定遠軍，城中乏少，人心甚危。知軍著作郎曹諫，慮不能守，殺數人乃定，虜遂引去」。契丹長驅直入，契丹國志作「攻陷深、祁、德、易四州」，宋會要作「連陷深、祁、德等數州」，長編、統類、通考作「入深、祁，陷易州」。

〔二〕孫承澤北平古今紀：「遼有二長春宮，一在南京，一在長春州，若統和五年三月朔，幸長春宮，賞花釣魚，十二年三月，如長春宮，觀牡丹，十七年正月朔，如長春宮，則非南京之長春宮也。」按孫説非，統和五年、十二年皆確指南京。長春州爲春獵之地，故得稱行宮，非有兩長春宮。

〔三〕按本年所上皇太后及聖宗尊號與二十四年所上同。考本史卷七一后妃傳，事在二十四年，五年無此事。疑此係重出。朱彝尊據雲居寺碑二十三年尊稱聖宗曰至德廣孝昭聖皇帝。謂二十四年乃合元年尊號稱之。錢氏考異卷八三云：「案本紀二十四年十月，上皇太后、皇帝尊號，與此無一字異者，若非重出，則彼文有遺脱也。后妃傳止有二十四年加上尊號，別無五年加尊之文。」

〔四〕朔字，據本史卷四四朔考補。

〔五〕遥郡刺史謂非實職之刺史。

〔六〕長編：十二月，「雄、霸等州皆相告以敵將犯邊，急設備，寧邊軍數日間，連受八十餘牒。知軍柳開獨不信，貽書郭守文陳五事，言敵必不至，既而果牒者之妄」。（統類同。）

六年春正月庚申，如華林、天柱。

二月丁未，奚王籌寧殺無罪人李浩，所司議貴，〔一〕請貸其罪，令出錢贍浩家，從之。甲寅，大同軍節度使、同平章政事劉京致仕。〔二〕

三月己未，〔三〕休哥奏宋事宜，上親覽之。丙寅，以司天趙宗德、齊泰、王守平、邵祺、

閭梅從征四載，言天象數有徵，賜物有差。癸未，李繼遷遣使來貢。〔四〕

夏四月乙未，幸南京。丁酉，胡里室橫突韓德讓墮馬，皇太后怒，殺之。戊戌，幸宋國王休哥第。

五月癸亥，南府宰相耶律沙薨。

閏月丙戌朔，奉聖州言太祖所建金鈴閣壞，乞加修繕，詔以南征，恐重勞百姓，待軍還治之。壬寅，阿薩蘭回鶻來貢。甲寅，烏隈于厥部以歲貢貂鼠、青鼠皮非土產，皆於他處貿易以獻，乞改貢。詔自今止進牛馬。

六月癸亥，党項太保阿剌恍來朝，貢方物。乙丑，諭諸道兵馬備南征攻城器具。乙酉，夷離堇阿魯勃送沙州節度使曹恭順還，〔五〕授于越。

秋七月丙戌，觀市。己亥，遣西南面招討使韓德威討河、湟諸蕃違命者。〔六〕賜休哥、排亞部諸軍戰馬。己酉，駐蹕于洛河。壬子，加韓德威開府儀同三司兼政事令、門下平章事，東京留守兼侍中、漆水郡王耶律抹只爲大同軍節度使。癸丑，排亞請增置涿州驛傳。

八月丙辰，〔七〕以青牛白馬祭天地。戊午，休哥與排亞、裊里曷捉生，將至易州，遇宋兵，殺其指揮使而還。庚申，幸黎園温湯。〔八〕癸亥，以將伐宋，遣使祭木葉山。丁丑，瀨海女直遣使速魯里來朝。西北路管押詳穩速撒哥以伐折立、助里二部，上所俘獲。東路林牙蕭勤德〔九〕及統軍石老以擊敗女直兵，獻俘。大同軍節度使耶律抹只奏今歲霜旱乏食，乞增價折粟，以利貧民。詔從之。濱海女直遣廝魯里來修土貢。〔一〇〕

九月丙申，〔一一〕化哥與朮不姑春古里〔一二〕來貢。休哥遣詳穩意德里獻所獲宋諜者。丁酉，皇太后幸韓德讓帳，厚加賞賚，命從臣分朋雙陸〔一三〕以盡歡。戊戌，幸南京。己亥，有事于太宗皇帝廟。以唐元德爲奉陵軍節度使。癸卯，祭旗鼓南伐。庚戌，次涿州，射帛書諭城中降，不聽。

冬十月乙卯，〔一四〕縱兵四面攻之，城破乃降，因撫諭其衆。駙馬蕭勤德、太師闥覽皆中流矢。〔一五〕勤德載帝車中以歸。聞宋軍退，遣斜軫、排亞等追擊，大敗之。戊午，攻沙堆驛，破之。己巳，以黑白羊祭天地。庚午，以宋降軍分置七指揮，號歸聖軍。壬申，行軍參謀、宣政殿學士馬得臣言諭降宋軍，恐終不爲用，請並放還，詔不允。丙子，籌寧奏破狼山捷。〔一六〕辛巳，復奏敗宋兵于益津關。癸未，進軍長城口，〔一七〕宋定州守將李興以兵來拒，休哥擊敗之，追奔五六里。〔一八〕

十一月甲申朔，〔一九〕上以將攻長城口，詔諸軍備攻具。庚寅，駐長城口，督大軍四面進攻，士潰圍，〔二〇〕委城遁，〔二一〕斜軫招之，不降；上與韓德讓邀擊之，殺獲殆盡，獲者分隸燕軍。辛卯，攻滿城，〔二二〕圍之。甲午，拔其城，軍士開北門遁，上使諭其將領，乃率衆降。戊戌，攻下祁州，縱兵大掠。己亥，拔新樂。〔二三〕庚子，破小狼山砦。丁未，宋軍千人出益津關，國舅郎君桃委、詳穩十哥擊走之，殺副將一人。己酉，休哥獻黄皮室詳穩徇地莫州所獲馬二十匹，士卒二十人。命賜降者衣帶，使隸燕京。辛亥，西路又送降卒二百餘人，給寒者裘衣。以馬得臣權宣徽院事。

十二月甲寅朔，賜皮室詳穩乞得、禿骨里戰馬。〔二四〕横帳郎君達打里劫掠，命杖之。丙辰，畋于沙河。休哥獻奚詳穩耶魯所獲宋諜。丁巳，遣北宰相蕭繼遠等往覘安平。侍衛馬軍司奏攻祁州、新樂，都頭劉贊等三十人有功，乞加恩賞。是月，大軍駐宋境。

是歲，詔開貢舉，放高舉一人及第。〔二五〕

〔一〕議貴居唐律八議之一，參本書卷六一刑法志注。

〔二〕劉京，本史卷八六有傳。京作景。本傳云：「統和六年致仕，加兼侍中。」

〔三〕三月己未，「三月」二字，原誤在下文「癸未」上。按本史卷四四朔考，二月戊子朔，無己未、丙寅，三月戊午朔，己未初二日，丙寅初九日，據改。

〔四〕十朝綱要卷二：端拱元年（九八八）三月乙亥，「復通北邊互市。禁緣邊戍兵無得輒恣侵掠，務令安静」。西夏書事卷四：「三月，繼遷遣牙校李知白貢於契丹。」

〔五〕恭順，長編、通考作賢順，此避景宗賢名改恭順。羅校，此：「殆開泰六年事，誤繫於此。」本年六月丙辰朔，小盡，無乙酉；開泰六年六月戊辰朔，十八日乙酉。

〔六〕西字原脱，案本史卷四五—四八百官志無南面招討使；河、湟在西南面，卷八二韓德威傳作西南（面）招討使，據補。

〔七〕八月丙辰，八月二字，原誤在下文「戊午」上。按本史卷四四朔考，八月乙卯朔，丙辰初二日。據改。

〔八〕温湯即温泉，温泉有醫療功效，魏書卷四一源賀傳：「太和元年二月，療疾於温湯。」（北史卷二八本傳同。）北齊書卷三四楊愔傳：「就雁門温湯療疾。」（北史卷四一楊播傳附愔傳同。）温湯療疾，北方傳統醫術，此幸温湯，屬便道路過。

〔九〕按東路對上句西北路而言，蕭德勤即蕭恒德，本史卷八八有傳，「遷南面林牙，改北面林牙……爲東京留守」。或以東路林牙爲官名，誤。

〔一〇〕按濱海女直即瀕海女直，廝魯里即速魯里。與上文丁丑「瀕海女直遣使速魯里來朝」爲一事重出。此即本史卷四六百官志之瀕海女直，在鴨緑江下游。

〔一一〕九月二字，原誤在下文「戊戌」上。按本史卷四四朔考，九月乙酉朔，丙申十二日。據改。

〔一二〕本史卷九四耶律化哥傳：「統和四年，南侵宋……事平，拜上京留守。」朮不姑即阻卜，春古里，酋長名。化哥以上京留守偕之來貢。索隱卷二謂春古里是金史世紀之土骨論部，誤。

〔一三〕雙陸爲一種賭博游戲。本史卷一〇九羅衣輕傳，興宗與重元「雙陸，賭以居民城邑」。五雜俎卷六云：「雙陸，本胡戲也，云：『胡王有弟一人，得罪，將殺之，其弟於獄中爲此戲以上。其意言孤則爲人所擊，以諷王也。曰雙陸者，子隨骰行，若得雙六，則無不勝也。』」晏殊類要謂此戲始於西竺，即涅槃經之波羅塞戲，其流入中州，則始自陳思王。洪遵雙陸序曰：「以異木爲方槃，槃中彼此内外，各有六梁，故名。」按其法今中國已失傳，日本所行之雙陸，又名飛雙陸。畧爲葉子戲之法，其槃中雙陸，亦僅好古者偶藏其具而已。七十年代初在庫倫旗三號遼墓中曾出土雙陸博具。

〔一四〕冬十月三字，原誤在下文「戊午」上。按本史卷四四朔考，十月甲寅朔，乙卯初二日。據改。

〔一五〕蕭勤德即蕭恒德，本史卷八八本傳云：統和「六年，上攻宋，圍沙堆……城陷，中流矢」。太師闥覽即蕭撻凛，本史卷八五本傳云：統和六年秋，「從駕南征，攻沙堆，力戰被創」。據此則在攻沙堆之前，攻涿州時已負傷。

〔一六〕通鑑後梁紀：契丹拔涿州，進攻定州，晉王遣兵戍狼山之南以拒之。胡注：「狼山在定州西北二百里，東北至易州八十里。」又後晉紀：「定州西北二百里有狼山。」

〔一七〕索隱卷二：「此長城口亦在定州。一統志：『自曲陽縣西北白道安口而東北，歷鐵嶺口、小關城口、夾耳安等口而接倒馬關。』」

〔一八〕宋會要蕃夷一：「端拱元年十月，豐州王承美言：『契丹於州界多屯兵甲，劫掠蕃部帳族，驅虜人口，當州漢兒隔在毛駝山東黑山内藏蔽，至今三年，無兵士救應，契丹三次出兵搜捉，臣皆殺退。』降詔褒美之。」通考畧同，又云：「彬等師既不利，虜復取雲、應、朔等州。」

〔一九〕朔字，據本史卷四四朔考補。

〔二〇〕士潰圍，續通鑑作「將士潰圍」，羅校：「『士』上奪『軍』字。」

〔二一〕宋史卷五太宗紀：「端拱元年十一月己丑，郭守文破契丹於唐河。」（宋會要兵八同。）長編：端拱元年「十一月，契丹大至唐河北，將入寇，諸將欲以詔書從事堅壁清野，勿與戰。定州監軍、判四方館事袁繼忠曰：『契丹在近，今城中屯重兵，而不能翦滅，令長驅深入，侵畧它郡，謀自安之計可也，豈折衝禦侮之用乎？ 我將身先士卒，死於敵矣。』辭氣慷慨，衆皆伏。中黄門林延壽等五人猶執詔書止之。都部署李繼隆曰：『閫外之事，將帥得專焉。往年河間不即死者，固將有以報國家耳。』乃與繼忠出兵拒戰。先是，易州静塞騎兵尤驍果，繼隆取以隸麾下，留妻子城中，繼忠言於繼隆曰：『此精卒，止可令守城，萬一寇至，城中誰與捍敵。』繼隆不從。繼而敵果入寇，易州遂陷。卒之妻子皆爲敵所掠。繼隆欲以卒分隸諸軍，繼忠曰：『不可。但奏陞其軍額，優以廩給，使之盡節可也。』繼隆從其言，衆皆感悦。繼忠因乞之隸麾下，至是摧鋒先入，契丹騎大潰。追擊逾曹河。斬首萬五千級，獲馬萬匹。己丑，捷奏聞，羣臣稱賀。上降璽書褒答，賜予甚厚」。（原注：按此捷但定州路都部署及監軍之功也，郭守文時在鎮州，初不聞出兵相爲犄角。而實録、本紀皆云守文上言破契丹於唐河，不知何故。今但據李繼隆及袁繼忠二傳删修，不復稱守文。然守文正傳亦云大破契丹於唐河，及會要云：契丹寇中山，守文與繼隆出精兵背城而陣，敵盡鋭來攻，繼隆號令將士一鼓破之，殺獲甚衆。按守文自爲鎮州都部署，初未嘗受詔至定州。安得與繼隆同出兵背城而陣也。契丹傳雖云守文、繼隆同出戰。然亦無背城而陣等事。不知會要從何得之，當考。實録又云：契丹累歲寇邊頗爲民患，國家乃於鎮、定、高陽關大屯兵甲以犄角之。）（宋會要兵八同。）

〔二二〕今河北省滿城縣。

〔二三〕今河北省新樂縣。

〔二四〕乞得即上文統和四年九月乞的。秃骨里疑是雙骨里。

〔二五〕「放高舉」三字原缺，據大典卷五二四九補。

七年春正月癸未朔，班師。戊子，宋雞壁砦〔一〕守將郭榮率衆來降，詔屯南京。庚寅，次長城口。三卒出營劫掠，笞以徇衆，以所獲物分賜左右。壬辰，李繼遷與兄繼捧有怨，乞與通好，上知其非誠，不許。癸巳，諭諸軍趣易州。〔二〕己亥，禁部從伐民桑梓。癸卯，攻易州，宋兵出遂城來援，遣鐵林軍擊之，擒其指揮使五人。甲辰，大軍齊進，破易州，降刺史劉墀，守陴士卒南遁，上帥師邀之，無敢出者。即以馬質爲刺史，趙質爲兵馬都監。遷易州軍民于燕京。以東京騎將夏貞顯之子仙壽先登，授高州刺史。乙巳，幸易州，御五花樓，撫諭士庶。丙午，以青牛白馬祭天地。詔諭三京諸道。戊申，次淶水，〔三〕謁景宗皇帝廟。詔遣涿州刺史耶律守雄護送易州降人八百，還隸本貫。己酉，次岐溝，射鬼箭。辛亥，還次南京，六軍解嚴。〔四〕

二月壬子朔，上御元和殿受百官賀。詔雞壁砦民二百户徙居檀、順、薊三州。甲寅，回鶻、于闐、師子等國來貢。乙卯，大饗軍士，爵賞有差。樞密使韓德讓封楚國王，駙馬都尉蕭寧遠同政事門下平章事。是日，幸長春宮。甲子，詔南征所俘有親屬分隸諸帳者，給官錢贖之，使相從。乙丑，賞南征女直軍，使東還。丙寅，禁舉人匿名飛書，謗訕朝廷。癸酉，吐蕃、党項來貢。甲戌，雲州租賦請止輸本道，從之。丙子，以女直活骨德爲本部相。分遣巫覡祭名山大川。丁丑，皇子佛寶奴生。戊寅，阿薩蘭、于闐、轄烈並遣使來貢。

三月壬午朔，遣使祭木葉山。禁芻牧傷禾稼。宋進士十七人挈家來歸，命有司考其中第者，補國學官，餘授縣主簿、尉。李繼遷遣使來貢。丁亥，詔知易州趙質收戰亡士卒骸骨，〔五〕築京觀。戊子，賜于越宋國王〔六〕紅珠筋線，命入内神帳行再生禮，皇太后賜物甚厚。以雞壁砦民成廷朗等八户隸飛狐。己丑，詔免雲州逋賦。乙室王貫寧擊鞠，爲所部郎君高四縱馬突死，詔訊高四罪。丙申，詔開奇峯路〔七〕通易州市。戊戌，以王子帳耶律襄之女封義成公主，下嫁李繼遷。〔八〕

是春，駐蹕延芳淀。〔九〕

夏四月甲寅，還京。乙卯，國舅太師蕭闥覽爲子排亞請尚皇女延壽公主，〔一〇〕許之。丙辰，謁太宗皇帝廟。以御史大夫烏骨領乙室大王。己未，幸延壽寺飯僧。甲子，諫議大夫馬得臣以上好擊毬，上疏切諫：「臣伏見陛下聽朝之暇，以擊毬爲樂。臣思此事有三不宜：上下分朋，君臣争勝，君得臣奪，君輸臣喜，一不宜也；往來交錯，前後遮約，争心競起，禮容全廢，若貪月杖，誤拂天衣，臣既失儀，君又難責，二不宜也；輕萬乘之貴，逐廣場之娛，地雖平，至爲堅確，馬雖良，亦有驚蹶，或因奔擊，失其控御，聖體寧無虧損？太后豈不驚懼？三不宜也。臣望陛下念繼承之重，止危險之戲。」疏奏，〔一一〕大嘉納之。丁卯，吐渾還金、回鶻安進、吐蕃獨朵等自宋來歸，皆賜衣帶。皇太后謁奇首可汗廟。丙子，以舍利軍耶律沓爲常衮。己卯，駐蹕儒州龍泉。〔一二〕

五月庚辰朔，〔一三〕遣宣徽使蒲領等率兵分道備宋。以遥輦副使控骨離〔一四〕爲舍利拽剌詳穩。辛巳，祭風伯於儒州白馬村。〔一五〕休哥引軍至滿城，招降卒七百餘人，遣使來獻，詔隸東京。辛卯，獵桑乾河。壬辰，燕京奏宋兵至邊。時暑未敢與戰，且駐易州。俟彼動則進擊；退則班師。從之。

六月庚戌朔，以太師柘母迎合，撾之二十。辛酉，詔燕樂、密雲二縣荒地許民耕種，〔一六〕免賦役十年。甲戌，宣政殿學士馬得臣卒，詔贈太子少保，賜錢十萬，粟百石。乙亥，詔出諸畜賜邊部貧民。是月，休哥、排亞破宋兵于泰州。〔一七〕

秋七月乙酉，御含涼殿視朝。丙戌，以中丞耶律虆麥哥權夷離畢，橫帳郎君耶律延壽爲御史大夫。癸巳，遣兵南征。〔一八〕甲午，以迪離畢、涅剌、烏濊〔一九〕三部各四人益東北路夫人婆里德，〔二〇〕仍給印綬。丁酉，勞南征將士。是日，帝與皇太后謁景宗皇帝廟。〔二一〕

八月庚午，放進士高正等二人及第。〔二二〕

冬十月，禁罝網捕兔。

十一月甲申，于闐張文寶進内丹書。〔二三〕

十二月甲寅，鈎魚于沈子濼。癸亥，獵于好草嶺。

〔一〕雞壁砦本史卷五九食貨志作吉避寨。吉避疑是避吉倒誤。參本書卷五九食貨志上農穀聖宗段注〔六〕。

〔二〕易州，今河北省易縣。

〔三〕淶水，原誤作「溙水」，據本史卷四〇地理志四改。

〔四〕宋會要蕃夷一：端拱二年（九八九）正月，宋宋琪上疏獻十策。

〔五〕按上文正月甲辰馬質爲刺史，趙質爲兵馬都監，此趙質應是馬質。

〔六〕于越宋國王謂耶律休哥，本史卷八三有傳。

〔七〕清一統志卷三〇：「奇峯嶺，在州（易縣）西北四十里，有奇峯口，口外烏龍、金水諸溝，衝要處也。」

〔八〕按以襄女出嫁事，已見四年十二月。（宋史卷二四四夏國傳同。）檢本史卷一一五西夏外紀，出嫁在本年。或是請婚在四年，七年成行。

〔九〕在今北京通縣西南。

〔一〇〕按本史卷六五公主表，排亞作排押，娶長壽公主。延壽公主嫁蕭恒德。延壽應作長壽。參見上文統和元年注〔一〇〕。

〔一一〕疏文參見本史卷八〇馬德臣傳。

〔一二〕龍泉，今北京延慶縣白龍潭。

〔一三〕五月二字，原誤在下文「辛巳」上；「庚辰」下脱朔字，並據本史卷四四朔考補正。

〔一四〕本史卷四五百官志作遥輦帳節度副使。

〔一五〕延慶縣北三里有白馬泉，村以泉名。

〔一六〕按本史卷四〇地理志四：「檀州，隋開皇十八年割燕樂、密雲二縣置。」遼無燕樂縣，此係用舊名。新唐書卷三九地理志：「檀州燕樂縣，有北口守捉。北口，長城口也。」

〔一七〕按泰州此時已改保州，此用舊稱。

〔一八〕按此次南征，不言勝負。契丹國志卷七：秋七月，「契丹攻威虜軍，爲宋尹繼倫、李繼隆敗於唐、徐河閒，殺契丹相皮室，其大將于越被傷遁走，俘獲甚衆。自是契丹不復大入，契丹之人，以繼倫面黑，相戒曰：當『回避黑面大王』」。長編：太宗端拱二年七月，「威虜軍糧餽不繼，契丹欲窺取之。詔定州路都部署李繼隆發鎮、定大軍護送輜重。凡數千乘，敵將于越諜知之，率精鋭數萬騎來逆。崇儀使、北面緣邊都巡檢尹繼倫率領步騎千餘人按行塞上，正當敵所入道，敵不擊而過，徑襲大軍。繼隆謂麾下曰：彼視我猶魚肉耳，倘出而捷，乘勝驅我輩北去；不捷，亦洩怒於我，我無遺類矣。今捲甲銜枚襲其後，彼鋭氣前去。心輕我，不虞我之至，萬一有所成，縱死猶不失忠義。豈能爲邊地鬼乎？衆皆憤激從命。繼倫因令軍中秣馬，會夜，遣人持短兵潛發，躡敵後，行數十里，至唐河、徐河之間，天未明，敵去大軍四十五里，繼倫列陣於城北以待之。敵方會食，既食則將進戰，繼倫出其不意，急擊之。殺敵將一人號皮室，皮室者，彼相也。衆遂驚亂，于越食未竟，棄匕箸，爲短兵中其背，創甚，乘馬先遁，敵望見大軍，遂奔潰。自相蹂踐，死者無數。繼倫與鎮州副都部署范廷召追奔過徐河十餘里，（續通鑑作唐州徐河四五里。）俘獲甚衆。定州副都部署孔守正又與敵戰曹河之斜村，梟其帥達延相公等三十餘級，敵自是不敢大入寇。以繼倫面黑，相戒曰：當避黑面大王」。

本史卷八三耶律休哥傳：統和「七年，宋遣劉廷讓等乘暑潦來攻易州，獨休哥率鋭卒逆擊於沙河之北，殺傷數萬，獲輜重不可計。……自是宋不敢北向。時宋人欲止兒啼，乃曰『于越至矣』。」殿本遼史卷八三考證：「廷讓沙河之敗，宋史不載。」局本遼史卷一二考證：「統和七年七月，遣兵南征云：『按契丹國志：契丹攻威虜軍爲宋尹繼倫、李繼隆敗於唐、徐河間，殺契丹相，其大將被傷遁走，俘獲甚衆。自是契丹不復大入，通鑑、長編亦同。』」蓋互有勝負，遂各以捷聞。釋文瑩玉壺清話卷七：「淳化中，著作郎孫崇諫陷北歸，太宗召見，面詰虜廷事，崇諫備奏（尹繼倫）唐河之役，上始盡知。歎曰：『奏邊者忌其功，不狀其實以昧朕，非卿安知？』遽加防禦使。」

〔一九〕迪離畢疑是本史卷三〇天祚紀之紇而畢，涅剌作涅離，烏濊即烏隗、烏隈。

〔二〇〕按上文統和三年十一月，本史卷三八百官志二並作婆底里。

〔二一〕契丹國志卷七：「秋七月，彗出東井，凡三十日。」

〔二二〕據契丹國志卷七：「九月，鎮星熒惑入南斗。」

〔二三〕宋會要蕃夷一：端拱二年「十一月，以契丹僞命南大王兒子耶律昌時領涿州刺史」。內丹書，爲道教經典。契丹國志卷七稱聖宗「釋道二教，皆洞其旨。」全遼文卷六聖宗皇帝哀册：「四民殷阜，三教興行。」社會上雖佛教獨盛，朝廷仍三教並崇，故于闐以道經進。

遼史補注卷十三

本紀第十三

聖宗四

八年春正月辛巳，如臺湖。〔一〕庚寅，詔決滯獄。庚子，如沈子濼。

二月丁未朔，于闐、回鶻各遣使來貢。壬申，女直遣使來貢。

三月丁丑，李繼遷遣使來貢。庚辰，太白、熒惑鬭，凡十有五次。乙酉，城杏堝，〔二〕以宋俘實之。辛丑，置宜州。〔三〕

夏四月丙午朔，嚴州刺史李壽英有惠政，民請留，從之。庚戌，女直遣使來貢。庚午，以歲旱，諸部艱食，振之。

五月戊子，以宋降卒分隸諸軍。庚寅，女直宰相阿海來貢，封順化王。〔四〕丙申，清暑胡土白山。〔五〕詔括民田。

六月丙午，以北面林牙磨魯古爲北院大王。阿薩蘭回鶻于越、達刺干各遣使來貢。

甲寅，月掩天駟第一星。丙辰，女直遣使來貢。

秋七月庚辰，改南京熊軍爲神軍。〔六〕詔東京路諸宮分提轄司，分置定霸、保和、宣化三縣，〔七〕白川州置洪理，儀坤州置廣義，遼西州置長慶，乾州置安德各一縣。〔八〕省遂、嬀、松、饒、寧、海、瑞、玉、鐵里、奉德等十州，〔九〕及玉田，遼豐、松山、弘遠、懷清、雲龍、平澤、平山等八縣，以其民分隸他郡。

八月乙卯，以黑白羊祭天地。

九月乙亥，北女直四部請内附。壬辰，李繼遷獻宋俘。

冬十月丙午，以大敗宋軍，復遣使來告。己酉，阻卜等遣使來貢。是月，駐蹕大王川。〔一〇〕

十一月庚寅，以吐谷渾民饑，振之。丁酉，太白晝見。

十二月癸卯，李繼遷下宋麟、鄜等州，遣使來告。女直遣使來貢。庚戌，遣使封李繼遷爲夏國王。〔一一〕癸丑，回鶻來貢。〔一二〕

是歲，放鄭雲從等二人及第。

〔一〕索隱卷二：「案即屯泊。一統志：屯河源出黑龍江齊齊哈爾城東一千一百里。源出屯泊，東南流會十餘水入混同江。又云：遼龍眉宮在黑龍江境内。又烏喇忒旗西北四十里有臺泉，非臺湖。」

〔二〕索隱卷二：「案遼杏堝有二，此所城者，即地理志中京道武安州。與太宗紀同。非樂志春飛放之杏堝。」

〔三〕宜州，太祖時已有，參本書卷三九地理志三宜州忠義軍注〔三〕。

〔四〕本史卷四六百官志有女直國順化王府，阿海亦作阿改。卷二八天祚紀有順國女直阿鶻産。

〔五〕金史卷二四地理志：西京路撫州有麻達葛山，大定二十九年更名胡土白山。或以後改名書之，或是原名胡土白山，後更名，又回改者。其地在故鑲黄等四旗牧場西南。

〔六〕本史卷四六百官志仍稱熊軍。

〔七〕分置，原誤「置分」，據大典卷五二四九乙正。

〔八〕按本史卷三九地理志三，洪理作弘理，卷三八地理志二，乾州無安德縣，卷三七地理志一：「廣義縣本回鶻部牧地，應天皇后以四征所俘居之，因建州縣。統和八年，以諸宮提轄司户置來遠縣，十三年併入。」是本年所置者爲來遠。

〔九〕本史卷三八地理志二，鐵里作鐵利。松即卷三九地理志三之松山州。

〔一〇〕川，原誤「州」。據本史卷六八游幸表及大典卷五二四九改。

長編：太宗淳化元年（九九〇）冬十月丙寅，「上遣殿直張明至定州，諭都部署李繼隆曰：『若敵復入寇，朕當親討，卿勿以爲慮。』繼隆上奏曰：『……臣雖駑弱，誓死爲期，仰望鴻慈，特寢茲議。』是歲契丹亦不敢大爲邊患云」。（宋會要蕃夷一同。）

〔一〕全遼文卷六韓椅墓誌銘：「以公持節封李繼遷爲夏國王。」

〔二〕是歲十二月四日，契丹相室昉之子室种奔宋，宋授以順州刺史。（見宋會要蕃夷一）

九年春正月甲戌，女直遣使來貢。丙子，詔禁私度僧尼。庚辰，如臺湖。乙酉，樞密使、監修國史室昉等進實録，〔一〕賜物有差。戊子，選宋降卒五百置爲宣力軍。辛卯，詔免三京諸道租賦，仍罷括田。

二月丙午，夏國遣使告伐宋捷。〔二〕丁未，以涿州刺史耶律王六爲惕隱。甲子，建威寇、振化、來遠三城，屯戍卒。〔三〕

閏月辛未朔，日有食之。壬申，遣翰林承旨邢抱朴、三司使李嗣、給事中劉京、政事舍人張幹、南京副留守吴浩分決諸道滯獄。

三月庚子朔，振室韋、烏古諸部。戊申，復遣庫部員外郎馬守琪、倉部員外郎祁正、虞部員外郎崔祐，薊北縣令崔簡等分決諸道滯獄。甲子，幸南京。

夏四月甲戌，回鶻來貢。乙亥，夏國王李繼遷遣杜白來謝封册。丙戌，清暑炭山。

五月己未，以秦王韓匡嗣私城爲全州。

六月丁亥，突厥來貢。是月，南京霖雨傷稼。

秋七月癸卯，通括户口。乙巳，詔諸道舉才行、察貪酷、撫高年、禁奢僭，有殁於王事者官其子孫。己未，夏國以復綏、銀二州，遣使來告。

八月癸酉，銅州嘉禾生，東京甘露降。戊寅，女直進唤鹿人。壬午，東京進三足烏。〔四〕

九月庚子，鼻骨德來貢。己酉，駐蹕廟城。南京地震。〔五〕

冬十月丁卯，阿薩蘭回鶻來貢。壬申，夏國王李繼遷遣使來上宋所授敕命。丁丑，定難軍節度使李繼捧來附，授推忠効順啓聖定難功臣、開府儀同三司、檢校太師兼侍中，封西平王。

十一月己亥，以青牛白馬祭天地。

十二月，夏國王李繼遷潛附于宋，遣招討使韓德威持詔諭之。〔六〕

是歲，放進士石用中一人及第。

〔一〕按本史卷九景宗紀自乾亨三年十二月，南院樞密使已是韓德讓。

〔二〕西夏書事卷五：「是時繼遷無與宋交兵事，意即告下麟、鄜等州之僞詞耳。」

〔三〕自築三城，高麗又服附契丹，來遠城位九連城與義州之間，在鴨綠江河中島。本史卷三六兵衞志高麗大遼事跡，來遠城宣義軍八營，以備高麗。

〔四〕長編：淳化二年（九九一）八月「丁亥，并州言：『戎人七十三户、四百餘口内附。』」

〔五〕明王圻續通考卷二二一：「聖宗統和九年八月，南京地震。」光緒順天府志記在九月。與本史同。

〔六〕契丹國志卷七：「冬十二月，女真以契丹兵隔其貢宋之路，請宋攻之，不許。自是遂屬契丹。」長編：「淳化二年，是歲，女真首領伊勒錦等上言：『契丹怒其朝貢中國，去海岸四百里立三柵，置兵三千，絶其朝貢之路，於是航海入朝，求發兵，與三十首領共平三柵。若得師期，即先赴本國，願聚兵以俟。』上但降詔撫諭，而不爲出師。其後遂歸契丹。時定安國王子大元因女真使上表，後亦不復至。上又以渤海不通朝貢，詔女真發兵攻之，凡斬一級，賜絹五疋爲賞。」宋會要蕃夷一：淳化「二年（九九一），虜遣人至雄州求通好。總管劉福以聞。帝遣中使麥守恩謂之曰：『朕以康民息戰爲念，故無辭於屈己，後有來使，當厚待之，勿拒其意。』既而使不復至」。宋史卷二七七韓國華傳：「淳化二年，契丹請和，朝議疑其非實，遣國華使河朔以察之，既至，盡得其詐以聞。」金石萃編卷一三五韓國華神道碑：「契丹大將蕭寧遣使叩雄州約和。州將劉福信之，以聞，天子因命公走雄州。按其事，亦令代福作報書，索其情僞。寧之意欲我先發，公固願息兵以養民，然念國體不可屈，書十餘反，終不許，復意其譎而有謀，乃謝使者，急令備邊。還奏，天子又大喜。」按宋史卷二七七韓國華本傳在淳化二年（統和九年，九九一）而卷二七五劉福傳不載信之以聞之事，餘俱碑傳大體相同。

十年春正月丁酉，禁喪葬禮殺馬，及藏甲冑、金銀、器玩。丙午，如臺湖。

二月乙丑朔，日有食之。韓德威奏李繼遷稱故不出，至靈州俘掠以還。〔一〕壬申，兀惹來貢。壬午，免雲州租賦。庚寅，夏國以韓德威俘掠，遣使來奏，賜詔安慰。辛卯，給復雲州流民。

三月甲辰，鐵驪來貢。丙辰，如炭山。

夏四月乙丑，以臺湖爲望幸里。庚寅，命羣臣較射。

五月癸巳，朔州流民給復三年。

七月辛酉，鐵驪來貢。

八月癸亥，觀稼，仍遣使分閱苗稼。

九月癸卯，幸五臺山金河寺〔二〕飯僧。〔三〕

冬十月壬申，夏國王遣使來貢。戊寅，鐵驪來貢。

十一月壬辰，回鶻來貢。

十二月庚辰，獵儒州東川。〔四〕拜天。是月，以東京留守蕭恒德等伐高麗。

〔一〕西夏書事卷五：「保吉既誘保忠臣契丹，復引兵入銀川，據之。遣使由保忠請命入貢，契丹主聞其懷二心，遣西南招討使韓德威率兵持詔詰之。德威至銀川，保吉託以西征不出見。德威怒，縱兵大掠而還。」此與本史卷八二德威傳俱作靈州。西夏書事卷五原注云：「是時靈州尚屬宋，保吉所據乃銀州。」

〔二〕金河十寺在蔚州東南八十里五臺山下，參本書卷四一地理志五蔚州注〔八〕。按本史卷六八遊幸表，本月射鹿於蔚州南山。

〔三〕長編：淳化三年（九九二）九月「乙卯，馬步軍都頭、保州刺史呼延贊出爲冀州兵馬總管。贊，太原人，鷙悍輕率，自言受國恩，誓不與契丹同生。文其體爲『赤心殺契丹』字，至於妻子、僕使、同爨皆然。鞍韉器用什物亦刺綉赤墨爲之。後復與諸子別刺文曰：『出門忘家爲國，臨陣忘死爲主。』」

〔四〕按「東川」猶言東原。索隱卷二云：「一統志：延慶州東四海冶堡北門外有溪水三源合，東北流入沽河，又有蓮花池在堡南。」

十一年春正月壬寅，〔一〕回鶻來貢。丙午，出內帑錢賜南京統軍司軍。高麗王治遣朴良柔奉表請罪，詔取女直鴨綠江東數百里地賜之。〔二〕

二月〔三〕癸亥，霸州民妻王氏以妖惑衆，伏誅。

夏四月，幸炭山清暑。

六月，大雨。

秋七月己丑，桑乾、羊河〔四〕溢居庸關西，害禾稼殆盡，奉聖、南京居民廬舍多墊溺者。

八月〔五〕如秋山。

冬十月甲申朔，駐蹕蒲瑰坂。〔六〕

是年，〔七〕放進士王熙載等二人及第。

〔一〕正，原誤「三」。據本史卷六八遊幸表及大典卷五二四九改。

〔二〕按高麗史卷三，此事在統和十二年四月。

〔三〕據宋史、續通鑑：「己未朔，日有食之。」

〔四〕索隱卷二：「此羊河在居庸關西，即水經注之于延水，一名延河，東南流入桑乾河。水道提綱：桑乾河經保安州南，有東洋河，合西洋河，即南洋河西北自宣化府城來會。即古于延水，亦曰修水，蓋修水、延水音轉即曰羊河矣。」

〔五〕據宋史卷五二：「丙辰朔，日有食之。」

〔六〕高麗史卷三：成宗十二年（九九三）「夏五月，西北界女真報契丹謀舉兵來侵，朝議謂其紿我，不以爲備。秋八月。女真復報契丹兵至，始知事急。分遣諸道兵馬齊正使。冬十月，以侍中朴良柔爲上軍使、内史侍郎徐熙爲中軍使、門下侍郎崔亮爲下軍使，軍於北界以禦契丹。閏月丁亥，幸西京，進次安北府。聞契丹蕭遜寧攻破蓬山郡，不得進乃還。遣徐熙請和。遜寧罷兵」。東國通鑑同。

東國通鑑：「熙引兵欲救蓬山，遜寧聲言：大朝既已奄有高句麗舊地，今爾國侵奪疆界，是用征討。又移書云：『大朝統一四方，其未歸附，期於埽蕩，速致降款，毋涉淹留。』熙見書還奏有可和之狀。王遣監察司憲借禮賓少卿李蒙戩如契丹營請和。遜寧曰：『汝國不恤民事，是用恭行天罰，若欲求和，宜速來降。』蒙戩還，王會羣臣議之，久無回報。遜寧遂攻安戎鎮，中郎將大道秀、郎將庾方與戰，克之。遜寧不敢復進。遣人促降。王遣通和使閤門舍人張瑩往丹營。遜寧曰：『宜更以大臣送軍前面對。』瑩還，徐熙請往，奉國書如丹營，使譯者問相見禮。遜寧曰：『我大朝貴人，宜拜於庭。』熙曰：『臣之於君，拜下禮也，兩國大臣相見，何得如是。』往復再三，遜寧不許。熙怒，還卧所館不起。遜寧乃許升堂行禮，遜寧語熙曰：『汝國與新羅地高句麗之地，我所有也，而汝侵蝕之，又與我連壤而越海事宋。大國是以來討，今割地以獻而修朝聘，可無事矣。』熙曰：『非也，我國即高句麗之舊也。故號高麗，都平壤。若論地界，上國之東京皆在我界，何得謂之侵蝕乎。且鴨淥江内外，亦我境内，今女真盜據其閒，頑黠變詐，道途梗澀，甚於涉海，朝聘之不通，女真之故也。若令逐女真，還我舊地，築城堡，通道路，則敢不修聘。』辭氣慷慨。遜寧知不可彊，遂具以聞。丹帝曰：『高麗既請和，宜罷兵。』熙留丹營七日而還。王大喜。即遣良柔爲禮幣使入覲。熙復奏曰：『臣與遜寧約，盪平女真，收復舊地，然後朝覲可通。今才收江内，請俟得江外，修聘未晚。』王曰：『久不修聘，恐有後患。』遂遣之。」朝鮮史畧（又名東國史畧）卷五：「高麗成宗十二年，契丹遣蕭遜寧侵西鄙，攻蓬山郡至安戎鎮，王幸西京。次安北府，不得進。中軍使、内史侍郎徐熙請行，奉國書如丹營。熙辭氣慷慨，遜寧知不可彊，遂具以聞。丹帝許和，敕罷兵。（注云：史臣曰：方遜寧之入寇也，大振聲勢，恐喝脅降，羣臣獻議或乞降或割地。徐熙獨力陳不可，欲與一戰。即寇準親征之策也。及使契丹，抗禮不屈，彊虜慴服。終講和親，其奉使得體，又豈下於富弼乎？）始行契丹年號。」

〔七〕年，原誤「時」。據大典卷五二四九改。

十二年春正月癸丑朔，瀠陰鎮水，〔一〕漂溺三十餘村，詔疏舊渠。甲寅，以同政事門下平章事耶律碩老爲惕隱。詔復行在五十里内租。乙卯，幸延芳淀。〔二〕戊午，蠲宜州賦調。庚申，郎君耶律鼻舍等謀叛，伏誅。壬戌，以南院大王耶律景〔三〕爲上京留守，封漆水郡王。霸州民李在宥年百三十有三，賜束帛、錦袍、銀帶，月給羊酒，仍復其家。

二月甲申，免南京被水户租賦。己丑，高麗來貢。〔四〕甲午，免諸部歲輸羊及關征。庚子，回鶻來貢。

三月丁巳，高麗遣使請所俘人畜，詔贖還。〔五〕戊午，幸南京。丙寅，遣使撫諭高麗。〔六〕己巳，涿州木連理。壬申，如長春宫觀牡丹。是月，復置南京統軍都監。〔七〕

夏四月辛卯，幸南京。壬辰，樞密直學士劉慎爲南院樞密副使。戊戌，以景宗石像成，幸延壽寺飯僧。

五月甲寅，詔北皮室軍老不任事者免役。戊午，如炭山清暑。庚辰，武定軍節度使韓德冲〔八〕秩滿，其民請留，從之。

六月辛巳朔，詔州縣長吏有才能無過者，減一資考任之。癸未，可汗州刺史賈俊進新曆。〔九〕庚子，録囚。甲辰，詔龍、鳳兩軍老疾者代之。〔一〇〕是月，太白、歲星相犯。

秋七月辛亥朔，日有食之。甲寅，遣使視諸道禾稼。辛酉，南院樞密使室昉爲中京留守，〔一一〕加尚父。丙寅，女直遣使來貢。戊辰，觀穫。庚午，詔契丹人犯十惡者依漢律。己卯，以翰林承旨邢抱朴參知政事。

八月庚辰朔，詔皇太妃領西北路烏古等部兵及永興宫分軍，撫定西邊；〔一二〕以蕭撻凜督其軍事。乙酉，宋遣使求和，不許。戊子，以國舅帳剋蕭徒骨爲夷離畢。乙未，下詔戒諭中外官吏。丁酉，録囚，雜犯死罪以下釋之。

九月壬子，室韋、党項、吐谷渾等來貢。辛酉，宋復遣使求和，不許。壬戌，行拜奧禮。癸酉，阻卜等來貢。

冬十月乙酉，獵可汗州之西山。〔一三〕乙巳，詔定均稅法。丁未，大理寺置少卿及正。

十一月戊申朔，行再生禮。鐵驪來貢。詔諸部所俘宋人有官吏儒生抱器能者，諸道軍有勇健者，具以名聞。庚戌，詔郡邑貢明經、茂材異等。甲寅，詔南京決滯獄。己未，官宋俘衛德升等六人。

十二月戊寅朔，日有食之。〔一四〕詔并奚王府奧理、〔一五〕墮隗、梅只三部爲一，其二剋各分爲部，以足六部之數。甲申，賜南京統軍司貧户耕牛。戊子，高麗進妓樂，却之。庚寅，禁遊食民。癸巳，女直以宋人浮海賂本國及兀惹叛來告。〔一六〕丁未，幸南京。

是年，放進士呂德懋等二人及第。

〔一一〕本史卷四〇地理志四：析津府有漷陰縣。太平中置，此時尚以鎮名。在故順天府東二十里。此水災即潞河所溢。潞河古曰沽河。元史卷六四河渠志名白河，今因之。

〔二〕淀在通縣西南，今已淤爲農田。

〔三〕全遼文卷八創建静安寺碑銘：「故南大王諱環，即帝之房孫也。」環即此南院大王耶律景。

〔四〕高麗史卷三：高麗成宗「十三年（九九四）春二月，蕭遜寧致書曰：『近奉宣命，但以彼國信好早通，境土相接，雖以小事大，固有規儀；而原始要終，須存悠久。若不設於預備，慮中阻於使人。遂與彼國相議，便於要衝路陌，創築城池者。尋準宣命，自便斟酌，擬於鴨江西里，創築五城，取三月初擬到築城處，下手修築。伏請大王預先指揮，從安北府至鴨江東，計二百八十里，踏行穩便田地，酌量地里遠近，并令築城發遣役夫，同時下手。其合築城數，早與回報，所貴交通車馬，長開貢覲之途；永奉朝廷，自協安康之計。』始行契丹統和年號」。

〔五〕此與上文來貢似是一事。

〔六〕按高麗史卷三成宗十三年末：「是歲，契丹遣崇禄卿蕭述管、御史大夫李涴等賫詔來撫諭。」

〔七〕高麗史卷三：夏四月，「遣侍中朴良柔奉表如契丹告行正朔。乞還俘口」。

〔八〕本史卷七四父匡嗣傳、卷八二子制心傳並作德崇。

〔九〕按即大明曆。

〔一〇〕長編：淳化五年六月「庚戌（二十九日），高麗國王治遣使元郁來乞師，言契丹侵掠其境故也。上以夷狄相攻蓋常事，而北邊甫寧，不可輕動干戈。七月壬子（初二），厚禮其使而歸之，仍優詔答之，高麗自是絶，不復朝貢矣」。（續通鑑同。）

高麗史卷三：「六月，遣元郁如宋乞師，以報前年之役。宋以北鄙甫寧，不宜輕動，優禮遣還。自是與宋絶。」是歲，「遣使契丹，進妓樂，卻之」。按高麗始行契丹年號，高麗史、東國通鑑并作高麗成宗十三年，即統和十二年。東國史畧作下一年，誤。

〔二〕自乾亨三年十二月，南院樞密使即爲韓德讓，室昉此時是北府宰相。錢氏考異：「按遼有兩中京：一爲鎮州，一爲大定府。鎮州自太宗北還，其地仍入中國，遼史所稱中京，皆大定府也。（惟趙延壽、耶律拔里得傳之中京乃是鎮州。）地理志，統和二十四年，五帳院進故奚王牙帳地，（聖宗紀，奚王府五帳六節度獻七金山土河川，在統和二十年，與志不同。）二十五年城之，實以漢户，號曰中京，府曰大定。是則中京之名，始於統和二十五年，不應昉先得爲留守。考昉本傳，稱保寧間改南京副留守，遷工部尚書，改樞密副使、參知政事。統和八年，請致政，詔入朝免拜，賜几杖，太后遣閤門使李從訓賜詔勞問，令常居南京，封鄭國公。病劇，遣翰林學士張幹就第授中京留守，加尚父。竊疑中京本南京之譌。」按錢氏之説是也，續通鑑依遼史之舊而採錢説入續通鑑，考異雖慎言，而已指其誤。室昉旋卒，以南院樞密使韓德讓代爲北府宰相，仍領樞密使、監修國史。

〔三〕索隱卷二謂「皇太妃」當作王太妃。長編：景宗后姊爲齊王罨撒葛妃，「王死，自稱齊妃，領兵三萬屯西鄙驢駒兒河，西捍達靼。因謀帥其衆奔骨歷札國，結兵以篡。」即此人。骨歷札即本史卷九二蕭奪剌傳之北阻卜耶覩刮。

〔一三〕索隱卷二：「案一統志，宣化府狼山在懷來縣西十五里。明永樂中改名良山。又黄山在縣西北十五里，青山在縣北一里。懷來縣，遼可汗州所治也。」

〔一四〕宋史卷五二：「十二月戊寅朔，日當食，雲陰不見。」雲陰不見，應因觀測地區不同。

〔一五〕奥理，本史卷三三營衛志下、卷四六百官志二並作奥里。

〔一六〕按此事未見宋史、金史。

十三年春正月壬子，幸延芳淀。甲寅，置廣靈縣。〔一〕丁巳，增泰州、遂城〔二〕等縣賦。庚申，詔諸道勸農。癸亥，長寧軍節度使蕭解里秩滿，民請留，從之。〔三〕庚午，如長春宫。

二月丁丑朔，〔四〕女直遣使來貢。甲辰，高麗遣李周楨來貢。〔五〕

三月癸丑，夏國遣使來貢。〔六〕戊辰，武清縣百餘人入宋境剽掠，命誅之，還其所獲人畜財物。〔七〕

夏四月己卯，參知政事邢抱朴以母憂去官，起復。丙戌，詔諸道民户應曆以來脅從爲部曲者，仍籍州縣。甲午，如炭山清暑。〔八〕

五月壬子，高麗進鷹。乙亥，北、南、乙室三府請括富民馬以備軍需，不許，給以官馬。

六月丙子朔，啓聖軍節度使劉繼琛秩滿，民請留，從之。丁丑，詔減前歲括田租賦。甲申，以宣徽使阿没里私城爲豐州。〔九〕丙戌，詔許昌平、懷柔等縣諸人請業荒地。

秋七月乙巳朔，女直遣使來貢。丁巳，兀惹烏昭度、〔一〇〕渤海燕頗等侵鐵驪，遣奚王和朔奴等討之。壬戌，詔蔚、朔等州龍衛、威勝軍更戍。

八月丙子，夏國遣使進馬。壬辰，詔修山澤祠宇、先哲廟貌，以時祀之。〔一一〕

九月戊午，以南京太學生員浸多，特賜水磑莊一區。丁卯，奉安景宗及皇太后石像于延芳淀。

冬十月乙亥，置義倉。〔一二〕辛巳，回鶻來貢。甲申，高麗遣李知白來貢。戊子，兀惹歸欵，詔諭之。庚子，鼻骨德來貢。

十一月乙巳，阿薩蘭回鶻遣使來貢。辛酉，遣使册王治爲高麗國王。〔一三〕戊辰，高麗遣童子十人來學本國語。〔一四〕

十二月己卯，鐵驪遣使來貢鷹、馬。辛巳，夏國以敗宋人，遣使來告。〔一五〕

是年，放進士王用極等二人。

〔一〕按本史卷三七—四一地理志無廣靈縣。西京道蔚州有「廣陵縣，後唐同光初，分興唐縣置。石晉割屬遼」。非新置。上京道儀坤州有「廣義縣，本回鶻部牧地……統和八年，以諸宫提轄司户置來遠縣，十三年併入」。則此廣靈應是廣義。

〔二〕按本史卷三七—四一地理志無遂城，泰州屬宋，此時已改保州，非上京泰州。遂城即宋廣信軍，金天會七年改遂州。此泰州遂城非兩屬，或是所俘泰州遂城户以舊名名之者。下文十五年二月有「徙梁門、遂城、泰州、北平民於内地」。

〔三〕長編：至道元年（九九五）正月戊申朔，「契丹大將韓德威率數萬騎誘党項勒浪嵬族十六府大首領馬尾等，自振武入寇，永安節度使折御卿率輕騎邀擊之，大敗其衆於子河汊。勒浪等族乘契丹之亂，詐爲府州兵躡其後，敵大驚擾，死者十六七，悉委其輜重，涉河而遁。敵將號突厥太尉、司徒舍利，死者二十餘人，生擒吐渾首領一人，德威僅以身免。甲子，御卿遣使奏捷，上召見便殿，問破敵之狀，笑謂左右曰：『契丹小醜，輕進易退，朕常誡邊將勿與争鋒，待其深入，則分奇兵以斷其歸路，從而擊之，必無遺類也，今果如吾言。』左右皆呼萬歲」。宋會要兵一四：「至道元年正月，寄班殿直王德鈞自府州馳奏，今月五日契丹寇府州界，節度使折御卿率蕃漢兵士掩襲之，斬獲約五千人，得馬五百匹。二十一日，帝又謂諸將曰：『契丹前寇府州，衆約二萬，敗績之日，殆亡其半，韓德成（威）探知府州兵少，將謂我師不設備，所以率衆輕來，折御卿果於克敵，能以少敵衆，此亦天贊其勇，使敗其醜類耳。昨得奏報，又稱奪得馬數百匹。韓德威一男死於鋒刃之下。』」宋會要又云生擒吐渾首領號太保者一人。餘畧同。

宋會要蕃夷一：「至道元年正月，首領韓德威率數萬騎，誘近蕃勒波、馬尾族，自振武入寇，大敗之。先是虜與賊遷相結以窺邊境，帝密授神算於府州折御卿爲之備，至是御卿率輕騎邀擊之，大敗其衆於子河汊，勒波等族乘虜之亂，詐爲府州折御卿之兵，衆大驚擾，死者十六七，悉委其輜重，涉河而遁，虜將號突厥大尉司徒舍利一人，德威僅以身免。勒波等族既與虜有隙，悉款塞內附，令御卿將兵迎之，分處於河南，自撫州抵平夏，帳幕連屬數百里。凡得精甲萬餘騎，帝謂左右曰：『此戎輕進易退，常誡邊將不得與爭鋒，待其深入，則分奇兵以斷彼歸路，因而擊之，必無遺類。今果如吾策。』左右呼萬歲。」

〔四〕朔字據本史卷四四朔考補。

〔五〕高麗史卷三：成宗十四年（統和十三年，九九五）春二月，「遣李周禎如契丹獻方物，又進鷹」。

〔六〕西夏書事卷五：「正月，繼遷遣左都押牙張浦入貢，被留不遣。三月，繼遷聞宋留張浦，遣使獻馬契丹以自結」。下文八月又「遣使進馬」。

〔七〕宋會要蕃夷一：「三月，新羅人二人，自契丹來歸……各手持大螺……契丹每軍行則吹此。詔各賜衣服緡錢，使隸軍籍。」參本書卷五四樂志大樂器注〔九〕。

〔八〕宋會要蕃夷一：「四月，虜數千騎寇雄州，爲何承矩所敗，梟其鐵林大將一人。」（宋史、東都事畧、契丹國志、通考等並同。）

〔九〕本史卷三七地理志頭下軍州有「豐州，本遼澤大部落，遥輦氏僧隱牧地」。又本史卷七九耶律阿没里傳：「每從征，所掠人口，聚而建城，請爲豐州，就以家奴閻貴爲刺史，時議鄙之。」遼法：非横帳諸王國舅公主不得建城郭，阿没里以北院宣徽使政事令致仕得，詔賜州額，超於常例。閻貴爲豐州刺史，見下文十四年。

〔一〇〕下文十七年六月、二十二年九月及本史卷七〇屬國表並作昭慶。昭度、燕頗聯合侵鐵驪，鐵驪求援，遂出兵。

〔一一〕宣府鎮志卷一七：「契丹統和十三年，帝在炭山，詔歸化等處守臣修山澤祠宇、先哲廟貌，以時祀之。於是諸州孔子廟、及奉聖黄帝祠、儒州舜祠、大翮山王仲祠，俱爲一新。」

〔一二〕按本史卷五九食貨志上：「統和十三年，詔諸道置義倉。」

〔一三〕高麗史卷三：成宗「十五年春三月，契丹遣翰林學士張幹、忠正軍節度使蕭熟葛來册王曰：『漢重呼韓，位列侯王之上；周尊熊繹，世開土宇之封。朕法古爲君，推恩及遠。惟東溟之外域，順北極以來王。歲月屢遷，梯航靡倦。宜舉真封之禮，用旌内附之誠。爰採彝章，敬敷寵數。咨爾高麗國王王治，地臨鯷壑，勢壓蕃隅，繼先人之茂勳，理君子之舊國。文而有禮，智以識機。能全事大之儀，盡協酌中之體。鴨江西限，曾無恃險之心；凰扆北瞻，克備以時之貢。言念忠敬，宜示封崇，升一品之貴階，正獨坐之榮秩。仍疏王爵，益表國恩。册爾爲開府儀同三司尚書令高麗國王。於戲，海岱之表，汝惟獨尊。辰卞之區，汝惟全有。守茲富貴，戒彼滿盈。無庸小人之謀，勿替大君之命，敬修乃事，用合朝經。俾爾國人，同躋壽域，永揚休命，可不美哉。』幹等至西郊，築壇傳册，王備禮受册，大赦。遣韓彥卿如契丹納幣」。西夏書事卷五：「至道元年（統和十三年）九月，繼遷以千餘騎攻（宋）清遠（軍）。十月，攻兀泥族首領黄羅，悉其族帳北走。十一月，遣使獻捷契丹。獻清遠軍及兀泥族捷也。」

〔一四〕高麗史卷三：成宗十四年，「遣李知白如契丹獻方物。遣童子十人於契丹習其語。遣左承宣趙之遴如契丹請婚；以東京留守駙馬蕭恒德女許嫁」。

〔一五〕長編：至道元年十二月，「永安節度使折御卿被病，敵諜知之。韓德威復爲李繼遷所誘，遂率衆入寇，以報子河汊之役。御卿輿疾而行，德威聞其至，頓兵不敢進。會疾甚，其母遣親信召御卿歸就醫藥，御卿曰：『家世受國恩，敵寇未滅，御卿之罪也。今臨敵，安可棄士卒自便，死於軍中，蓋其分耳。爲白太夫人，無念我，忠孝豈得兩全。』言訖，泣下。翊日卒。丁酉，上聞御卿之喪，痛悼久之。」宋史卷五太宗紀：十二月甲戌，「契丹犯邊，折御卿率兵禦之，卒於師」。甲戌初二日犯邊，丁酉二十五日聞喪。

十四年春正月己酉，漁于潞河。丁巳，蠲三京及諸州税賦。丙寅，夏國遣使來貢。庚午，以宣徽使阿没里家奴閻貴爲豐州刺史。

二月庚寅，回鶻遣使來貢。

三月壬寅，高麗王治表乞爲婚，許以東京留守、駙馬蕭恒德女嫁之。〔一〕庚戌，高麗復遣童子十人來學本國語。甲寅，韓德威奏討党項捷。〔二〕甲子，詔安集朔州流民。

夏四月甲戌，東邊諸糺各置都監。〔三〕庚寅，如炭山清暑。己亥，鑿大安山，取劉守光所藏錢。〔四〕是月，奚王和朔奴、東京留守蕭恒德等五人以討兀惹不克，削官。改諸部令穩爲節度使。

五月癸卯，詔參知政事邢抱朴決南京滯獄。庚戌，朔州威勝軍一百七人叛入宋。

六月辛未，如炭山清暑。鐵驪來貢。乙酉，回鶻來貢。己丑，高麗遣使來問起居。後至無時。〔五〕

秋七月戊午，回鶻等來貢。

閏月丁丑，五院部進穴地所得金馬。

冬十月丙辰，命劉遂教南京神武軍士劍法，賜袍帶錦幣。戊午，烏昭度乞內附。

十一月甲戌，詔諸軍官毋非時畋獵妨農。乙酉，奉安景宗及太后石像于乾州。是月，回鶻阿薩蘭遣使爲子求婚，不許。

十二月甲寅，以南京道新定税法太重，減之。甲子，撻凜誘叛酋阿魯敦等六十人斬之，封蘭陵郡王。幸南京。

是年，放進士張儉等三人。

〔一〕高麗史卷三繫請婚娶嫁於去年年末。或是派使請婚在去年，許嫁在今年。續通鑑：「高麗請婚，遼以蕭恒德女字之，尋遣韓彦卿納幣，既而王治殂，遼人還其幣。」據此似未成婚。王治殂，在統和十五年。

〔二〕宋元通鑑卷九：「至道元年冬十二月，契丹韓德威諜知折御卿有疾，遂率衆犯邊，以報子河汊之役。御卿力疾禦之。德威聞其至，不敢進。」西夏書事卷五：「至道元年（統和十三年）十二月，誘契丹兵犯府州。先是契丹招討使韓德威率數萬騎誘党項勒浪嵬族犯府州。觀察使折御卿敗之於子河汊。夏州逼近麟、府。德威既敗，繼遷爲之氣喪，會御卿病，繼遷牒告契丹，誘之入邊，許以兵助。御卿輿疾出禦，德威聞之不進，繼遷兵亦不出。」參上文去年注〔一五〕。

〔三〕糺字，本史所見並同。金史屢見，俱作乣。近年出土石刻亦作乣。乣是契丹字，其義爲軍兵，應從金史作乣，本史均存原文未改。

〔四〕續通鑑作劉仁恭所藏錢，續通鑑考異引舊五代史、册府元龜以證守光之誤。拾遺卷七亦稱大安山藏錢，舊唐書、太平御覽俱作劉仁恭事。遼史作守光，誤。太平御覽卷八三六引後唐書：「劉仁恭在幽州，以墐土爲錢，令部人行使，聚銅錢於山上，鑿穴藏之，爲無窮之計。」册府元龜卷九二二：「後唐劉仁恭爲幽州節度使，物力雄富，志氣驕縱。師道士王若訥，修長生之法，乃於州西大安山營造臺觀，極其雕麗，聚美婦人爲皇帝房中之法，又慮四鄰侵寇幽州城陷，且曰：『吾居此山，四面絶壁，以百士守門，萬夫不能進。』乃圖無窮之計，號令九州，禁使銅錢，自以膠和墐土爲泥錢，令九州行使，其銅錢、峻法賦斂，鑿大安山爲石穴以藏之，共數百萬，每藏畢，即殺匠石以滅口。自仁恭父子敗後，往往有上言者，知錢處所，竟無所得。」卷五〇一又曰：「（長興元年）敕旨，劉仁恭頃爲燕帥，不守蕃條，輒造泥錢，號爲山庫，殊爲濟物，一向害人，醜狀尋除，惡名猶在。」

〔五〕「後至無時」四字續通鑑改作「後以爲常」。文義較順。

宋會要蕃夷一：至道「二年六月，仡党族首領迎羅佶及長嗟、黃屯三人詣府州内附，云：『春初，契丹將韓五押領兵來剽畧，遂與戰，殺獲多，又擒大將妲連，舊居山後，今乞渡河居於勒馬尾族地。』詔安撫之，各賜錦袍銀帶器幣等」。

十五年春正月庚午，幸延芳淀。丙子，以河西党項叛，詔韓德威討之。庚辰，詔諸道勸民種樹。癸未，兀惹長武周來降。戊子，女直遣使來貢。己丑，詔南京決滯囚。乙未，免流民税。

二月丙申朔，如長春宮。戊戌，勸品部富民出錢以贍貧民。庚子，徙梁門、遂城、泰州、北平民於內地。丙午，夏國遣使來貢。甲寅，問安皇太后。丙辰，韓德威奏破党項捷。丁巳，詔品部曠地令民耕種。

三月乙丑朔，党項來貢。戊辰，募民耕灤州荒地，免其租賦十年。己巳，夏國破宋兵，遣使來告。己卯，封夏國王李繼遷爲西平王。壬午，通括宮分人户，免南京逋税及義倉粟。甲申，河西党項乞內附。庚寅，兀惹烏昭度以地遠，乞歲時免進鷹、馬、貂皮，詔以生辰、正旦貢如舊，餘免。癸巳，宋主炅殂，子恒嗣位。〔一〕甲午，皇太妃獻西邊捷。

夏四月乙未朔，罷奚五部歲貢麕。戊戌，録囚。壬寅，發義倉粟振南京諸縣民。丙午，廣德軍節度使韓德凝有善政，秩滿，其民請留，從之。己酉，幸南京。丁巳，致奠于太宗皇帝廟。己未，如炭山清暑。

五月甲子朔，日有食之。己巳，詔平州決滯獄。是月，敵烈八部殺詳穩以叛，蕭撻凛追擊，獲部族之半。

六月。丙申，鐵驪來貢。壬子，夏國遣使來謝封册。

秋七月戊辰，党項來貢。辛未，禁吐谷渾別部鬻馬於宋。丙子，高麗遣韓彦敬奉幣弔越國公主之喪。〔二〕辛卯，詔南京疾決獄訟。

八月丁酉，獵于平地松林，皇太后誡曰：「前聖有言：欲不可縱。吾兒爲天下主，馳騁田獵，萬一有銜橛之變，適遺予憂。其深戒之！」

九月丙寅，罷東邊戍卒。庚午，幸饒州，致奠太祖廟。〔三〕戊子，蕭撻凜奏討阻卜捷。〔四〕

冬十月壬辰朔，駐蹕駝山，〔五〕罷奚王諸部貢物。乙未，賜宿衛時服。丁酉，禁諸山寺毋濫度僧尼。戊戌，弛東京道魚濼之禁。戊申，以上京獄訟繁冗，詰其主者。辛酉，録囚。

十一月壬戌朔，録囚。丙戌，幸顯州。戊子，謁顯陵。庚寅，謁乾陵。是月，高麗王治薨，姪誦遣王同潁來告。〔六〕

十二月乙巳，鈎魚土河。己酉，駐蹕駝山。壬子，夏國遣使來貢。〔七〕甲寅，遣使祭高麗王治，詔其姪權知國事。丙辰，録囚。

是年，放進士陳鼎等二人。

〔一〕宋史卷四—五太宗紀：諱炅，初名匡乂，改賜光義，即位之二年改炅。至道三年三月癸巳崩，年五十九。卷六真宗紀：諱恒，太宗第三子也。初名德昌，太平興國八年，改名元休，端拱元年，改元侃，至道元年八月，立爲皇太子，改今諱。

〔二〕越國公主即蕭恒德妻，其女於去年三月奉詔嫁高麗王治。既而王治殂，還其幣。

〔三〕太祖廟在祖州，此饒州若非祖州之誤，則當是由饒州又至祖州。

〔四〕長編：至道三年九月壬午，「刑部員外郎馬亮上疏言：『……契丹仍歲内侵，河朔蕭然，請修好以息邊民。』」十二月甲寅，「初，刑部郎中知揚州王禹偁準詔上疏言五事，其一曰：謹邊防，通盟好，使輦運之民有所休息。方今北有契丹，西有繼遷，雖不犯邊，戍兵豈能減削。繼遷早未歸命，餽餉固難寢停，關輔之民，倒懸尤甚，臣愚以爲陛下嗣位之始，當順人心，宜敕疆吏，致書敵臣，使達北庭，請尋舊好」。

〔五〕此與下文十一月駝山同。此山在饒州、顯州、乾州、土河附近。上文三年閏九月作駱駝山，故兩次皆謁乾、顯二陵。

〔六〕高麗史卷三：成宗十六年（九九七）「冬十月戊午，王疾大漸，召開寧君誦，親降誓言傳位，移御内天王寺……薨，壽三十八，在位十六年」。「十一月，遣閤門使王同穎如契丹告嗣位。」十一月，「契丹遣千牛衛大將軍耶律迪烈來賀千秋節，王迎命告於成宗柩前」。（東國通鑑同。）

〔七〕西夏書事卷六：「至道三年（統和十五年，九九七）十二月，繼遷上表（於宋）請降。特授夏州刺史，充定難軍節度、夏、銀、綏、宥、静等州觀察處置押蕃落等使，復賜姓名（趙保吉）。」

遼史補注卷十四

本紀第十四

聖宗五

十六年春正月乙丑，如長濼。〔一〕

二月〔二〕庚子，夏國遣使來貢。〔三〕丙午，以監門衛上將軍耶律喜羅爲中臺省左相。〔四〕

三月甲子，女直遣使來貢。乙亥，鼻骨德酋長來貢。

夏四月癸卯，振崇德宮所隸州縣民之被水者。丁未，罷民輸官俸，給自内帑。己酉，祈雨。乙卯，如木葉山。〔五〕

五月〔六〕甲子，祭白馬神。丁卯，祠木葉山，告來歲南伐。庚辰，鐵驪來貢。乙酉，還上京。婦人年踰九十者賜物。

六月戊子朔，致奠於祖、懷二陵。是月，清暑炭山。

秋七月丁巳朔，録囚，聽政。〔七〕

八月丁亥朔，東幸。

九月丁巳朔，駐蹕得勝口。〔八〕

冬〔九〕十一月，遣使册高麗國王誦。

十二月丙戌朔，〔一〇〕宋國王休哥薨，輟朝五日。進封皇弟恒王隆慶爲梁國王、南京留守，鄭王隆祐爲吴國王。

是年，放進士楊又玄等二人。〔一一〕

〔一〕宋會要蕃夷一：「咸平元年正月，定州部送投來契丹骨初等三人，詔賜錦袍銀帶緡錢，給田處之。」

〔二〕契丹國志卷七：「二月，彗出營室北。」

〔三〕西夏書事卷六：「咸平元年（統和十六年，九九八）二月，以得銀、夏、綏、宥、静五州告（契丹）。」

〔四〕宋會要蕃夷一：「二月，以契丹國太妃迴國，軍將劉恕補外州鎮將，賜緡綵。恕挈其屬三十餘人歸順故也。」

〔五〕高麗史卷三：穆宗元年（九九八）四月，「契丹以前王薨，勑還納幣之物」。（東國通鑑同。）

〔六〕據宋史、契丹國志：「戊午朔，日有食之。」

〔七〕宋會要蕃夷一：「七月，契丹于越王下五寨監使馬守玉與其弟租子寨使守琛、雕翎寨使王知遇等七百十五人挈族來歸。帝召見，因問守玉事于越月廩幾何，對：『歲給粟百斛，亦虛名耳，暴斂重役，不任其苦。』詔賜衣服銀帶，給田處之。」

〔八〕在今北京昌平縣北二十里。遼屬析津府昌平縣。金史卷二四地理志上西京路撫州亦有得勝口，異地同名。

〔九〕據宋史、契丹國志：「十月丙戌朔，日有食之。」

〔一〇〕朔字，據本史卷四四朔考補。

據本史卷八三耶律休哥傳：「是夕，雨木冰。」

〔一一〕又玄，原作「又立」，大典卷五二四九同。本史卷一六紀開泰七年十一月百衲本作「人玄」，殿本作又玄。太平二年十月，百、殿兩本並作又玄。核其事蹟，確是一人。按道德經「玄之又玄」似爲取名所本，據改。下同。長編：大中祥符元年（統和二十六年，一〇〇八）十一月，「副使衛尉少卿楊又元來賀承天節」。即此人，清人避「玄」字改「元」。全遼文卷七重熙七年山西大同縣薄伽教藏木欙題記之楊久玄，亦是此人。

十七年春正月乙卯朔，如長春宮。〔一〕

夏四月，如炭山清暑。〔二〕

六月，兀惹烏昭慶來。〔三〕

秋七月，以伐宋詔諭諸道。〔四〕

九月庚辰朔，〔五〕幸南京。己亥，南伐。〔六〕癸卯，射鬼箭。北院樞密使魏王耶律斜軫薨，以韓德讓兼知北院樞密使事。

冬十月癸酉，攻遂城，不克。〔七〕遣蕭繼遠攻狼山鎮石砦，破之。次瀛州，與宋軍戰，擒其將康昭裔、宋順，〔八〕獲兵仗、器甲無算。進攻樂壽縣，拔之。次遂城，敵衆臨水以拒，縱騎兵突之，殺戮殆盡。〔九〕

是年，放進士初錫等四人及第。

〔一〕長編：咸平二年（統和十七年，九九九）三月，「京西轉運副使、太常博士直史館朱台符上言：『……陛下自天授命，與物更始，授繼遷以節鉞，加黎桓以王爵，咸命使者鎮撫其邦。惟彼契丹，未蒙渥澤，非所以柔遠能邇，昭王道之無外也。今已訖諒闇，將終祥禫，中外延頸，觀聽德音。臣愚以爲宜以此時，赦契丹之罪，擇有文武才畧、習知邊境辨説之士，一介之使，以嗣位服除，禮當修好鄰國，往告諭之。彼十年以來不復犯塞，以臣料之，力有不足，志欲歸嚮而未得其間也。今若垂天覆之仁，假來王之便，必歡悦慕義，遣使朝貢，因與之湔棄前惡，復尋舊盟，利以貨財，許以關市，如太祖故事，結之以恩，彼必思之。兩國既和，則無北顧之憂，可以專力西鄙，繼遷當自革心而束手，是一舉而兩獲也。……昔西漢高后時，尉佗自號南粵武帝，發兵攻長沙邊邑，黃屋稱制與中國侔。及孝文即位，先遣陸賈馳書諭之，佗乃頓首願爲藩臣，奉貢職。夫漢文帝天子之尊也，尉佗小國之君也，其所以然者，爲中國勞苦且以息戰伐也。今契丹之勁，過於南粵，陛下之聖，出於漢文，跡而行之，事豈相遠哉？誠朝廷之大計，不可忽也。』台符又自請使北，時論稱之」。考異：「本傳云，咸平元年，契丹爲梗，經武聖畧云，契丹犯邊。按元年契丹未動，觀台符此疏可知也。疏云『已訖諒闇，將終祥禫』，則（朱）台符上疏時乃二年春矣。今附三月末。」

宋祁景文集卷五七范陽張公神道碑銘：「公諱蘊，字延蘊。……方咸平初，契丹擾趙魏，乘冰壯，遊騎渡河，闚齊魯，淄人駭，舉將走山，知州事者乃議縱之，欲身亡去。尚書扈譙闔怒曰：『縣官財廥咸在，壕堞尚完。一去此則强弱凌暴，敵未至，我先敗矣。敵知我有備，敢過而東乎？』按劍橫膝曰：『有出者斬。』知州汗額羞恨。吏欲戰，尚書即治戰具，浚淺增庳，守氣毅然，後數日，敵去。」

長編：咸平二年（統和十七年）閏三月，「以河北轉運使、右諫議大夫索湘爲戶部使……言事者請許榷場商旅，以茶藥等物任於北界販易。復招募北界商旅於雄、霸州市易。北人既獲厚利，則邊患可息矣。詔湘詳議以聞。湘言：『北邊自興榷場，商旅輻凑，制置深得其宜，今若許其交相販易，則緣邊商人，深入北界，竊以爲非便。又北界商人若至雄、霸，其中或雜以姦僞，何由辨明？況邊民易動難安，蕃人之情，宜有覊制，望且仍舊爲便。』」

〔二〕長編：五月乙巳，「先是知雄州何承矩奏，敵謀寇邊。上以問（曹）彬，對曰：『太祖英武定天下，猶委孫全興經營和好，陛下初登極時，承矩嘗發書道意，臣料北鄙終復成和好。』上曰：『此事朕當屈節爲天下蒼生，然須執綱紀，存大體，即久遠之利也。』」（考異：「此事三朝經武聖畧繫之咸平二年而無日月，今因問曹彬疾附見，蓋必是彬爲樞密使未卧家時也。王曾筆録云：『侍中曹彬爲樞密使，向敏中爲樞密副使。當契丹犯塞，繼遷叛命，每軍書猝至，上必急召樞臣計議……纖悉措置，多從敏中所議。……』真宗初即位，便令西邊戢兵，繼遷尋納款，契丹蓋未嘗犯塞，不知前所稱軍書猝至，指何時也。經武聖畧於咸平二年載何承矩言契丹謀犯塞，或曾實指此時，然經武聖畧稱彬對真宗以北鄙終復成和好，與曾筆記特異，或筆記誤也。」）「嘗有詔，聽民越拒馬河抵北界市馬。知雄州何承矩言：『緣邊戰擢司自陶河至泥姑海口屈曲九百里許，天設險固，真地利也。太宗置寨二十八，鋪百二十五，命廷臣十一人，戍卒三千餘，部舟百艘，往來巡警，以屏姦詐，則緩急之備，大爲要害。今聽公私貿市，則人馬交疲，深非便宜。若然，則寨鋪爲虛設矣。』上納其言，即停前詔。」（考異：「此據承矩傳在咸平二年契丹復來寇之後。」）

〔三〕本史卷七〇屬國表作「兀惹烏昭慶來降，釋之」。

〔四〕長編：秋七月壬午，「上聞契丹將入寇，甲申（四日），以馬步軍都虞候、忠武節度使傅潛爲鎮、定、高陽關行營都部署，西上閤門使、富州刺史張昭允爲都鈐轄」。（統類、宋史並同。）

〔五〕據宋史、契丹國志：「日有食之。」

〔六〕據本史卷六四皇子表及卷八五蕭柳傳：以皇弟梁國王隆慶爲前鋒。長編：九月癸未，「樞密都承旨王繼英以契丹入寇，請車駕北巡，上嘉納之。丙戌，命繼英馳傳詣鎮、定、高陽關路視行宫頓置，宣慰將士」。（統類同。）宋史卷六真宗紀：九月癸卯，「鎮、定都部署言：『敗契丹兵於廉良路，殺獲甚衆。』」宋會要兵一四：「真宗咸平二年九月，鎮、定、高陽關都總管傅潛遣右侍禁郭筠（長編作郭均）馳奏：先鋒田紹斌、石普與知保州楊嗣敗虜衆於廉良路。殺二千餘人，斬首五百餘級，獲馬五百匹，兵仗鎧甲稱是」。（並見蕃夷一。）長編：九月，「初，傅潛遣先鋒田紹斌、石普等戍保州，普陰與和州（按和州爲知州之誤，見上文宋會要兵一四）楊嗣議出兵擊寇，及夜，普、嗣未還，紹斌疑其敗衄，即領衆援之。普、嗣果爲賊所困，渡廉良河，頗喪師徒。及紹斌至，即合勢疾戰，斬首二千餘級，獲馬五百匹，兵仗鎧甲稱是」。（原注：本紀、實録並稱廉良路，紹斌傳稱嚴涼河，普傳稱炎涼城，嗣傳亦稱廉良。今從嗣傳及本紀、實録。按宋史石普傳亦稱廉良城。注引「炎涼」疑誤。）今按，東都事畧卷四二石普傳作炎涼城。長編：九月壬寅，「保州緣邊都巡檢使楊延朗，時在遂城。城小無備，敵攻之甚急，長圍數日，戎母親督戰，衆心危懼。延朗集城中丁壯登陴，賦器甲護守。會大寒，汲水灌城上，旦悉爲冰，堅滑不可上，敵乃潰去，獲其鎧甲器仗甚衆」。延朗，畢氏續通鑑同。曾鞏隆平集作延昭。

劉攽彭城集卷三六曹君墓表：「君姓曹氏，名憲，字正叙，其先趙人……契丹犯邊至趙郡，君自田間載穀粟入保郡城，虜衆攻之，君轉戰行間，丁壯多傷，君棄穀粟載傷者，遂皆免。」按契丹犯趙州應在咸平二年（統和十七年）。

宋元通鑑卷一〇：「咸平二年冬十月，契丹掠祁、趙、邢、洺州，遂自德、棣濟河，掠淄、齊。」契丹國志卷七：「冬十二月，攻宋，爲知冀州張旻敗於城南。」東都事畧卷一二三：「咸平二年，大寇鎮、定。真宗親征，次大名，知府事折御昌等引兵入五合川，破拔黄太尉砦。」宋史卷六真宗紀：「咸平二年十二月「戊午，駐蹕澶州，冀州言：『敗契丹兵於城南，殺千餘人，奪馬百餘匹。』辛酉以王超等督先鋒，仍示以陣圖，俾識部分」。「甲子，次大名，躬御鎧甲於中軍。」契丹攻威虜軍，本軍擊敗之，殺其酋帥。府州言：『官軍入契丹五合州，拔黄太尉砦，殲其衆，焚其車帳，獲馬牛萬計。』」五合州，續通鑑作五合川。

王闢之澠水燕談録卷四：「王樵，字肩望，淄川人。……咸平中，契丹内寇，舉族北俘，潛入敵中訪其親，累年不獲，乃歸。持諸喪，刻木爲親，葬奂山東。」

〔七〕遂城，今河北省徐水縣西遂城鎮。即宋之威虜軍城。

〔八〕康昭裔即康保裔，宋順即馮從順，並見本書卷八二補傳。

〔九〕長編：十月「戊辰（十九日），以囉朗族十六府大首領歸德大將軍恩州刺史瑪斡領本州團練使，綏州界裕勒沁族首領李繼福爲歸德將軍充本族軍主」。

高麗史卷三：穆宗二年（九九九）冬十月，「契丹遣右常侍劉績來加册王尚書令」。「遣吏部侍郎朱仁紹如宋，帝特召見。仁紹自陳，國人思慕華風，爲契丹劫制之狀，帝賜詔賚還。」

長編：十月甲戌（二十五日），「如京使柳開上言：『臣去年蒙陛下差知代州，今年移知忻州，每見北界歸明人言，契丹排比入寇，次第甚大，臣初未敢決然信之。伏自八月以來，聞河北邊上，敵人屯結甚衆，又數侵犯雁門瓶形寨甯化軍，度其姦謀，必不輕退，深恐大寒之際，契丹轉肆衝突。臣愚乞陛下郊禋既畢，慶賞才行，五七日間速起聖駕，徑至鎮州，躬御六師，奮揚武威。勿生遲疑之慮，勿聽猶豫之謀。周世宗及我太祖、太宗近事，皆可法也。况陛下諒陰三年，禮無違者，復此順動，其誰敢當，聖駕若過河北，契丹當自引退。』」「契丹寇定州，次懷遠驛，詔遣南作坊使李繼宣領兵三千往襲之。至則敵已壞橋，繼宣梁木而渡，追奔五十餘里，敵又焚常山、中度二橋，繼宣復領兵趨焉。契丹聞之，拔寨遁去，繼宣鋭於擊敵，數詣都部署傅潛請行，潛每抑之，不令遠襲，以故無功。」（統類同。）

東都事畧卷四：十一月丙戌，「契丹寇邊」。契丹國志卷七：「十二月，契丹入攻宋，宋真宗親征。」

長編：十二月「甲寅（五日），車駕發京師」。「戊午（九日），駐蹕澶州。」（宋史、統類同。）

華陽集卷四九高烈武王瓊神道碑：「咸平中，契丹内畧，闕氏車帳至狼山大夏口，王方遣偏將王萬海等七人擇兵異道與敵确，而自據要設伏以邀擊之。俄楊允恭持詔至，趣王出土門，都部署傅潛畏不出戰，既得罪，乃以王代潛屯冀州，敵尋解去。」

長編：十二月「己未（十日），知冀州張旻遣使馳奏，敗契丹於城南，殺千餘人，獲馬百匹。（原注：「蔚昭敏正傳云：『昭敏爲貝冀行營都監。契丹以五千騎突至冀州城南，昭敏帥所部兵與戰，敗之，得其器甲，賊遁去。而我師不失一人。』」宋史真宗紀繫於戊午。）「甲子（十五日），次大名府……威虜軍言：『契丹來寇，出兵擊敗之，殺其酋帥。』」（統類、宋史同。）「丁卯，左侍禁閤門祗候衛居實自府州馳騎入奏，駐泊宋思恭與知州折惟昌、鈐轄劉文質等引兵入契丹五合川，破巴罕太尉寨，盡殺敵衆，焚其帳千五百餘所，獲戰馬牛羊萬計，鎧甲弓劍千事。」（五合川，宋史真宗紀誤作五合州。）「以濱州防禦使王榮爲貝、冀州行營副都部署。先是都部署石保吉至天雄，進師頗緩，有詔督之。及貝州，則敵已退矣。即召保吉還。初，河北轉運使裴莊屢條奏傅潛無將畧，恐失機會。樞密使王顯與潛俱起攀附，頗庇之，莊奏至輒不報，潛屯於定州，緣邊城堡悉飛書告急。潛麾下步騎凡八萬餘，咸自置鐵撾、鐵捶，爭欲擊敵。潛畏懦，閉門自守，將校請戰者，輒醜言詈之。無何，敵破狼山諸寨，悉鋭攻威虜兩晝夜，不勝，遂引兵畧寧邊軍，入祁、趙，大縱抄劫，遊騎出邢、洺間。百姓驚擾，攜挈老幼，爭入城郭，鎮、定路不通者踰月。朝廷屢間道遣使督其出師……潛卒逗遛不發。」

長編：咸平三年四月丙辰，「太子中書舍人王儼言：『前知趙州，契丹遊騎至城下，有學究米著勇而善射，命召募壯士百人，守提南門。訖敵退，無敢窺其門者。』」（原注：王皞百一編云：「王儼，吴越故臣，時方入貢，至都下，具所聞以達錢氏。冀申儆戒，後歸朝，任太子中允、知趙州，遇契丹入寇，河朔諸郡，皆閉壁自守，儼獨啟城門以示之，敵騎往復不敢窺。」）金石萃編卷一三五韓國華神道碑：咸平元年（統和十六年，九九八）「真宗即位……出知河陽，徙潞州，會契丹由梁門入寇河朔，分兵畧太行，其鋒甚鋭，潞人恐。公以精騎屯吴兒谷，扼其奔衝，賊遂不敢犯其境。又率本道糧以餉朔軍，王師大濟。」

十八年春正月，還次南京，賞有功將士，罰不用命者。詔諸軍各還本道。〔一〕

二月，幸延芳淀。〔二〕

夏四月己未，駐蹕于清泉淀。

五月丁酉，清暑炭山。〔三〕

六月，阻卜叛酋鶻碾之弟鐵剌不率部衆來附，鶻碾無所歸，遂降，詔誅之。〔四〕

秋七月，駐蹕于湯泉。〔五〕

九月乙亥朔，駐蹕黑河。〔六〕

冬〔七〕十一月甲戌朔，授西平王李繼遷子德昭朔方軍節度使。〔八〕

十二月，回鶻來貢。〔九〕

是年，放進士南承保等三人及第。

〔一〕宋元通鑑卷一〇：「咸平三年（一〇〇〇）春正月己卯朔，契丹知帝親征，乃縱掠而去。丁亥，范廷召等追取契丹於莫州，斬首萬餘級，盡獲所掠，餘寇遁出境。庚子，帝至自大名。」長編：咸平三年（統和十八年）正月甲申，「先是范廷召自中山分兵擊敵，求援於高陽關都部署、馬軍都虞候、彰國軍節度使康保裔，保裔即領兵赴之，至瀛州西南裴村……敵騎圍之數重……保裔没焉。敵遂自德（今山東省陵縣）、棣（今無棣縣）濟河，掠淄（今臨淄縣）、齊（今濟南）而去」。（統類同。）「乙酉……范廷召等引兵追契丹，丁亥，至莫州東三十里，大破之。斬首萬餘級，獲所擄老幼數千，鞍馬兵仗不可勝紀，餘衆遁逃出境。」（原注：「本紀、實録並稱貝、冀、高陽關都部署范廷召，按廷召傳但載廷召爲定州行營都部署，未嘗有貝、冀、高陽關之命也。而葛霸傳實云與石保吉同入朝，時康保裔戰没，即命霸爲貝、冀、高陽關前軍都部署。實録、本紀皆著之，不應於廷召獨闕也。荆嗣傳又云：嗣提偏師捍敵嘉山，時隸廷召麾下，廷召徙高陽，命嗣以二千卒爲軍，夜逐敵至瀛州，按此則廷召果自定州徙高陽關，疑莫州東之捷，廷召與霸皆在焉，故官名相錯，而遣使獻捷，則廷召首署其奏耳。本紀、實録並稱廷召等，亦可見此捷奏非一人所爲也。」）宋會要兵七、兵一四並記范廷召等破契丹事。續通鑑考異作「老幼數萬口」，並云：「宋史真宗紀亦云范廷召追契丹至莫州，斬首萬餘級，然考諸遼史，是役未嘗以敗歸。在遼人或諱言其敗，而路振祭戰馬文具言王榮恇怯之狀，是諸將之畏葸縱敵，宋人亦自言之矣。廷召累敗之餘，何以遽能大捷，不過邀其輜重，小有斬獲而已。真宗親駐大名，恥於無功而還，藉是爲文飾耳。」長編：「庚寅，范廷召等遣使奏捷，羣臣稱賀，上作喜捷詩題行宫壁，廷召以功加檢校太傅，餘將校恩賜有差。」（原注：「按正史范廷召傳：咸平二年契丹入寇，車駕北巡，廷召與敵戰瀛州西，斬首二萬級，逐北至莫州東云云。莫州東之捷，實録已具載，惟瀛州西斬首二萬獨不載於實録，但因傅潛貶稱廷召等擊敵高陽關與敵血戰而潛不至，康保裔遂陷没。若廷召果能與敵血戰且斬級二萬，此捷固不爲小，獨何爲不遣使馳奏也。」）「貝、冀行營副部署王榮受詔以五千騎追敵，榮……數日不敢行，伺敵渡河而後發，敵剽淄、齊者數千騎猶屯泥沽，榮不欲見敵，乃以其所部署界河南岸而還，晝夜急馳，馬不秣而道斃者十有四五。」

〔二〕據長編、宋史：「三月戊寅朔，日有食之。」

〔三〕長編：五月丁丑朔，「李繼遷寇麟州，濁輪寨鈐轄、西京左藏庫副使劉文質擊走之」。（原注：文質本傳云：文質爲濁輪寨鈐轄，蕃酋萬寶移來寇，文質擊走之，乘勝拔其寨，獲牛羊器甲萬計，賜錦袍金帶，徙知慶州。不載其擊李繼遷事，與實録異。）丁亥，「代州部署、昭化留後孔守正自言四任雁門，邊亭久安，願徙東北前鋒。戊子，以守正爲定州副部署」。「戊戌詔：『深、濱、博、洺、祁州、乾寧軍民，經蕃戎寇掠，不任耕稼者千三百九十八户，無出來歲租，官吏存撫之。』」

〔四〕宋會要蕃夷一：咸平三年六月，「詔曰：『天寓所臨，是惟王土，雖或倫於益（異）俗，久隔皇化。

願(顧)念赤子，孰非吾民；如聞邊隅，頗縱驚擾。殊爽綏懷之義，寧忘軫惻之心。自今緣邊百姓，不得輒入北界刼畧，違者所在捕繫，具獄以聞。』」(長編畧同。)

〔五〕湯泉在密雲縣北，南入白河。

〔六〕宋會要蕃夷一：「九月，契丹僞應州節度使蕭轄刺弟肯頭，姪招鶻、虫哥，判官吴拾得歸順。以肯頭爲右領軍衛將軍、嚴州刺史，賜名懷忠，招鶻爲右監門衛將軍，賜名從化，虫哥爲右千牛衛將軍，賜名從順，吴拾得爲左班殿直，賜名忠諒，仍各賜冠帶銀帛緡錢鞍馬。」長編繫此事於「九月庚辰」，又記「壬寅，幽州衙校馬瓊照、朔州衙校韓貢舉族來歸，並補外州鎮將，賜衣服綿帛」。

〔七〕長編：冬十月丙寅，「延州言：『鈐轄張崇貴等破蕃賊大盧、小盧等十族，禽獲人口羊馬二十萬。』」(原注：「張崇貴傳云：趙保吉與熟户李繼福爲隙，因緣内擾，崇貴與張守恩擊之，焚廬舍，擄貲畜器甲生口甚衆，疑即此事也。」)「自淳化末，高麗朝貢中絶，及王治卒，弟誦立，嘗遣兵校徐遠來候，朝命遠久不至，於是其臣吏部侍郎趙之遴遣牙將朱仁紹至登州偵之。州以聞，上特召見仁紹勞問，賜以器帛，仁紹因自陳國人思慕皇化，爲契丹羈制之狀，乃賜誦鈿函詔一通，令仁紹齎送。時明州又言：『高麗國民池達等八人以海風壞船，漂至鄞縣。』詔付登州給貲糧，俟便遣歸其國。」

〔八〕德昭，宋史卷四八五夏國傳作德明，此避穆宗明諱改。本史卷一一五西夏外記作德明，應屬漏改或後人回改者。

西夏書事卷六：「契丹聞繼遷頻掠糧運，阻絕瀚海，遣使授其子德明朔方節度使，促繼遷取靈州。」

長編：十一月「庚辰，河北轉運副使劉綜言：『知德州靳湘、知濱州路振、通判鄭州郝太冲廉勤幹事。』各賜詔奬之。先是，敵暴至濱州城下。城中兵少，民相恐，衆謂振文吏，無戰禦方畧，環聚而泣。振乃親加撫諭，堅壁自守，敵尋引去。而湘守德州，敵亦不能陷」。

〔九〕長編：十二月「甲子，契丹税木監使黄顒、茶酒監使張文秀、關城使劉繼隆、張顯等各挈其屬歸順，賜冠帶袍笏，舍於歸明班院，顒等皆敵帥于越之族也」。（宋會要蕃夷一同，長編「舍」誤「合」，兹從宋會要。）丙寅「詔：『緣邊吏民，斬敵首一級，賞五千；禽生者倍之；獲馬者給帛二十匹；不堪帶甲者還之。』」

十九年春正月辛巳，以祇候郎君班詳穩觀音爲奚六部大王。〔一〕甲申，回鶻進梵僧〔二〕名醫。

三月乙亥，夏國遣李文貴來貢。乙酉，西南面招討司奏党項捷。壬辰，皇后蕭氏以罪降爲貴妃。〔三〕賜大丞相韓德讓名德昌。

夏四月乙巳，幸吴國王隆祐第視疾。丙午，問安皇太后。〔四〕

五月癸酉，清暑炭山。丙戌，册蕭氏爲齊天皇后。庚寅，以千拽剌詳穩耶律王奴爲乙室大王。辛卯，以青牛白馬祭天地。

六月乙巳，以所俘宋將康昭裔爲昭順軍節度使。〔五〕戊午，夏國奏下宋恒、環、慶等三州，〔六〕賜詔褒之。

秋七月丙戌，以東京統軍使耶律奴瓜爲南府宰相。〔七〕

八月庚戌，達盧骨部來貢。

九月己巳朔，問安皇太后。〔八〕戊子，駐蹕昌平。庚寅，西南面招討司奏討吐谷渾捷。辛卯，幸南京。

冬十月己亥，南伐。壬寅，次鹽溝。〔九〕徙封吴國王隆祐爲楚國王，留守京師。丁未，梁國王隆慶統先鋒軍以進。辛亥，射鬼箭。壬子，以青牛白馬祭天地。甲寅，遼軍與宋兵戰于遂城，敗之。庚申，以黑白羊祭天地。丙寅，次滿城，以泥淖班師。〔一〇〕

十一月庚午，射鬼箭。丙子，宋兵出淤口、益津關來侵，偵候謀注、虞人招古擊敗之。〔一一〕己卯，觀漁儒門濼。

閏月〔一二〕己酉，鼻骨德來貢。己未，減關市税。

十二月庚辰，免南京、平州租税。〔一三〕

〔一〕觀音即蕭觀音奴，本史卷八五有傳。

〔二〕陳垣摩尼教入中國考：「九姓迴鶻可汗碑言睿思等四僧入國，吾人嘗認定爲摩尼，則此所謂『僧』謂之摩尼，有何不可？ 通鑑卷二三七胡三省注：『回鶻之摩尼，猶中國之僧也。 其教與天竺又異。』」

〔三〕索隱卷二：「案下開泰六年六月，德妃蕭氏賜死，當即此廢后。」今補入本書卷七一后妃傳。

〔四〕長編咸平四年（一〇〇一）四月原注：「楊延朗傳云：『三年冬，契丹復來寇，延朗伏鋭兵於羊山西，自北掩擊，且戰且退，及西山，伏發，敵衆大敗，獲敵將，函首以獻，進團練使，與楊嗣並命。』又王漢忠傳云：『敵大寇中山，漢忠率諸將陣於野，未戰，敵遁，追斬甚衆，獲其貴將。 加殿前副都指揮使。』按上去年春自大名還京師，至今年春，契丹傳、會要、本紀、實録並不載敵復入寇事，其復入寇乃四年冬，不知延朗及漢忠所獲敵將果在何時？ 延朗與漢忠同獲一人或各獲一人，皆不可知也。 據楊嗣傳乃因嗣讓，初不緣破敵有功，而漢忠爲殿前副都指揮使，據實録、本紀則與高瓊、葛霸同遷，亦不言獲敵將於中山也。 疑延朗及漢忠所獲敵將當是二年及三年春，上在大名時，或四年冬事，二傳誤載耳。」

長編：四月「丙辰，西川（州）回鶻可汗王禄勝遣使曹萬通來貢玉鞍勒、名馬、寶器等，萬通自言任本國樞密使。 本國東至黃河，西至雪山，有小郡數百，甲馬甚精習，願朝廷命使統領，使縛繼遷以獻。 即授萬通左神武大將軍，降詔奬禄勝，優賜器服」。（原注：十一月末又入貢，當考。）

〔五〕康昭裔即康保裔，本書卷八二有補傳。按本史卷三七—四一地理志無昭順軍，此只是一官號，非有實地。

〔六〕索隱卷二：「宋陝西路無恒州。」

〔七〕長編：七月「己卯，邊臣言，契丹謀入寇，以山南東道節度使、同平章事王顯爲鎮、定、高陽關三路都部署，天平節度使、馬步軍都虞候王超爲副都部署，殿前副都指揮使、保静節度使王漢忠爲都排陣使，殿前都虞候、雲州觀察使王繼忠爲都鈐轄，西上閤門使韓崇訓爲鈐轄，顯仍兼定州、超鎮州、漢忠高陽關都部署」。「甲午，契丹王子耶律隆慶下内四友班首兼北宫都博田鳳容及其弟從壽來降，補鳳容爲三班奉職，恩賜有差。」

〔八〕長編：「九月己巳朔，詔鎮、定兵馬分屯近地，以省糧運。時諜者言，敵猶在炭山，未遽南牧故也。」

〔九〕即今良鄉縣。

〔一〇〕長編：十月丁未，「張齊賢上言曰：『昨者清遠軍陷没以來，青崗寨燒棄之後，靈武一郡，援隔勢孤，賊遷必窺覘城池，劫脅熟户，兵力傷沮，難固壘垣。況塞北未寧，方有調發……陛下即位之初，以銀夏一管，盡與繼遷……朝廷於遷賊之恩，可謂厚矣。殊不知契丹慮遷賊感大國之恩，斷右臂之勢，防患所切，其謀甚深，署王爵以賜之，遣戎使以鎮之。王爵至則旌節之命輕矣，我之所命，適所以資之也。戎使至則動静皆伺之，向背之心異矣，我使往適所以堅之也。夫西平之命，亦虛名也，契丹命之有何損哉。以今日言之，當時之策，豈不爲失乎。且六谷者，西北之遠蕃也，羌夷之內，推爲雄豪，若計平時，但以市馬，須示羈縻，則一懷化將軍亦已厚矣。酌今日事體，似失權宜，兼恐今後邊地事更有準前失中，即於國家大有妨損。昨清遠之陷，是使姦凶轉成豐富，兵民官吏六七千餘，或含恨重泉，或永囚異域，傷和致沴，思之痛心……伏望明諭邊將，內備外虞，臣不任憂國思報之至。』」（原注：「按遼史聖宗本紀（統和）八年十二月，遣使封李繼遷爲夏國王，十五年三月己巳，夏國破宋兵，遣使來告。己卯，封夏國王李繼遷爲西平王。事在太宗至道三年三月，距真宗即位前十五日。」）

長編：十月「庚戌，上以陝西二十三州圖示輔臣，歷指山川險易、蕃部居處，又指秦州曰：『此州在隴山之外，號富庶，且以羌戎接畛。昨已命張雍出守，冀其撫綏有方也。』次復指殿北壁靈州圖曰：『此馮業所畫，頗爲周悉，山川形勢如此，安得知勇之士，爲朕守之乎。』又指南壁甘伊涼等州圖及東壁幽州已北契丹圖，上曰：『契丹所據地，南北千五百里，東西九百里，封域非廣也，而燕薊淪陷，深可惜耳。』甲寅，北面前陣鈐轄張斌與契丹遇於長城口，時積雨，敵弓用皮弦，皆緩濕，斌擊敗之，殺獲甚衆。漸近戎首，伏騎大起，三路統帥未及進，前陣兵少，退保威虜軍。」宋史卷六作：「己未，張斌破契丹於長城口」。

九朝編年備要卷六：「咸平四年冬十月，契丹入寇，張斌敗之於長城口。李繼宣尋又敗之於山谷。初，七月，以契丹謀入寇，命王顯爲鎮、定三路都部署，冬，顯奏大破契丹，殺二萬餘人，餘衆遁去。」

續通鑑考異云：「宋史張斌破契丹於長城口。遼史云遼軍與宋兵戰於遂城，敗之。蓋此戰前後互有勝負，故兩國各言其勝也。又宋史作己未，遼史作甲寅，繫日互異。據長編亦作甲寅，與遼史合。」統類卷四：「咸平四年十一月，王顯與契丹戰，大破之，戮二萬餘人。獲其僞大王統軍鐵林相公等十五人首級並甲馬甚衆，餘皆奔北，號慟滿野。」續通鑑同。僧文瑩玉壺清話卷五：「王顯，太宗在藩，與周瑩爲給侍。赤脚道者相顯曰：『此兒須爲將相，但無陰德耳。』」「咸平三年，出帥定州，便宜從事，忽一日，一道士通刺爲謁，破冠敝褐，自稱酆都觀主。笑則口角至耳，亂髮若剛鬣。謂顯曰：『昨日上帝牒番魂二萬至本觀，未敢收於冥籍死於公手。公果殺之，則功冠於世，然減公算十年。二端請裁之。』顯謂風狂，叱起。後日，契丹引數萬騎獵於威虜軍境，顯引兵勦襲，大破之……斬二萬級。露布至闕，朝廷以樞相召歸，赴道數程而卒。」續通鑑考異引玉壺清話王顯破敵事並云：「然是役實遼人領兵南下，非獵也。九朝編年備要云『李繼宣敗遼於山谷』。宋史不載，他書亦無可考。太平治蹟統類所載與長編同。惟宋史作壬申，長編作丙子，繫日少異，今從長編。」

長編：十月「辛酉，上得張斌捷奏，初議以大兵陣於威虜軍，會諜者言，契丹猶未動，故命悉徙於中山。已而敵騎遽入漁陽，漸逼威虜，斌雖以前鋒獨克，大兵訖不進討，上甚歎息焉」。「甲子，知雄州何承矩請於乾寧軍選鋭兵乘刀魚船自界河攻平州，以分敵勢。從之。」

〔一一〕長編：十一月「丙子，王顯遣寄班夏守贇馳騎入奏，前軍與契丹戰，大破之，戮二萬餘人，獲其僞署大王統軍鐵林相公等十五人首級並甲馬甚衆。餘皆奔北，號慟滿野。（原注：按張斌長城口之捷乃十月十六日甲寅，其二十三日辛酉，斌奏始到，其二十五日癸亥，何承矩又奏偵得契丹自威虜軍爲王師所敗，殺僞署大王統軍二人，蕃軍僅二萬人，餘衆號慟於野。按此即長城口之捷也。其十一月九日丙子，王顯又奏十月十六日前軍與契丹戰，大破之，戮二萬餘人，獲其僞署大王統軍鐵林相公等一十五人首級，得僞印二、以羽林軍爲文，收甲馬甚衆，首領遁去。……契丹傳既於十月載長城口之捷，又於十一月載王顯等全師至，大破敵，恐緣捷奏兩上，故誤分爲兩事。」）先是保州團練使楊嗣、莫州團練使楊延朗、西上閤門使李繼宣、入内副都知秦翰並爲前陣前鋒鈐轄，分屯静戎、威虜軍，及是會師於威虜。延朗、嗣輕騎先赴羊山，繼宣與翰分左右隊各整所部，翰全軍亦往，繼宣留壁齊羅，止以二騎繼進，至則延朗、嗣適爲敵所乘，繼宣即召齊羅之衆與翰軍合勢大戰，敵走上羊山，繼宣逐之，環山麓至其陰，繼宣馬中矢斃，凡三易乘，進至牟山谷，大破之。延朗、嗣初頓齊羅，既而退保威虜，繼宣獨與敵角，薄暮始至威虜」。「甲午，詔西番諸族，有能生擒李繼遷者，當授節度使，賜銀綵茶六萬。斬首來獻者，授觀察使，賜物有差。」

〔一二〕是年遼閏十一月，宋閏十二月，因宋人新用儀天曆，故南北置閏不同。

〔一三〕免南京、平州租税事，參見本書卷八二耶律隆運傳注〔一〕。

長編：閏十二月丁亥「契丹閤門使寇卿子用和、繼忠來降。以用和爲三班奉職，繼忠補外州鎮將。時又有李紹隆者來降，亦授三班奉職」。（宋會要蕃夷一同。）戊子，「知静戎軍王能言：『本軍鮑河，自姜女廟以東，水極深闊，其狹處不過三、四里，今歲敵騎不能踰越而南侵者，亦限此水故也。今請於本軍之西，姜女廟東，決北流入閻臺淀，復於軍東塞之，使北流三臺、小李村，其水溢入長城口而南流，若發二、三千人塞其口，俾自長城北而東入於雄州，則猶可以隔限敵騎，計其功五日可畢。』上曰：『朕觀人畫圖，鮑河之北，至閻臺淀，地形稍高，必通流不遠。』同知樞密院事馮拯、陳堯叟曰：『臣嘗奉使至彼，目驗地形，實同聖旨。』乃詔除閻臺淀地高不可決北流外，餘從所請」。（原注：景德元年六月，耿斌所言與此同。）

長編：「是歲募河北民諳契丹道路、勇鋭可爲間伺者充疆人。置都頭、指揮使。無事散處田野，遇敵入寇，追集，給器甲口糧，加以食錢，遣出塞，偷斫賊壘，能斬首級、奪馬者，如賞格，虜獲財畜皆畀之。」

景文集卷五九賈令公墓誌：「公諱注，字宗海。……改棣州防禦推官。真宗咸平中，契丹侵河北，引師環城設攻具，公登陴射其長，殪之，圍解。遷定州觀察推官。敵歲侵邊，官兵留屯，公嘗護糧及資具輸之壁，敵不能抄。」

二十年春正月庚子，如延芳淀。癸丑，東方五色虹見。詔安撫西南面向化諸部。甲寅，夏國遣使貢馬、駝。辛酉，女直宰相夷離底來貢。〔一〕

二月丁丑，女直遣其子來朝。高麗遣使賀伐宋捷。〔二〕

三月甲寅，遣北府宰相蕭繼遠等南伐。壬戌，駐蹕鴛鴦濼。〔三〕

夏四月丙寅朔，文班太保達里底敗宋兵于梁門。甲戌，南京統軍使蕭撻凜破宋軍於泰州。乙酉，南征將校獻俘，賜爵賞有差。戊子，鐵驪遣使來貢。〔四〕

五月乙卯，幸炭山清暑。〔五〕

六月，夏國遣劉仁勗來告下靈州。〔六〕

秋七月甲午朔，日有食之。丁酉，以邢抱朴爲南院樞密使。辛丑，高麗遣使來貢本國地里圖。〔七〕

九月癸巳朔，謁顯陵，告南伐捷。〔八〕

冬十月癸亥朔，至自顯陵。〔九〕

十二月，奚王府五帳六節度獻七金山土河川地，賜金幣。

是歲，南京、平州麥秀兩岐。放進士邢祥等六人及第。

〔一〕長編：咸平五年（一〇〇二）正月「甲寅，契丹貴將蕭繼遠，（貴，原誤遣，據宋會要蕃夷一改。）親吏劉澄、張密挈其族歸順，並補三班借職，賜袍笏、緡錢」。（宋會要蕃夷一同。）「順安軍都監馬濟言：『請自静戎軍東擁鮑河開渠入順安軍，又自順安之西引入威虜軍，以資漕運。仍於渠側置水陸營田，以隔戎騎。』上曰：『此渠若成，亦有所濟，可從其請而徐圖之也。』梁顥等自河北使還，言民有食野生牢豆者，因持以獻。上謂輔臣曰：『此豆乾硬苦澀，何可食也！又聞乾寧、定遠等軍，積水蔽田，亦無此豆可採，蚩蚩之氓，益可憫念。乾寧惠民倉有粟萬餘斛，頗資賑捄耳。』」

〔二〕長編：「二月戊辰，遣中使詣雄、霸、瀛、莫、深、滄州、乾寧軍，爲粥以賑居民。」丁丑，「先是契丹入寇，前陣保州招收小校解恕、楊光美、齊鑾等，奮不顧身，摧鋒陷陣，及大軍分退，猶依山據險，大詬殺賊，以至陷没」。

〔三〕索隱卷二：「拾遺引一統志曰：『鴛鴦泊，在宣化府赤城縣西北。宣府鎮志云在雲州堡西北一百里境外，周八十里，其水停積不流。自遼、金以來爲飛放之處。』」「水道提綱曰：『鴛鴦泊，土名昂吉爾圖，漢言鴻雁池。』在張家口西北，有二源。又余寀塞程别紀曰：『大兵出獨石口，次十八臺，又三十里至昂吉爾兔，四周積沙如山者，千堆萬壘，此獨寬曠饒水草。又張穆蒙古遊牧紀曰：『康熙圖有昂衣爾兔鄂模即昂吉爾圖，所謂鴛鴦濼者是也。』漢章謂金志撫州柔遠縣注明云昂吉濼，又名鴛鴦濼明名集寧海子，亦以金之集寧縣名之。」

長編：三月甲辰，「西京左藏庫使舒知白請於泥沽海口及章口復置海作務，造舟，令民人入海捕魚，因察平州機事，異日王師征討，亦可由此進兵，以分敵勢。上曰：『此事朕屢嘗詢訪，先置此務，已云非便，即廢之。蓋近海小民翻與戎人往還。數年前，敵泛舟直入千乘縣，亦疑有鄉導之者，然何承矩近亦有此規畫，宜下本路轉運司條上利害。』既而以爲非便，卒罷之」。「李繼遷大集蕃部，攻陷靈州，知州、内客省使、順州團練使裴濟死之。濟在靈州凡二年，謀輯八鎮興屯田之利，民甚賴焉。及被圍，餉道絶，大軍訖不至，城遂陷。」癸亥，「張齊賢上書曰：『今朔方陷没，所慮緣邊蕃族中有從來二心者，因此轉更扇惑熟户，致令向背，賊遷因而乘之，爲患非淺。……舊日女真賣馬，歲不下萬匹，今已爲契丹所隔，臣聞賊遷聲言向西涼云，我與彼蕃自來無事，若不和誘西涼以防後患，即恐今年秋冬來劫鎮戎軍，蕃部若斷却六谷入京道路，即大梁、小梁蕃部無路向化，以至隴山後蕃族，勢亦難保，臣昨於緣路，見勾回渭州賜六谷分物……蕃部族盛兵多，可以牽制遷賊者，止一西涼而已……且西涼蕃部，多是華人子孫，例會漢言，頗識文字，渭州往來與通事輩密熟，豈不知有此給賜，已到渭州，又却勾回……伏望深思邊計，斷自宸衷，結其歡心，啗以厚利，但使西蕃馬價，比常時特與優饒……西涼與近西小蕃，惟恃賣馬獲利，既受朝廷恩信，縱被遷賊阻絶道途，固當深結讎怨，使之自戰，其理甚明，若不早加防虞，即鎮戎軍亦恐難於固護矣。』」

〔四〕長編：四月「庚辰，詔邊臣：『日具契丹事宜，飛驛以聞。三日，遣指使臣入奏。』懲威虜斥堠之不詳故也」。「甲申，以殿前都虞候王繼忠爲高陽關行營副都部署。乙酉，鄜州城畢。時沿邊大浚河渠，契丹頗撓其役，又自威虜軍西入寇，詔知雄州何承矩出兵以分敵勢。承矩慮敵知兵自本郡出，即來修怨，乃以無騎爲辭。止應詔遣小校楊萬金率卒五千，自順安軍東出混泥城，稱衆寡不敵而還。」「癸巳，以金明縣都監兼新寨解家河盧關路都巡檢、供備庫使李繼周爲西京作坊使。永平寨界茭村軍主、歸德將軍李繼福領順州刺史，永平寨界小力鎮使李文直、成平鎮使葉勒文義並爲懷化將軍，繼福等皆党項蕃族，與繼周同嚮化，故優寵之。」

長編：「（是歲，）契丹新城都監种堅移文境上，求復置榷場，朝議以敵情翻覆，未之許。知雄州何承矩繼以請，且言『榷場之設，蓋先朝從權立制，以惠戎人。縱其渝信犯邊，亦不之廢。戎退商行，似全大體。今緣邊榷場，因敵騎入寇，即已停廢。去歲以臣上言，於雄州置場賣茶，雖貲貨並行，而邊氓未有所濟，望延訪大臣，議其可否，或文武中有抗執獨見，是必別有良謀，請委之邊任，使施方畧，責其成功。苟空陳浮議，上惑聖聽，只如靈州，足爲證驗。況茲北敵，又非平夏之比也。』於是聽雄州復置榷場」。（十朝綱要並紀此事，宋史、宋會要亦同，惟宋會要繫明年正月。）

〔五〕長編：五月，「先是契丹入寇保州，緣邊都巡檢使、深州團練使楊嗣，莫州團練使楊延朗率兵禦之，部伍不整，爲敵所襲，士馬多失亡」。

〔六〕長編：六月「壬申，以黑山北莊郎族首領隆伊克爲安遠大將軍，美克爲懷化將軍。」癸酉，「李繼遷復以二萬騎進圍麟州，金明巡檢使李繼周擊之。圍未解，麟、府、濁輪部署曹璨請濟師，上曰：『麟州據險，三面孤絕，州將戮力，足以禦賊，但憂城中乏水。』既而賊果據水寨，詔發并、代、石、隰州兵援之。又以六宅使宋思恭爲并、代鈐轄，管勾麟、府軍馬。先是，詔戎臣條上今歲防秋便宜，知威虜軍魏能、知静戎軍王能、高陽關行營都監高素言：『敵首若舉國自來，賊勢稍大，請會兵於保州北，徐、曹河之間，列寨以禦之；若敵首不來，則止令三路兵犄角邀擊。』高陽關副都部署劉用、定州鈐轄韓守英請於沿邊州軍量益師徒；若敵首南侵，則選驍將鋭旅，自東路入攻賊界，皆圖其地形以獻。於是御苑東門對輔臣，内出二編，令詳閱之，曰：『卿等前議布陣，亦指曹、徐河之間，今諸將之謀，盡在此矣。』呂蒙正等請令轉運使於保州、威虜、静戎、順安軍預積芻粟。詔從之」。「李繼遷率衆攻麟州，四面負版薄城者五日。知州、閤門祇候衛居實，屢出奇兵突戰，及募勇士縋城，潛往擊賊，賊皆披靡，自相蹂踐，殺傷萬餘人。丁丑，繼遷拔寨遁去。」「癸巳，定州路部署王超言，緣邊有強梁輩，常於兩界居止，擾動疆埸，請厚給金帛，募充散官。從之。」

〔七〕長編：七月「壬戌，契丹于越部下大林寨使王昭敏等歸附。賜衣服錢帛，補昭敏鎮將，於許州給田歸之。洪德寨主、侍禁、閤門祇候段守倫言：『戎人入寇，抵城下，率兵擊走之，獲羊馬器甲甚衆。』」八月「庚午，詔河北諸軍部署，如進軍北向，須萃定州，轉運司以飛輓之艱，慮成勞費，其令深入偵候。若契丹諸部入寇，可止令本道防扞，或敵首自至，即飛驛以聞」。

長編：「先是，歸義節度使、譙郡王曹延禄及其弟瓜州防禦使延瑞，並爲族子宗壽所殺。宗壽遣牙校陰會遷入貢，上表言：『延禄等謀害臣，臣奔瓜州，緣軍民苦延禄之政，遂相率圍沙州，延禄、延瑞即自殺，衆迫臣統領兵馬，權留後事。及遣弟宗文權知瓜州，求賜旄鉞。』朝廷以其地本羈縻，務在撫懷，乃授宗壽歸義節度使，宗文知瓜州，宗壽子賢順爲衙内都指揮使。」丙戌，「石隰州副都部署耿斌言，河西蕃部指揮使拽浪南山四百餘人來歸，賜袍帶茶綵口糧。仍令所在倍存恤之」。「先是，契丹降人無所依，於京城南置院處之。是月幽州民趙祚與妻蘇來歸。既而趙州民蘇翰詣登聞院訴蘇即其女，請並趙祚還其家。賜衣物緡帛遣之。」

〔八〕長編：「九月甲午，知鎮戎軍李繼和言，戎人入寇，夜抵城下。後二日再至。繼和與都監史重貴出兵拒戰，重貴中重創，敗走之。大獲甲騎，有詔嘉獎，别出良藥、縑帛、牢醴賜重貴。上謂左右曰：『頃有使自鎮戎還，言戎人夜填長壕，越古長城而入，伏騎城側，而本軍始知，洎出兵，賊已據險，故無功，此蓋失於偵邏故也。及其再至，則既先設備，故有此捷耳。又西涼州入貢蕃部張傻儸言，夜入鎮戎軍境，直抵城隅，門尚未閉而不逢警巡者，其慢防蓋如此。』因戒邊城嚴斥堠。」「戊戌，高陽關部送歸順奚人吹賫、漢口李美，各賜衣服緡錢，以吹賫隸渤海，李美給田處之。」

〔九〕長編：十一月甲午，「雄州言偵得契丹調兵，將謀入寇。上曰：『北敵知郊祀有日，張此虚聲以聳邊境耳。』輔臣言：『北面雖有兵備，而押陣使臣猶在輦下，宜令進發。』詔使臣有在河北、河東及近京諸州者，可就遣之」。「是歲，契丹稍侵掠邊境，所在擊走之，卒不深入。於十一月甲寅，北面諸州奏：敵騎悉散去。」

二十一年春正月，如鴛鴦濼。〔一〕

三月壬辰，詔修日曆官〔二〕毋書細事。甲午，朝皇太后。戊午，鐵驪來貢。〔三〕

夏四月乙丑，女直遣使來貢。戊辰，兀惹、渤海、奧里米、越里篤、越里吉等五部遣使來貢。〔四〕是月，耶律奴瓜、蕭撻凜獲宋將王繼忠于望都。〔五〕

五月庚寅朔，清暑炭山。丁巳，西平王李繼遷薨，〔六〕其子德昭遣使來告。〔七〕

六月己卯，贈繼遷尚書令，遣西上閤門事使丁振弔慰。辛巳，党項來貢。乙酉，阻卜鐵剌里率諸部來降。是月，修可敦城。〔八〕

秋七月庚戌，阻卜、烏古來貢。甲寅，以奚王府監軍耶律室魯爲南院大王。〔九〕

八月乙酉，阻卜鐵剌里來朝。丙戌，朝皇太后。〔一〇〕

九月己亥，夏國李德昭遣使來謝弔贈。癸丑，幸女河湯泉，〔一一〕改其名曰松林。〔一二〕

冬十月丁巳朔，〔一三〕駐蹕七渡河。戊辰，以楚國王隆祐爲西南面招討使。〔一四〕

十一月壬辰，故于越耶律休哥之子道士奴、高九等謀叛，伏誅。〔一五〕丙申，通括南院部民。

十二月癸未，罷三京諸道貢。〔一六〕

〔一〕長編：咸平六年（一〇〇三）正月丙甲，「契丹奚王知客陽勍來降。辛丑，以勍爲三班借職，賜冠帶、錢綵」。「丙午，遣使齎詔賜豐州隆伊克、美克族。先是上謂知樞密院王繼英等曰：『累覩邊奏，言遷賊屢爲隆伊克、美克所敗。今豐州推官張仁珪與藏才族蕃官策本多在京，或知其事，可訪之。』繼英等即召問仁珪、策木多等，仁珪等言：『隆伊克、美克一云莊郎、美克，其地在黃河北，廣袤數千里。族帳東接契丹，北鄰達靼，南至河西，連大梁、小梁族，素不與遷賊合。遷賊每舉，輒爲所敗。常以馬附藏才入貢……』乃令使臣往豐州，與團練使王承美協議招諭之。」「丙辰，知雄州何承矩言：『殺敵斥堠軍士，奪馬二匹，并得敵界新城都監仲文煦牒，請徙九村民以避劫掠。尋各諭令警備，其榷場商旅見行貿易不絕。』上慮承矩輕信，或致邊患，手敕戒諭之曰：『汝宜領其來意而辨其姦詐也。』」二月「庚午，契丹平州牙校韓守榮等來歸，並補三班借職，賜袍帶、緡帛。壬申，環州野狸族慶桑等來貢馬。乙亥，涇原部署陳興等言：『咱隆吉布琳山首領斯敦巴遣使稱，已集蕃騎，願隨討李繼遷。』」己卯，「西涼府六谷首領博囉齊遣蕃官吳福聖臘等來貢。表言感朝廷恩信，憤繼遷倔強，累行攻討，奪人畜甚衆，繼遷因此數放還投去蕃人，今番械繫，以俟朝旨。又言，繼遷送鐵箭令囉齊歸附，稱已納款於朝，未知虛實，囉齊已集騎兵六萬，乞會王師，收復靈州，願改一官，又量給衣甲。上與宰相議其事，呂蒙正言，囉齊今爲鹽州防禦使，請以觀察使授之，上曰：『欲與靈州旄鉞，如何？頃者，契丹僞封繼遷爲西平王，雖戎狄之命，不足此數，然遽加以王爵，蓋虛名也。朕常恐繼遷西協諸蕃，益煩備禦，於博囉齊亦何惜此虛名。』蒙正請如聖旨。庚辰，以博囉齊爲朔方節度使、靈州四面都巡檢使，仍遣使齎國信及鎧甲錫之。以吴福聖臘爲安遠將軍」。「辛巳，契丹北宰相親吏劉庭鳳等來降，並補三班借職。（宋會要蕃夷一作：「二月，契丹平州牙校韓守榮、北宰相親吏劉廷鳳、張希正來歸，並補三班借職。）丙戌，鄜延部署康進等言，蕃部伊實族羅莽等持賊遷僞署牒帥其族百餘帳來歸。詔以羅莽爲本族指揮使，喇呼爲軍使，賜賚有差。戊子，環慶都部署張凝言：『蕃部牛羊、蘇家等族與賊遷族帳鬬敵，其立功首領，請第賜茶綵。』上曰：『此族在環州側，恃險與遠，結賊遷爲援，環州常病之。朕累遣邊吏招諭，近聞有志内附，尚疑其詐，今果與賊遷拒戰，則無疑矣。賞物可優給之。』」

〔二〕通考卷五一職官考：「起居注銓次其事，排以日月，謂之日曆。」

〔三〕長編：三月「乙卯，環慶都部署張凝言，内屬戎人與賊界錯居，屢爲脅誘，臣領兵離木波鎮，由新開路徑至八州原下寨，招降得沁陽等三十三族；又從淮安鎮入分水嶺，招降得瑪默特等三十一族；又至柔遠鎮，招降得楚克密等二十族，遂抵業樂，招降得珠蘇、威家等百族，合四千八十户。第給袍帶物綵慰遣還族帳……原州熟户裴天卜等言，伊特克等帳附李繼遷，請帥族兵掩擊之，來求策應。部署司報上以戎人宜力禦寇，不應沮之，即詔諸路給以精甲」。

〔四〕越里吉，吉，原作「古」。本史卷三三營衛志、卷七〇屬國表作越里吉，卷一八紀重熙六年八月作越棘，知「古」是吉之訛，據改。兀惹、渤海均當時東北小部。索隱卷二：「渤海大諲譔已降於太祖，而此時猶有渤海部。十三年，渤海與兀惹侵鐵驪，遣奚王和朔奴等討之。故五代會要屢云：渤海朝貢後唐，册府元龜又云：後唐送渤海王憲也。」

長編：四月「丙子，契丹入寇定州，行營都部署王超遣使召鎮州桑贊、高陽關周瑩各以所部軍來援。超先發步兵千五百人逆戰於望都縣，翌日，至縣南六里，與敵遇，殺戮甚衆，副部署、殿前都虞候、雲州觀察使王繼忠常以契遇深厚，思戮力自效，與敵戰康村，自日昳至乙夜，敵勢稍卻，遲明復戰，敵悉衆攻東，偏出陣後，焚絶糧道，繼忠率麾下躍馬馳赴，素衒儀服，敵識之，圍數十重，士皆重創，殊死戰，且戰且行，旁西山而北，至白城陷於敵，超等即引兵還定州，遣使入奏」。康村，今河北省望都縣東北。

長編：四月乙丑，「洪德寨主段守倫言：李繼遷入寇，蕃官慶桑泊、伽哲慶等族相與角鬬，本寨出兵應援，敗走之。生擒四十九人，墜崖死傷者甚衆。獲馬七十一匹，旗鼓鎧甲五百六十餘。上取陣圖，令入奏使者指陳其狀，且言慶桑等與賊對陣，而洪德寨相距千餘步，慶桑等慮其不便生熟户，亟止之。自帥部族轉戰，繼遷遂敗。……悉以所獲與之，仍加賜賚，第給寨兵緡錢。以慶桑領順州刺史、本族都首領，伽哲慶領羅州刺史，餘遷秩有差」。

〔五〕九朝編年備要卷六：「咸平六年夏四月，王繼忠戰殁，繼忠時爲副都部署，與都部署王超逆戰，繼忠常以契遇深厚，思欲報效，率部下殊死戰於望都縣南，遂陷於虜。上以爲實戰死，贈繼忠官，録用其子。」參本書卷八一王繼忠傳注。

〔六〕東都事畧卷一二七云：景德元年，「繼遷中流矢，至靈州三十里而死」。宋史卷四八五夏國傳：繼遷以景德元年正月二日卒。均與此異，但與長編畧同。當時宋、夏隔絶，不如遼、夏之常通聘貢，或是傳聞之訛。

長編：景德元年正月，「李繼遷之陷西涼也，都首領博囉齊僞降，繼遷受之不疑。未幾，囉齊遽集六谷蕃部及咱隆族合擊之，繼遷大敗。中流矢創甚，奔還，至靈州界三十里死，其子阿伊克嗣位，改名德明。二月丁巳，環慶、鄜延部署相繼以聞，且言阿伊克尚幼，輔臣請降詔招諭阿伊克及其部下能相率歸順者，厚加爵賞。鄜延鈐轄張崇貴先遣阿伊克書，得其報稱未葬難發表章，乞就便具奏，崇貴因請遣使弔問，仍令大臣至邊，召賊所親信張浦，面議事宜。上曰：『阿伊克既孤，宜即招撫，然其人多狙詐，儻内蓄姦謀外示柔順，止居靈州河外，遣使修貢，行商貿易，私繕兵革，干求無度，小不如意，乃竊發爲寇，則患益深矣。宜令崇貴與約，如果歸順，則須獻靈州歸夏州治所，盡還蕃部質子，放散甲兵，即授銀夏節制，儻以銀夏荒殘爲辭，則河西先歸順人户，見居河東管界者，並追還之。』乃賜德明詔諭意，且告以信人未至，故未遣使弔問也」。（原注：繼遷傳及吐蕃傳並載繼遷死，在去年十一月，稽古録亦云，獨本紀、實録仍於今年二月載之，恐傳、録因西涼事並書，其實在今年正月也。若果在去年十一月，則不應二月始奏聞也。）

〔七〕長編：五月「辛卯，定州部署王超言：『契丹出境。』」「丙申，罷雄州榷場。時敵數入寇，或言諜者以互市爲名，公行偵伺，故罷之。」「（是月）望都失利，上語近臣曰：『用兵固有勝敗，然此戰頗聞有臨陣公然不護主帥，引衆先遁者，今未能偃兵，若不推窮，將何以懲後？苟盡置於法，人必懷懼，當治其情理難恕者三二十人。』」「自望都之失利也，上日訪禦戎之策。或言楊嗣、楊延朗久戍邊，練武事，遂詢以謀畧，而所上不適機要。因命兩府會議，各以狀聞。或請令鎮、定、高陽三路兵據衝要，或請令三路分兵扞禦，或請以鎮、定兩路兵陳於定州之北，又徙高陽兵於甯邊軍，仍別設奇兵於順安軍控扼，發强壯備城，彌縫其闕。上總覽而裁定之」。

〔八〕長編：「六月己未朔，御便殿，内出陣圖示輔臣。……初，馮拯建議以謂：『備邊之要，不能扼險以制敵之衝，未易勝也，若於保州、威虜間，依徐、鮑河爲陣，其形勢可以取勝。前歲，王顯違詔，不趨要地。契丹初扼境，王師未行，而敵騎已入抄，賴霖雨乃去。比王超奏敵已去，而東路奏敵方來，既聚軍東山以救望都，而兵困糧匱，將臣陷没幾盡，超等僅以身免。今防秋，宜於唐河增屯兵至六萬，控定武之北爲大陣，邢州置都部署爲中陣，天雄軍置鈐轄爲後陣。罷莫州、狼山兩路兵。』上多采用其議云。」「六月壬戌，又以定州蒲陰縣當高陽關會兵路，詔葺其城。供奉官、閤門祗候謝德權兼掌其事，一日乘傳詣闕求對，且言：『緣邊民庶多挈族入城居止。前歲，匈奴犯境，傳潛閉壘自固，康保裔被擒，王師未有勝捷。臣以爲今歲戎人必寇内地，今邊兵屯聚一處，尤非便利，願速分戍鎮、定、高陽三路，天雄城壁闊遠，請急詔甃之。仍葺澶州北城，浚德清軍隍塹，以爲備豫。』……既而敵果圍蒲陰。」癸酉，「望都之敗，契丹剽畧郡縣，（李）繼宣壁徐河，敵衆數千隊薄威虜，威虜魏能與戰，走之。久而繼宣始至。又寇静戎，副使王汀請分兵自將襲賊，繼宣不許。雖日出遊騎偵賊勢，屢徙寨而未嘗出戰。爲能及汀所發，乃詔還。令樞密院問狀，繼宣自西上閤門使、康州，刺史責授如京副使。汀先領閤門祗候，亦坐落職」。

〔九〕本史卷八一耶律室魯傳作北院大王，下文二十九年三月亦稱室魯爲北院大王。「南」字疑誤。長編：秋七月「己酉，契丹供奉官李信來歸，信言其國中事……以信爲供奉官，賜器幣冠帶」。

〔一〇〕長編：八月，「先是議北面防秋之策，就定州爲大陣，既而慮契丹知之，潛爲姦計。乃詔王超遣裨校於徐、曹、鮑河別擇營栅之地，標表具圖，以疑契丹」。「丙戌，高麗國王誦遣其户部侍郎李宣古來貢。且言：『晉割幽薊以屬契丹，遂直趨玄菟，屢來攻伐，求取無厭，乞王師屯境上，爲之牽制。』詔書優答焉。」

〔一一〕女兒河在遼寧錦縣西十八里，又西三十里湯河，南流入女兒河。

〔一二〕長編：九月戊戌，「白溝河溢害民田。庚子，命度支員外郎邢用之往度功役，以疏導焉」。「莫州部署石普等言：『準詔浚静戎、順安軍營田河道畢功。』」「普又言：『賊遣使至境上偵伺其事，臣於役所設地關陣，四面爲塹，每立營栅，皆據險以扼賊路。』上曰：『普引軍壁馬村以西，所開壕極廣，足以張大軍勢，若邊城下營，悉能如此，必可限抗敵騎。』」

〔一三〕朔字，據本史卷四四朔考補。

〔一四〕長編：冬十月甲子，「静戎軍王能奏，於軍城東，新河之北開田，廣袤相去皆五尺許。深七尺，狀若防捍。仍以地圖來上」。「詔静戎、順安、威虜軍界，並置方田，鑿河以遏敵騎。」

〔一五〕長編：十一月癸巳，「環州言：『李繼遷部下突陣指揮使劉贇等以繼遷殘虐，蕃部災旱，率其屬來歸。』」「甲寅，有星孛于井、鬼，大如杯，色青白，光芒四尺餘，犯五諸侯，歷五車入參，凡三十餘日沒。」契丹國志卷七：「有星孛於井、鬼。」

〔一六〕長編：十二月甲子，「西南部署言：『李繼遷劫西蕃，攻陷西涼府，遂出其居人，知涼州、殿直丁惟清沒焉。』」

二十二年春正月丁亥，如鴛鴦濼。〔一〕

二月乙卯朔，女直遣使來貢。丙寅，南院樞密使邢抱朴薨，輟朝三日。〔二〕

三月己丑，罷番部賀千齡節及冬至、重五貢。乙未，西夏李德昭遣使上繼遷遺物。〔三〕

夏四月丁卯，朝皇太后。〔四〕

五月，清暑炭山。〔五〕

六月戊午，〔六〕以可敦城爲鎮州，軍曰建安。〔七〕

秋七月甲申，遣使封夏國李德昭爲西平王。〔八〕丁亥，兀惹、蒲奴里、剖阿里、越里篤、奧里米等部來貢。〔九〕

八月丙辰，党項來貢。庚申，阻卜酋鐵剌里來朝。戊辰，鐵剌里求婚，不許。〔一〇〕丙

子，駐蹕犬牙山。〔一一〕

九月己丑，以南伐諭高麗。丙午，幸南京。女直遣使獻所獲烏昭慶妻子。丁未，致祭于太宗皇帝廟。以北院大王磨魯古、太尉老君奴監北、南王府兵。庚戌，命楚國王隆祐留守京師。〔一二〕

閏月己未，南伐。癸亥，次固安。以所獲諜者射鬼箭。甲子，以青牛白馬祭天地。丙寅，遼師與宋兵戰於唐興，〔一三〕大破之。丁卯，蕭撻凜與宋軍戰于遂城，敗之。庚午，軍于望都。〔一四〕

冬十月乙酉，以黑白羊祭天地。丙戌，攻瀛州，不克。甲午，下祁州，賚降兵。〔一五〕以酒脯祭天地。己酉，西平王李德昭遣使謝封册。〔一六〕

十一月癸亥，馬軍都指揮使耶律課里遇宋兵于洺州，擊退之。甲子，東京留守蕭排押獲宋魏府官吏田逢吉、郭守榮、常顯、劉綽等以獻。丁卯，南院大王善補奏宋遣人遺王繼忠弓矢，密請求和。詔繼忠與使會，許和。庚午，攻破德清軍。壬申，次澶淵。〔一七〕蕭撻凜中伏弩死。乙亥，攻破通利軍。丁丑，宋遣崇儀副使曹利用請和，即遣飛龍使韓杞持書報聘。〔一八〕

十二月庚辰朔，日有食之，既。癸未，宋復遣曹利用來，以無還地之意，遣監門衛大將軍姚東之〔一九〕持書往報。戊子，宋遣李繼昌請和，以太后爲叔母，願歲輸銀十萬兩，絹二十萬匹。許之，即遣閤門使丁振持書報聘。己丑，詔諸軍解嚴。是月，班師。皇太后賜大丞相齊王韓德昌姓耶律，徙王晉。〔二〇〕

是年，放進士李可封等三人。

〔一〕長編：景德元年（一〇〇四）春正月「己丑，北面三路都部署王超等請募沿邊丁壯及發精兵入賊境。上曰：『無故發兵，不足以挫敵，徒生事於邊陲，可亟止之。戎人南牧但於境上驅攘而已，無得輕議深入。』麟府路言：『附契丹戎人言泥族拔黄太尉率三百餘帳内屬。拔黄本大族，居黄河北古豐州，前數犯邊，阻市馬之路，其首領容貌甚偉，有智勇，桀黠難制，契丹結之，署爲太尉。今悉衆款塞。』詔府州賜茶綵，給公田，依險居之，計口賦粟，且戒唐龍鎮無得侵擾，拔黄太尉尋遣其子鄂雲來朝，即授以官」。「丙申，威虜軍、莫州並言，契丹奚王及南宰相、皇太妃、令公各率兵四萬餘騎，自鹽城川抵涿州，聲言修平塞軍及故城、容城，上曰：『敵騎利野戰，繕完城堡，或非其意。』即詔邊臣謹斥堠，敵若有事於三城，則併力城望都，以大兵夾唐河，令威虜、静戎、順安軍、北平寨、保州嚴兵應援，仍廣開方田以拒戎騎，若猶未也，則以修築寨爲名，儲木瓦於定州。」（統類同。）

宣府鎮志卷二二：「統和二十二年，契丹揀諸州兵入寇，是歲春，契丹主如鴛鴦濼，大獵，因揀兵。」

〔二〕長編：二月「戊午，又詔諭靈、夏、綏、銀、宥等州蕃族旺善、旺威、龐咩、倫布安、鹽州李文信、萬子都虞候及都軍吴守正、馬尾等，能率部下歸順者，授團練使，賜銀萬兩，絹萬匹，錢五萬緡，茶五千斤。其軍主職員外郎、將校補賜有差，其有自朝廷叛去者，並釋罪甄録」。「博囉齊遣其甥斯滿來獻捷，且貢名馬，詔獎之。」「先是，李繼隆援送靈武軍儲，康努卜族輒出抄掠。居迫蕭關與大虫巉諸族爲唇齒，恃險及衆，桀黠難制，於是涇原部署陳興等帥兵進討，窮其巢穴，俘老幼，獲器畜甚衆，盡焚掘其窖藏，詔書褒之。」

〔三〕九朝編年備要卷七：「三月，契丹入寇，（知威虜軍）魏能敗之於長城口。」長編：「三月乙酉朔，知威虜軍魏能言：『破契丹於長城口。追北過陽山。斬（首）級，獲戎器甚衆。』詔獎之。賜錦袍金帶，將士緡錢有差。賜西涼府蕃族首領雅爾藏虎皮翻披，蕃俗：受此賜者，族人推奉之，故博囉齊爲請焉。」戊子，「麟府路言：『柳谷川蕃部入寇，率兵擊敗之，生擒千三百人，斬獲甚衆。』」「戊申，麟府路言：『敗戎人於神堆，破其寨栅，俘獲甚衆。』」

〔四〕長編：「夏四月甲寅朔，詔威虜軍魏能率所部兵次順安軍，以備戎寇。」「丙辰，詔高陽關都部署周瑩等會兵境上，以備戎寇。」「辛酉，詔北邊諸路巡檢魏愿等赴高陽關東路，李致忠等赴乾寧軍，荆嗣等會劉漢凝、田思明等率兵至莫州順安軍，以備戎寇。」「癸酉，沙州節度使曹宗壽遣使來貢方物。丙子，雄州言，契丹統軍常從李可來降。」己卯，「瀛州地震」。壬午，「知雄州何承矩上言：『乾寧軍西北有古河渠抵雄州，可疏通漕，則不復入界河，免戎人邀擊之患，計浚治之役工凡二千萬。』上曰：『工作甚大，又非其時矣，乃令承矩須候知戎人修古狼城寨，設兵備即具以聞，當徐議之。』詔北平寨築隄導河水灌才良淀者宜罷之。先是上以北面功役煩重，漸及炎夏，慮長吏不能優恤，又閱北面地圖，才良淀勢極卑下，至夏秋積水，不假人力，故有是詔」。

〔五〕長編：五月「壬寅，西州回紇遣使來貢方物」。「丁未，歸義節度使曹宗壽遣使來貢。」

〔六〕午，原誤「子」。南、北、殿各本同，惟大典卷五二四九作戊午。按本年六月甲寅朔，戊午初五日，月内無戊子。據改。

〔七〕長編：六月壬戌，「洪德寨言：『繼遷蕃部都指揮使都威等率其屬内附。』」「乙丑，豐州團練使王承美來朝，以其守邊歲久，遷本州防禦使。遣還任。戊辰，西州回紇遣使金延福來貢。己巳，知鎮戎軍曹瑋言：『近知賊衆攻掠西蕃，因率兵邀擊於石門川，俘獲甚衆。』」「乙亥，環慶部署張凝言：『河西蕃部額囉愛克率族歸順。』」丁丑，西涼府都首領博囉齊遣其兄帕勒布齊入奏。且欲更率部族及輝和爾精兵直抵賀蘭山討除殘孽，請與王師會靈州。上曰：『博囉齊累乞會師，朝議遷延未許，今若沮之，則其心離矣。』然以道遠難刻師期，乃詔涇原路部署陳興等『俟囉齊報至，即勒所部過天都山策應，勿復奏俟朝命。』」「是月，繼遷之黨來攻咱隆，囉齊率百餘騎急赴，將議合擊，遂爲二族戕於帳下。」「環州洪德寨言：『蕃部羅尼天王本族諸首領，各率其屬歸順。』」「庚辰，詔北面沿邊州軍，河渠隄堰及屯田溝洫，宜令所在常切固護，毋使墮廢。」

〔八〕西夏書事卷八：「景德二年春正月，德明遣趙保寧如契丹請封。德明嗣職期年，未膺封册，蕃族多懷觀望，行軍司馬趙保寧言：『國家疆宇雖廓，自西涼擾亂，先王被害，蕃衆驚疑，若不假北朝威令懾之，恐人心未易靖也。』德明遂遣保寧獻方物契丹，以請封册。契丹主曰：『此吾甥也，册封當時至。』待保寧加禮，遣回。秋七月，契丹主使北院樞密副使蕭承德持節封德明西平王，復姓李氏，賜車、騎、衣、幣等物。」

長編：「張崇貴屢請遣大臣至邊，議趙德明事，五月甲申朔，以兵部侍郎、知永興軍府向敏中爲鄜延路緣邊安撫使，崇貴築臺於保安北十里許，召戎人所親信者與定盟約，經置大小皆出崇貴，而敏中實總其議焉。」

〔九〕長編：秋七月乙未，「發河東廣鋭騎兵赴鎮州，以備戎寇。詔北面都部署，自今與敵鬬，陣既成列，除東西拐子馬及無地分馬外，更募使臣軍校拳勇者，量地形遠近，押輕騎以備應援」。

〔一〇〕本史卷七〇屬國表作「鐵刺里求婚，許之」。

〔一一〕本史卷二七天祚紀天慶三年正月作狗牙山，在獨石口西北二十七里。

長編：「八月乙卯，涇原部署陳興言：『率兵與熟户折密桑等族掩擊僞署萬子軍主族帳於烏爾戬晉巴川，擒俘三百餘人，斬首二百五十三級，虜獲牛馬器仗三萬一千計，賊黨敗走，悉焚其廬帳，即日回軍，又與賊遇，俘斬獲其資畜甚衆。』」己未，「是時契丹多縱遊騎剽掠深、祁間，小不利即引去，徜徉無鬬意。（寇）準曰：『是狃我也，願朝廷練師領簡驍鋭，分據要害地以備之。』」「甲戌，邊臣言：『契丹謀入寇。』詔：『鎮州所屯河東廣鋭兵及近南州軍先分屯兵並赴定州。』乙亥，秦州言：『李繼遷蕃部寇永寧寨，爲裕勒凌族和蘇擊敗之，斬首百餘級。』」

〔一二〕長編：九月己亥，「契丹頒給庫都監耶律烏裕來降，補三班奉職」。「癸卯，契丹林牙使攝推官劉守益等及其兄恕來降。」「先是洛苑副使李允則知滄州，巡視州境川原道路，浚浮陽湖，葺營壘官舍間，掘井城中，人厭其煩，是月召歸。及契丹來攻，老幼皆入保而水不乏，又取冰代砲石以拒之，遂解去。」辛亥，「(王)顯上疏陳三策，以爲『大軍方在鎮、定，敵必未敢引衆南侵，若車駕親征，望且駐蹕澶淵。(澶淵即澶洲，今河南省濮陽縣。)詔鎮、定出軍會河南大軍合勢攻殺。』」

〔一三〕索隱卷二：「案唐興以唐故縣名，見前。王宗沐續通鑑改作唐河，非是，李有棠以古嘔夷水證之更誤。蓋皆未考宋順安軍之唐興砦即唐之唐興故縣也。」

〔一四〕長編：閏九月「乙卯，令代州副部署元澄，俟戎人南牧，即率所部於境上禦備牽制之，仍令并、代州副部署雷有終，至時領兵由土門路赴鎮州，與大軍合，寨於平定軍。詔河北吏民有集强壯殺契丹者，令所在援之，仍頒賞格。」「庚申，令北面緣界河部署康進、邢州路劉用各率所部赴滄州、邢州屯守，戎人入寇即邀擊之」。「辛未，北面都部署王超等引大軍頓唐河，樹營柵以備寇。」

長編：閏九月，「初，殿前都虞候、雲州觀察使王繼忠戰敗，爲敵所獲，即授以官，稍親信之，繼忠乘間言和好之利，時契丹母老，有厭兵意，雖大舉深入，然亦納繼忠説。於是遣小校李興等四人持信箭，以繼忠書詣莫州部署石普，且致密奏一封，願速達闕下，詞甚懇激。興等言：『契丹主與母召至車帳前，面授此書，戒令速至莫州，送石帥，獲報簡，即馳以還。』是日普遣使齎其奏至，上發視之，即繼忠狀，具言：『臣先奉詔，充定州路副都部署，望都之戰……策援不至，爲北朝所擒……北朝以臣早事宮庭，嘗荷邊寄，被以殊寵，列於諸臣。臣嘗念昔歲面辭，親奉德音，唯以息民止戈爲事，況北朝欽聞聖德，願修舊好，必冀睿慈，俯從愚瞽。』上謂輔臣曰：『朕念往昔全盛之世，亦以和戎爲利。朕初即位，吕端等建議，欲因太宗上仙，命使告訃，次則何承矩請因轉戰之後，達意邊臣。朕以爲誠未交通，不可强致。又念自古獯鬻爲中原强敵，非懷之以至德，威之以大兵，則獷悍之性，豈能柔服，此奏雖至，要未可信也。』畢士安等曰：『近歲契丹歸款者皆言國中畏陛下神武，本朝雄富，常懼一旦舉兵復幽州，故深入爲寇，今既兵鋒屢挫，又耻於自退，故因繼忠以請，諒亦非妄。』上曰：『卿等所言，但知其一，未知其二，彼以無成請盟，固其宜也。然得請之後，必有邀求。若屈己安民特遣使命，遺之貨財，斯可也。所慮者，關南之地，曾屬彼方，以是爲辭，則必須絶議。朕當治兵誓衆，躬行討擊耳。』遂以手詔令石普付興等賜繼忠曰：『朕丕承大寶，撫育羣民，常思息戰以安人，豈欲窮兵而黷武，今覽封疏，深嘉誠懇，朕富有寰區，爲人父母，儻諧偃革，亦協素懷。詔到日，卿可密達兹意，其議事宜，果有審實之言，即附邊臣聞奏。』繼忠欲朝廷先延使命，上未許也」。此詔並見宋大詔令集卷二三二，有個别歧字，可參王繼忠傳注。

長編：閏九月癸酉，「契丹主與其母舉國入寇，其統軍順國王達蘭引兵掠威虜、順安軍，魏能、石普等帥兵禦之。能敗其前鋒，斬偏將，獲印及旗鼓輜重。又攻北平寨，田敏等擊走之。又東趨保州，州振武小校孫密領十卒偵事，中路遇敵前鋒，密等依林木，彀弓弩以待之，敵下馬以短兵格鬬，密等射殺十數人，又殺其軍校，獲所佩『右羽林軍使』印，進攻州城，不利而北。是日（二十二日也）達蘭與契丹主及其母合勢以攻定州，王超陣於唐河，執詔書按兵不出戰，敵勢益熾，其輕騎俄爲我裨將所擊，乃率衆東駐陽城淀」。（契丹國志卷七同。又稱「又分兵圍岢嵐軍，爲守臣賈宗擊走」。長編原注：「按魏能傳云：上以能勇幹，再任威虜，配精甲，伺戎人動止。戎人百餘剽居民，樹蕃僧爲帥，能與田敏、楊勳合兵，設伏擊之，禽其帥。戎人逼軍城，能與張凝出兵拒之，我師小衄，能即引衆入城，凝戰走之。田敏傳云：敏爲北平部署，賜御劍，聽以便宜從事，敵復入寇，敏與戰楊村，敗之。敏諜知契丹主去北平十里浦陰駐寨，期翌日再攻北平，敏夜率鋭兵襲破其營帳，契丹主大驚，問達蘭曰：『今戰者誰？』達蘭曰：『所謂田厢使。』契丹主曰：『彼鋒鋭不可當。』遂引衆去。所稱楊村之戰，他傳無異辭，能逗撓無功，見張凝傳。」）宋會要兵一四：「閏九月二十二日，北面都總管王超等言：『北平寨田敏、楊勳，威虜軍魏能等合兵與虜戰，大破之，斬獲首帥，奪其印。』莫州都總管石普等奏：『虜逼順安軍，率所部擊走之，餘人並降。』詔嘉奬。二十五日，威虜軍、保州、岢嵐軍、北軍寨、莫州路總管等並言『擊破契丹』。羣臣來賀。」長編：閏九月癸酉，「寇準言：『邊奏敵騎已至深、祁以東，緣三路大軍在定州，魏能、張凝、楊延朗、田敏等又在威虜軍等處，東路別無屯兵，乞前發天雄軍步騎萬人駐貝州，令周瑩、杜彦鈞、孫全照部分，或不足，則止發五千人，專委孫全照，如敵在近，仰求便掩擊。仍令間道約石普、閻承翰相應討殺。乃募强壯入敵境，焚燬族帳，討蕩生聚，多遣探伺，以敵動静上聞。兼報天雄軍……』先是寇準已決親征之議，參知政事王欽若以寇深入，密言於上，請幸金陵，簽書樞密院事陳堯叟請幸成都。上復以問準，時欽若、堯叟在旁，準心知欽若江南人，故請南幸；堯叟蜀人，故請西幸。乃陽爲不知。曰：『誰爲陛下畫此策者，罪可斬也……若車駕親征，彼自當遁去。……奈何欲委棄宗社，遠之楚、蜀耶？』上乃止……乙亥，以欽若判天雄軍府兼都部署，提舉河北轉運司，與周瑩同議守禦」。丙子，「令河北近南州縣民人，入處城寨，以寇侵逼故也。丁丑，令府州自今勿擅發兵入唐龍鎮管内剽掠，如蕃、漢人亡命在彼，須追究者以聞，當詔遣還。己卯，岢嵐軍使開封賈宗奏：『敵騎數萬入寇草城川，率兵擊敗之。翌日復至，又敗之，遂北出境。』……并、代鈐轄高繼勳實率兵來援，登高望草城川，謂宗曰：『敵衆而陣不整，將不才也。我兵雖少，可以奇取勝，先設伏山下，戰合必南去，爾起乘之，當大潰。』與戰，至寒光嶺，伏發，敵兵果敗。自相蹂躪者萬餘人，獲馬牛橐駝甚衆」。（統類畧同，敗遼軍之賈宗，統類作賈琮。宋史作高繼祖。）

華陽集卷四九高穆武王繼勳神道碑：「景德元年，契丹犯河北，分兵入河東，王至岢嵐軍，遇敵五萬衆陣於草城川，王與知軍賈宗登山，望敵軍，謂宗曰：『敵雖衆而鼓譟不成列，將無人也。我領騎兵三千，雖不足與戰，候敵南去，當臨隘出奇以要擊之，彼前不得戰，退不得還，子可悉衆左右乘之，必大亂。』已而王果得所欲，追殺至寒光嶺，斬首及自相騰轢以死者萬餘人，焚車帳，獲馬牛橐駝器械蓋數萬計。」

〔一五〕長編：十月癸未，「令河北、河東、陜西緣邊州軍倉場謹火禁，備戎諜也」。「甲申，麟府路鈐轄韓守英、張志言、知府州折惟昌奏：『奉詔率所部兵自火山軍入契丹朔州界，前鋒破大狼水寨，殺戮甚衆，生擒四百餘人，獲馬牛羊鎧甲數萬計。』……時契丹方圍岢嵐軍，聞敗即遁去。」丙戌，「王超言：『契丹引衆沿胡盧河而東。』詔諸將整兵爲備，仍令岢嵐、威虜軍、保州、北平寨部署等深入賊境，腹背縱擊，以分其勢」。戊子，「保州奏孫密破敵功狀」。「乙巳，保、莫州、岢嵐、威虜軍、北平寨並言擊敗契丹。羣臣稱賀。是役張凝、田敏皆以偏師抵易州南，擄獲人畜鎧杖凡數萬計。」「先是王繼忠得上手詔，即具奏附石普以聞，言：『契丹已領兵攻圍瀛州，蓋關南乃其舊疆，恐難固守，乞早遣使議和好。』丙午，上覽其奏，謂輔臣曰：『瀛州素有備，非所憂也，欲先遣使，固亦無損。』乃復賜繼忠手詔許焉。募神勇軍士李斌持信箭赴敵寨，因令樞密院擇可使契丹者，王繼英言：『殿直曹利用自陳，儻得奉君命，死無所避。』……乃授利用閤門祇候，假崇儀副使，奉契丹主書以往。又賜繼忠手詔。」

宋史卷二九〇曹利用傳：「利用適奏事行在，樞密院以利用應選。」（按利用初使時，真宗尚在京師，再使始見於行在。宋史誤。）又卷二八一畢士安傳：「初，咸平六年，雲州觀察使王繼忠戰陷契丹，至是爲契丹奏請議和，大臣莫敢如何，獨士安以爲可信，力贊真宗當羈縻不絶，漸許其成。

真宗謂敵悍如此，恐不可保。士安曰：『臣嘗得契丹降人，言其雖深入，屢挫不甚得志。陰欲引去而耻無名，且彼寧不畏人乘虛覆其巢穴，此請殆不妄，繼忠之奏，臣請任之。』真宗喜。手詔繼忠，許其請和。」宋大詔令集卷二三二載景德元、二年賜王繼忠詔六件。參本書卷八一王繼忠傳注。

長編：十月，「初契丹自定州帥衆東駐陽城淀，（陽城淀在博水，今河北省望都縣東南。）遂緣胡盧河踰關南。是月丙戌，抵瀛州城下，勢甚盛，晝夜攻城，擊鼓伐木之聲，聞於四面，大設攻具，驅奚人負版秉燭，乘墉而上，知州西京左藏庫使李延渥率州兵、彊壯，又集貝、冀巡檢史普所部拒守，發礧石巨木擊之。皆纍纍而墜，踰十數日，多所傷。契丹主及其母又親鼓衆急擊，矢集城上如雨，死者三萬餘人，傷者倍之，竟勿能克，乃遁去。獲鎧甲兵矢竿牌數百萬」。張師正括異志卷一：「賈魏公昌朝生始數歲，先令公爲瀛幕，公時在膝下，契丹數十萬攻圍踰月，城甚危，守陴者聞空中神告曰：『城中有中朝輔相，勿憂賊也。』數日，虜遁去。」異聞附存。

〔一六〕西夏書事卷八：「景德二年（統和二十三年），趙保寧如契丹謝封册。義成公主無所出，契丹册德明時，諭以善事公主，克光先烈，德明遣保寧往謝，且曰：『恪遵諭詔，未敢有違也。』」

〔一七〕長編：十一月乙卯，「北面部署奏：『契丹自瀛州遁去，其衆猶二十萬，偵得其謀，欲乘虛抵貝、冀、天雄軍。』詔督諸路及澶州戍卒會天雄軍。自契丹入寇，河、朔皆城守。右贊善大夫王璵知冀州，常有破敵之志，日閱戍兵，又集强壯練習之，開門樵采如平日。常上言：『寇若至，必可邀擊，願勿以一郡爲憂。』於是游騎逼城，瑱擊走之。有詔嘉獎，發忻、代州兵赴諸路會合」。壬戌，「詔緣邊州軍：『如有契丹、渤海人來投，即給廩食，遣人守護，俟敵退以聞。』慮其姦詐，諸處莫能辨故也。先是周瑩召洺州騎士千五百人赴天雄，道與敵遇，力戰，有死傷者，瑩謂其玩寇，將悉誅之。會使者自北來言其事，詔並賜帛及酒藥，諭瑩勿治其罪」。戊辰，「王繼忠之戰於望都也，張旻爲定州行營鈐轄，率諸將間道往援，比至，城已陷。旻與敵戰，身被數創，殺一梟將。遲明，復戰，而繼忠爲契丹所執……於是車駕將親征，旻方戍并、代，復奏邊事十餘，多論兵貴持重及所以取勝者，召還入對。上曰：『契丹入塞，與卿所請北伐之日同，悔不用卿策，今須守澶州，扼橋，而未得人，如之何？』旻請行，上喜。故命爲東西軨轄。先令至澶州，候敵遠近。旻即馳騎往。秦翰既受命，亟督衆環城浚溝洫，以拒戎馬。功畢，寇果暴至。翰不解甲胄凡七十餘日云」。庚午，「曹利用至天雄，孫全照疑契丹不誠，勸王欽若留之。契丹既數失利，復令王繼忠具奏求和好，且言北朝頓兵，不敢劫掠，以待王人。繼忠又與葛霸等書，令速達此奏。是夕，奏入，上因賜繼忠手詔，言已遣利用，又以手詔促利用往，并付繼忠使告契丹，遣人自抵天雄迎援之。（參見本書卷八一王繼忠傳注。）繼忠尋亦聞利用留天雄不行，復具奏，請自澶州別遣使者至北朝，免致緩誤。辛未，車駕至長垣縣，得其奏，遂以前意答焉。壬申，次韋城縣……天雄軍聞寇將至，闔城惶遽，王欽若與諸將議探符分守諸門。孫全照曰：『全照將家子，請不探符，諸將自擇便宜處所，不肯當者，全照請當之。』既而莫肯守北門者，乃以命全照。欽若亦自分守南門。

全照曰：「不可。參政主帥，號令所出，謀畫所決。南北相距二十里，請覆待報，必失機會。不如居中央府署，保固腹心，處分四面，則大善。」欽若從之。全照素教蓄無地分弩手，皆執朱漆弩，射人馬洞徹重甲，隨所指麾，應用無常。於是大開北門，下釣橋以待之。虜素畏其名，莫敢近北門者，乃環過攻東門。良久，舍東門，趨故城。夜，復自故城潛師過城南，設伏於狄相廟，遂南攻德清軍。欽若聞之，遣將率精兵追擊。伏起，斷其後，天雄兵不能進退，全照請於欽若曰：「若亡此兵，是亡天雄也。北門不足守，全照請救之。」乃引麾下出南門力戰，殺傷其伏兵殆盡，天雄兵得還，存者什三四。虜遂陷德清，知軍、尚食使張旦及其子三班借職利涉、虎翼都虞候胡福等十四人並死之」。（涑水記聞卷七略同。）

〔一八〕長編：十一月，「先是詔王超等率兵赴行在，踰月不至，寇益南侵，上駐蹕韋城，羣臣復有以金陵之謀告上，宜且避其鋭者。上意稍惑，乃召寇準問之。將入，聞内人謂上曰：『羣臣輩欲將官家何之乎？何不速還京師？』準入對，上曰：『南巡何如？』準曰：『羣臣怯懦無知，不異於鄉老婦人之言。今寇已迫近，四方危心，陛下惟可進尺，不可退寸。河北諸軍，日夜望鑾輿至，士氣當百倍。若回輦數步，則萬衆瓦解，敵乘其勢，金陵亦不可得而至矣。』上意未決。準出，遇殿前都指揮使高瓊門屏間，謂曰：『太尉受國厚恩，今日有以報乎？』對曰：『瓊武人，誠願效死。』準復入對，瓊隨入，立庭下。準曰：『陛下不以臣言爲然，盍試問瓊等。』遂申前議，詞氣慷慨，瓊仰奏曰：『寇準言是。』且曰：『隨駕軍士，父母妻子盡在京師，必不肯棄而南行，中道即亡去耳，望陛下亟幸澶州，臣等效死，敵不難破。』準又言：『機會不可失，宜趨駕。』時王應昌帶御器械侍側，上顧之，應昌曰：『陛下奉將天討，所向必克，若逗遛不進，恐敵勢益張；或且駐蹕河南，發詔督王超等進軍。寇當自退矣。』上意遂決。甲戌，晨發，左右以寒甚，進貂裘絮帽，上卻之曰：『臣下暴露寒苦，朕獨安用此耶！』夕，次衛南縣，遣翰林侍讀學士潘謹修先赴澶州，詔澶州北寨將帥及知州不得擅離屯所，迎候車駕。上前賜王繼忠詔，許遣使。繼忠復具奏附石普以達，普自貝州遣指使散直張皓持詣行闕，道出敵寨，爲所得。契丹主及其母引皓至車帳前，問勞久之，因令抵天雄以詔促曹利用，王欽若等疑不敢遣。皓獨還，契丹主及其母賜皓袍帶，館設加等，使繼忠具奏。且請自澶州別遣使，速議好事。於是皓以其奏入，上復賜欽若詔，又令參知政事王旦與欽若手書，俾皓持赴天雄，督利用同北去。并以詔諭繼忠。（參本書卷八一王繼忠傳注。）虜既陷德清，是日（甲戌，二十四日），率衆抵澶州北，直犯大陳，圍合三面，輕騎由西北隅突進，李繼隆等整軍成列以禦之，分伏勁弩，控扼要害，其統軍順國王撻覽有機勇，所將皆精鋭，方爲先鋒，異其旗幟，躬出督戰。威虎軍頭張瓌守牀子弩，弩潛發，撻覽中額殞，其徒數十輩競前，輿曳至寨。是夜，撻覽死，虜衆挫衄，退卻不敢動，但時遣輕騎來覘王師」。

長編：景德二年正月甲戌，「澶州之役，（周）文質主北寨之西偏，會張皓自契丹還，言彼謀以遲明來襲，文質即馳告李繼隆、秦翰等爲備。頃之，敵暴至，文質出兵扞禦，其部下以連弩射殺達蘭，敵遂遁去」。

長編：「十一月丙子，車駕發衛南……次（澶州）南城，寇準固請幸北城，曰：『陛下不過河，則人心危懼，敵氣未懾，非所以取威決勝也。四方征鎮赴援者日至，又何疑而不往？』高瓊亦固請。且曰：『陛下若不幸北城，百姓如喪考妣。』簽書樞密院事馮拯在旁呵之，瓊怒曰：『君以文章致位兩府，今敵騎充斥如此，猶責瓊無禮，君何不賦一詩詠退敵騎耶？』即麾衛士進輦。上遂幸北城，至浮橋，猶駐車未進，瓊乃執樞築輦夫背曰：『何不亟行！今已至此，尚何疑焉。』上乃命進輦，既至，登北城門樓，張黃龍旗，諸軍皆呼萬歲，聲聞數十里，氣勢百倍。戊寅，移御北城之行營。曹利用自天雄赴契丹寨，見其國主、羣臣，與其宰相韓德讓同處一車，羣臣與其主重行別坐，禮容甚簡。以木橫車軛，上設食器。坐利用車下，饋之食，共議和好事。議未決。乃遣左飛龍使韓杞持國主書與利用俱還。詔知澶州、引進使何承矩郊勞，翰林學士趙安仁接伴之。凡覲見儀式，皆安仁所裁定云。」

華陽集卷四九高烈武王瓊神道碑：「景德元年，契丹直抵澶州，真宗北幸，駐蹕於韋城，大臣有勸上南巡者，召問王行幄，王惕然曰：『……進則可以決有功，今止軍不發，衆情大惑……』遂發韋城，次澶州，將抵浮橋，左右猶躊躇未進，王下馬自扶輦擁衆渡河。既而請帝御北城觀兵，漢軍望黃蓋，皆仰呼萬歲。」

宋元通鑑卷一二：景德元年十一月己未，「契丹逼冀州，知州王瑍擊走之」。東都事畧卷一二三：契丹「假王繼忠爲書抵莫州請和，真宗謂宰相畢士安等曰：『和戎之利，自古有之，然夷狄變詐，未可信也。』士安等曰：『比來降虜皆言國中恐陛下復有幽燕之舉，又鋭氣屢挫，而退歸無名，其請和固不爲疑。』於是遣右班殿直曹利用持書答之。然虜益進攻，圍瀛州，利用至大名，而知府事王欽若留不遣。真宗北征，繼忠又奏：『契丹兵不敢劫掠以待王人，而王人不至。』乃詔欽若遣利用」。陳師道後山談叢卷一：「始講和，遼使韓杞匿其善飲，曰：『兩國初好，數杯之後，一言有失，所誤非細。』後使姚東之既去，而額手類再三，是以知虜之情也。姚東之曰：『守之事力，契丹之士馬皆盛，然北軍用於阻隘，不能敵南，平原馳突，南軍亦不能支也。』」孔平仲談苑卷三曰：「程戡侍郎自言爲御史時，接伴遼使，張觀中丞教之曰：『待之以禮，答之以簡。』戡佩服其言，或云不然，使人見人語簡，便生疑心，極惱人，不若曠然以誠接之。」宣府鎮志卷二二：「十一月寇宋，始徵調，與諸道兵合，次於澶淵，真宗自將禦之。尋以歲輸銀絹和。契丹主乃詔諸軍解嚴，還次南京。」

〔一九〕監門衛大將軍，長編作右監門衛大將軍。東，原誤「東」，據長編改。

〔二〇〕長編：「十二月庚辰朔，韓杞入對於行宫之前殿，跪授書函於閤門使。使捧以升殿，内侍省副都知閻承翰受而啓封，宰相讀訖，命杞外殿跪奏云：『國母令臣上問皇帝起居。』其書以關南故地爲請。……上曰：『朕守祖宗基業，不敢失墜，所言歸地，事極無名。必若邀求，朕當決戰爾。實念河北居人，重有勞擾，儻歲以金帛濟其不足，朝廷之體固亦無傷。答其書不必具言，但令曹利用與韓杞口述兹事可也。』趙安仁獨能記太祖時國書體式，因命爲答書。賜杞襲衣、金帶、鞍馬、器幣，杞即日入辭，遂與利用同往。韓杞既受襲衣之賜，及辭，復左衽，且以賜衣稍長爲解。趙安仁曰：『君將升殿受還書，天顏咫尺，如不衣所賜之衣，可乎？』杞即改服而入。上又面戒利用以『地必不可得，若邀求貨財，則宜許之』。利用對曰：『臣鄉使，曉契丹語，又密伺韓杞，聞其乘間謂左右曰：「爾見澶州北寨兵否？勁卒、利器，與前聞不同。吁！可畏也。」臣此行得熟察之。苟妄有邀求，必請會師平蕩。』」（姚從吾據長編本末作「臣鄉使胡，曉胡語，又密伺韓杞，聞其乘間謂左右曰」云云。劉子健據一較早鈔本本末謂：多胡字，又字係人字之誤。推測爲「臣鄉使曉胡語人」。利用，宋史卷二九〇有傳，就其家世環境等言，劉說較順。）「鄆、齊等州安撫使丁謂言：『擒獲契丹諜者馬珠勒格，即斬之，鞫問其人，稱徒侶甚衆，今各具形貌、年齒，請下諸路分捕。』從之。」「德、博州並言：『契丹已移寨由東北去。』」

壬午，「何承矩言臨河觀城縣民石興等數輩，自敵寨逃歸，具言：『達蘭中矢死。其夕，候騎自澶州繼至，寇聞駕起衛南，皆相顧失色。復有馳騎，往來傳報，及擊鼓驩譟，悉遁去。民被驅掠甚衆，無守視之者，因得脱。』」「滑州言：『契丹引衆攻通利軍，知軍王固棄城宵遁。契丹掠城中民衆而東。』」癸未，「曹利用與韓杞至契丹寨，契丹復以關南故地爲言，利用輒沮之。且謂曰：『北朝既興師尋盟，若歲希南朝金帛之資，以助軍旅，則猶可議也。』其接伴政事舍人高正始遽曰：『今兹引衆而來，本謀關南之地，若不遂所圖，則本國之人負媿多矣。』利用答以禀命專對，有死而已。『若北朝不恤後悔，恣其邀求，地固不可得，兵亦未易息也。』其國主及母聞之，意稍怠，但欲歲取金帛。利用許遺絹二十萬匹、銀一十萬兩，議始定，契丹復遣王繼忠見利用，且言：『南北通和，實爲美事。國主年少，願兄弟南朝。』又慮南朝或於緣邊開移河道，廣浚壕塹，別有舉動之意，因附利用密奏，請立誓，并乞遣近上使臣，持誓書至彼。甲申，利用即與其右監門衛大將軍姚柬之持國主書俱還。并獻御衣、食物。其郊勞館穀，并如韓杞之禮。命趙安仁接伴，柬之談次，頗矜兵强戰勝。安仁曰：『聞君多識前言，老氏云：佳兵者，不祥之器，聖人不得已而用之，勝而不美而美之者，是樂殺人，樂殺人者，不得志於天下。』柬之自是不敢復談。柬之又屢稱王繼忠之材，安仁曰：『繼忠早事藩邸，聞其稍謹，不知其他也。』安仁敏於酬對，皆切事機，議者嘉其得體。乙酉，柬之入對於行宫，中使受其書，書辭猶言『曹利用所稱，未合王繼忠前議，然利用固有成約，悉具繼忠密奏中矣。』」「丙戌，柬之入辭，命西京左藏庫使獎州刺史李繼昌假左衛大將軍持誓書與柬之俱往報聘，金帛之數，如利用所許，其他亦依繼忠所奏云。先是上謂輔臣：『韓杞與柬之來，皆言其國母附達起居，而不述其主，此蓋母專其政、人不畏其主也。朕詢於利用，其言亦同。仍云聞聽之間，蓋因其主不慧，如是則繼昌之行，宜亦致書其母，可令潛以此意訪於柬之。』既而利用言：『柬之云，國母比欲致書，以南朝未有緘題，故寢而不議。若南朝許發簡翰，頗合便宜。』遂并致兩書。又各送衣服、茶藥、金器等，以答柬之所獻者。柬之又言：收衆北歸，恐爲緣邊邀擊，有詔諸路部署及諸州軍，勿輒出兵馬，以襲契丹歸師。」

宋史卷七：景德元年十二月丙戌，「遣監西京左藏庫李繼昌使契丹定和。戒諸將勿出兵邀其歸路」。

長編：十二月戊子，「北面諸州軍奏：『偵得契丹北去，未即出塞，頗縱游騎騷擾鄉閭，貝州、天雄軍居民驚移入郭。』詔高陽關副部署曹燦帥所部取貝、冀路赴瀛州，以保州路部署、寧州防禦使張凝爲緣邊巡檢安撫使，洛苑使、平州刺史李繼和副之，選天雄騎兵二萬爲璨後繼，以躡戎寇，敢肆劫掠，則所在合勢翦戮。仍遣使諭契丹，以朝廷爲民庶尚有驚擾，出兵巡撫之意。又賜王繼忠手詔，令告契丹，悉放（放，原誤訪）所掠老幼。（原詔參本書卷八一王繼忠傳注）命澶州馬鋪小校華斌，乘驛齎赴敵寨」。甲午，「張凝等奏率兵至貝、冀，戎人候騎各團結北去，不敢侵掠，偵得戎首與其母已過定遠軍。乙未，巡寨使臣上言，戎人寇相州，通判、太常丞楊自牧率州兵丁壯逐走之」。「華斌自敵寨還。王繼忠具奏：『北朝已嚴禁樵采，仍乞詔張凝等，無使殺傷北朝人騎。』」「李繼昌至敵帳，羣情大感悅，館設之禮益厚。即遣其西上閤門使丁振奉誓書來上。丁酉，車駕頓陳橋，振謁見行在所，賜宴，令辭歸，遣曹利用送之境上。繼昌言：『契丹頗遵用漢儀，然多雜其國之法，上之人雖欲變改，而俗不可易也。』張凝等言：『契丹已出塞，凝等各歸屯所。』」蘇轍龍川別志卷上：「景德中，契丹南牧，真宗用寇萊公計，親御六軍渡河，兵始交而斃其貴將。契丹有求和意，朝廷知之，遣供奉官曹利用使於兵間，利用見虜母於軍中，與蕃將韓德讓偶在駝車上，坐利用車下，饋之食，共議和事。利用許之歲遺銀絹三十萬匹兩。」沈括補筆談卷三曰：「咸平末，契丹犯邊，戍將王顯、王繼忠屯兵鎮、定，虜兵大至，繼忠力戰，爲契丹所獲，授以僞官，復使爲將，漸見親信。繼忠乘閒進説契丹，講好朝廷息民，爲萬世計，虜母老，亦厭兵，遂納其言，因寓書於莫守石普使，達意於朝廷，時亦未之信。明年，虜兵大下，遂至河。車駕親征，駐蹕澶淵，而繼忠自虜中具奏戎主請和之意，達於行在。上使曹利用馳遺契丹書，與之講平。利用至大名時，王冀公守大名，以虜方得志，疑其不情，留利用未遣。會圍合，不得出。朝廷不知利用所在，又募人繼往，得殿前散直張皓，引見行在，皓携九歲子見曰：『臣不得虜情爲報，誓死不還。願陛下録其子。』上賜銀三百兩遣之。皓出澶州，爲徼騎所掠，皓具言講和之意。騎乃引與俱見戎母蕭及戎主，蕭搴車帷召皓，以木横車軛上，令皓坐，與之酒食，撫勞甚厚。皓既回，聞虜欲襲我北塞。以其謀告守將周文質及李繼隆、秦翰，文質等厚備以待之。黎明，虜兵果至。迎射其大帥撻覽，墜馬死。虜兵大潰。上復使皓申前約，及言已遣曹利用之意，皓入大名，以告王冀公，與利用俱往，和議遂定。乃改元景德，後皓爲利用所軋，終於左侍禁，真宗後知之，録其先留九歲子牧爲三班奉職，而累贈繼忠至大同軍節度使兼侍中。國史所書，本末不甚備，予得其詳於張牧及王繼忠之子從伾之家。蔣穎叔爲河北都轉運使日，復爲從伾論奏，追録其功。」契丹國志卷二〇載宋真宗澶淵誓書曰：「維景德元年，歲次甲辰，十二月庚辰朔，七日丙戌，大宋皇帝謹致書於契丹皇帝闕下，共遵誠信，虔守歡盟，以風土之宜，助軍旅之費，每歲以絹二十萬匹、銀一十萬兩，更不差使臣專往北朝，只令三司差人搬送至雄州交割。沿邊州軍，各守疆界，兩地人户，不得交侵，或有盜賊逋逃，彼此無令停匿。至於壠畝稼穡，南北勿縱騷擾。所有兩朝城池，並可依舊存守，淘濠完葺，一切如常，即不得創築城隍，開掘河道。誓書之外，各無所求，必務協同，庶存悠久。自此保安黎獻，謹守封陲，質於天地神祇，告於宗廟社稷，子孫共守，傳之無窮。有渝此盟，不克享國。昭昭天鑒，當共殛之。遠具披陳，專俟報復，不宣。謹白。」契丹聖宗誓書：「維統和二十二年，歲次甲辰，十二月庚辰朔，十二日辛卯。大契丹皇帝謹致書於大宋皇帝闕下。共議戢兵，復論通好，兼承惠顧，特示誓書：『以風土之宜，助軍旅之費，每歲以絹二十萬疋、銀一十萬兩，更不差使臣專往北朝，只令三司差人搬送至雄州交割。沿邊州軍，各守疆界，兩地人户，不得交侵，或有盜賊逋逃，彼此無令停匿。至於壠畝稼穡，南北勿縱搔擾。所有兩朝城池，並可依舊存守，淘濠完葺，一切如常，即不得創築城隍，開掘河道。誓書之外，各無所求，必務協同，庶存悠久。自此保安黎庶，謹守封陲，質於天地神祇，告於宗廟社稷，子孫共守，傳之無窮。有渝此盟，不克享國。昭昭天鑒，當共殛之。』某雖不才，敢遵此約。謹告於天地，誓之子孫，苟渝此盟，神明是殛，專具諮述，不宣。」

涑水記聞卷一二：「周革曰：景德中，中國自爲誓書以授虜，虜繼之以四言曰：『孤雖不才，敢遵誓約。有渝此盟，神明殛之。』慶曆中，增歲給二十萬，更作誓書亦如之。嘉祐初，樞密院求誓書不獲，又求寧化軍疆境文字亦不獲，於是韓稚圭曰：『樞密院國家戎事之要，今文書散落如此，不可。』乃命大理寺丞周革編輯之，數年而畢。成千餘卷。得杜衍祁公手録誓書一本於廢書，其正本不復見。」

宋會要蕃夷一：「景德元年十二月二十二日，詔録契丹誓書盟約，頒河北、河東諸軍。」（宋史同。）

畢氏續通鑑：景德元年（統和二十二年）「十二月庚辰朔……日有食之。帝懼甚，司天言：主兩國和解，帝意少釋。」考異：「長編云：『是日，日有食之。德、博州并言，契丹已移寨由東北去。何承矩言：『臨河觀城縣民石興等數輩自敵寨逃歸，具言達蘭中矢死，其父候騎自澶州繼至。敵聞駕起衛南，皆相顧失色，復有馳往來傳報及擊鼓讙呼，悉遁去。民被驅掠甚衆，無守視之者，因得脱。』……案北宋百餘年，所稱爲奇功者莫如澶淵，所矜爲奇捷者，莫如射殺達蘭。夫達蘭誠遼人所倚重，然其中伏弩而死，亦宋人適有天幸耳。太后老於兵事，達蘭雖死，師旅尚雄，雖意在索和，亦必整師飭旅，爲恫疑恐嚇之計，何至兵未敗衄，而任其部下之人紛紛遁逃出塞乎？且承矩之言，自相矛盾，既云民被驅掠者衆，無守視之者，何以逃歸者僅止數人。況遼師既遁，何以邊帥無一人能擊其輜重奪還其俘掠者？以事理度之，遼太后意在講和，士氣已懈，故所掠宋人間有逃歸，邊臣遂張大其詞，而真宗亦姑爲大言以自解，豈實有之事哉？王晉公談録云：『景德中，契丹次澶淵，在河北，車駕在河南，陣次忽日食盡，真宗見之憂懼。司天監官奏云：案星經云，主兩軍和解。真宗不信，復檢晉書天文志，亦云和解。尋契丹兵果自退，而續馳書至，求通好。』時晉公爲紫微舍人，知鄆州。李燾曰：『是日契丹使韓杞已入對行營矣。談録妄也。』原李氏之意，以爲遼使已入對，真宗可以無懼，故以談録爲妄耳。然兩軍相對，適遭日食，真宗遇災而懼，正不必爲之諱，況韓杞初來通使，遼人方以索還故地爲詞，其後再遣使，許以歲幣，始得解兵。豈可以韓杞初至，即信爲和議必成，而謂真宗可無懼乎……今從遼史」。

長編：十二月丁亥，「以殿前閤門祗候曹利用爲東上閤門使忠州刺史，利用之再使契丹也，面請歲賂金帛之數，上曰：『必不得已，雖百萬亦可。』利用辭去，寇準召至幄次，語之曰：『雖有敕旨，汝往，所許不得過三十萬，過三十萬勿來見準，准將斬汝。』利用果以三十萬成約而還。入見行宮，上方進食，未即對，使内侍問所賂。利用曰：『此機事，當面奏。』上復使問之曰：『姑言其畧。』利用終不肯言，而以三指加頰。内侍入曰：『三指加頰，豈非三百萬乎？』上失聲曰：『太多。』既而曰：『姑了事亦可耳。』宫帷淺迫，利用具聞其語。及對，上亟問之，利用再三稱罪，曰：『臣許之銀絹過多。』上曰：『幾何？』曰：『三十萬。』上不覺喜甚，故利用被賞特厚」。癸卯，「邠州部署言李繼遷子阿移、孔目官何憲來歸。詔令乘傳赴闕」。甲辰，「改威虜軍曰廣信，静戎曰安肅，破虜曰信安，平戎曰保定，寧遠曰永定，定遠曰永静，定羌曰保德，平虜城曰肅寧。」

長編：嘉祐八年（清寧九年）二月乙酉，「始，契丹寇澶州，畧得數百人以屬（田）況父延昭，延昭哀之，悉縱去，因自脱歸中國」。

東都事畧卷一二三：「真宗謂輔臣曰：『初欲令石普、楊延朗邀其歸路，而以精兵踵其後，腹背擊之，可無噍類矣。然兵連禍結，何時已哉。故徇其請，以休息天下之民，若彼自渝盟，以順伐逆，覆亡之，殆未晚也。』明年，令雄、霸州、安肅軍置榷場，以通其貿易，自是，交遣使賀生日及正旦，歲以爲常。仍遺以銀絹三十萬。」

東都事畧卷四一畢士安傳：「及契丹請和，遣曹利用使於兵間，議和事，歲遺敵銀絹三十萬。是時朝論皆以爲過。士安曰：『不如此，敵所顧不重，和事恐不能久。』衆未爲然也。然自景德以來，百有餘年，自古和好所未嘗有，議者以士安之言爲得焉。」

澶淵盟約，對穩定再一次南、北朝有積極意義。彼此雖有防範，亦手足相依。宋得以向西南及海外交往；遼遂在東北、北方及西北開發建設，爲祖國疆域穩定、文化融合奠定基礎。

二十三年春正月戊午，還次南京。庚申，大饗將卒，爵賞有差。〔一〕

二月丙戌，復置榷場於振武軍。〔二〕三月〔三〕丁巳，夏國遣使告下宋青城。〔四〕辛酉，朝皇太后。以惕隱化哥爲南院大王，行軍都監老君奴爲惕隱。乙丑，振党項部。丁卯，回鶻來貢。丁丑，改易州飛狐招安使爲安撫使。〔五〕

夏四月丙戌，女直及阿薩蘭回鶻各遣使來貢。乙未，鐵驪來貢。己亥，党項來侵。〔六〕

五月戊申朔，宋遣孫僅等來賀皇太后生辰。〔七〕乙卯，以金帛賜陣亡將士家。丙寅，高麗以與宋和，遣使來賀。〔八〕

六月〔九〕壬辰，清暑炭山。甲午，阻卜酋鐵剌里遣使賀與宋和。己亥，達旦國九部遣

使來聘。〔一〇〕

秋七月癸丑，問安皇太后。戊午，党項來貢。辛酉，以青牛白馬祭天地。壬戌，烏古來貢。丁卯，女直遣使來貢。阿薩蘭回鶻遣使來請先留使者，皆遣之。〔一一〕

九月甲戌，遣太尉阿里、太傅楊六賀宋主生辰。〔一二〕

冬十月丙子朔，鼻骨德來貢。戊子，朝皇太后。甲午，駐蹕七渡河。癸卯，宋歲幣始至，後爲常。〔一三〕

十一月戊申，上遣太保合住、頒給庫使韓椅，〔一四〕太后遣太師盆奴、政事舍人高正使宋賀正旦。〔一五〕辛亥，觀漁桑乾河。〔一六〕丁巳，詔大丞相耶律德昌出宮籍，屬于横帳。〔一七〕

十二月丙申，宋遣周漸等來賀千齡節。丁酉，復遣張若谷等來賀正旦。〔一八〕

〔一〕本史卷八八蕭排押傳：「和議成，爲北府宰相。」卷八五蕭觀音奴傳：「及伐宋，下德清軍，上加優賞，同知南院事。」

長編：景德二年（一〇〇五）春正月「丙辰，詔諭緣邊諸州軍各遵守契丹誓約，不得輒與境外往還，規求財利」。「庚申，岢嵐軍請修舊方田，火山軍請築月隄，上以違契丹誓約，不許。令有司籍三班使臣，自契丹南侵嘗使軍前者賞之。」「甲子，詔緣邊諸州，契丹來獻雉兔、求酒食者，遣吏齎置境外給之。」（宋會要蕃夷一同，惟作「遣使齎至河外給之」。）「庚午，令緣邊諸州軍，得北界書牒，即詳其意報之，以其書牒來上。」「契丹新城都監遣吏齎牒，請令商賈就新城貿易。雄州以聞。辛未，詔雄州：如北商齎物至境上者，且與互市。仍諭北界官司，自今宜先移牒，俟奏報。」戊寅，「令河北、河東緣邊州軍，自今北界齎牒送生口者，給以茶綵，部送出境，答其牒，咸定式以頒之」。

〔二〕長編：二月「辛巳，令雄、霸州、安肅軍復置榷場，仍移牒北界，使勿於他所貿易」。（按本史卷四一地理志五豐州振武縣，唐時曾爲振武軍。此振武軍若非雄、霸、安肅軍之誤，則爲西北方面另一互市場。索隱卷二云：「李有棠以振武爲宋互市場，誤。」不合。）甲申，「詔：『通利、德清軍等處行營軍士爲契丹所擄者，賜其父母緡錢，有妻子者，以聘財給之。』」「戊子，瀛、代州部送奚、契丹降人赴闕，詔以來降在誓約前者隸軍籍，如舊制；在後者付部署司還之。」「甲午，詔緣邊得契丹馬牛者，移牒還之；没蕃漢口歸業者，均給資糧，縱其所乘馬勿留。違者論其罪。」（宋會要蕃夷一同。）「庚子，環州言，戎人入寇，熟户旺家族擊走之，俘其軍主，斬獲甚衆。」

〔三〕「三月」三字原脱，二月己卯朔無丁巳，三月己酉朔，丁巳初九日，辛酉十三日，據補。

〔四〕長編：二月「丙戌，西涼府六谷首領斯多特，遣其甥格布錫來貢，並上與趙德明戰鬭功狀。又言蕃帳周薩納齊有智勇，久參謀議，請受（授）以六谷都巡檢使。詔從其請，乃賜茶綵。又追録博囉齊忠藎，以其子布濟克爲歸德將軍，厚賜器幣。咱隆七族首領有捍寇之勞，并月給千錢」。西夏與附宋蕃帳戰鬬，向遼報功，猶蕃帳向宋報功。索隱卷二：「宋史西夏傳無之，景德初年方撫德明，此必夏使虛報遼者。」或未必然。

〔五〕長編：三月「庚申，禁邊民如敵界掠奪貲畜，犯者捕繫，罪至死者論如法，流以下部送赴闕」。「丙寅，以殿直、知雄州機宜司趙延祚爲侍禁、雄州北關城巡檢，賜白金三百兩。延祚，州之大姓，自太宗朝，嘗出家財交結彼處豪傑，得其動静，即俱白州將。因授官任，於是年七十餘，召赴闕，詢以邊事。且言：『今之修和北戎，先啟誠意，國家動守恩信，理必長久。』又言：『國母之妹曰齊妃，與其姊不協，國家所遺金帛，皆歸於國主及母，其下悉無所及，望自今榷場貿易，稍優假之，則其下獲利，必倍欣慰。』又歷陳其風俗、山川曲折、地理遠近及晉、漢時事，歷歷有據。……以契丹通好，不可復置機宜司，故命爲巡檢。」「詔緣邊諸州軍，應北界移牒，事理無疑者即報之，關機要者疾置(馳)以聞，待報而答，亦勿令知之。」「丁卯，雄州言：『容城縣狀稱：戎人大驅馬，越拒馬河放之，其長遣人持雉兔來問遺，求假草地。』上曰：『拒馬河去雄州四十餘里，頗有兩地輸租民户。然其河橋乃雄州所造，標立疆界素定，豈得輒渡河畜牧，此蓋恃已通和，謂無間阻，可亟令邊臣具牒，列誓書之言，使聞於首領，嚴加懲戒。況今懽好之始，尤宜執守，不可緩也。』戊辰，令雄州勿以錦綺綾帛付榷場貿易，上慮戎心無厭，若開其端，則求市無已故也。」

〔六〕長編：四月「甲申，順安軍言：『近遣牙校部送擒獲姦盜至北界易州，其知州待以賓禮，賚饌甚厚，慮復遣將吏至軍，未詳接待之禮。』詔諭緣邊諸軍，應北界遣將吏至者，並豐其饋餉，或職位高，則以賓禮接之」。己亥，「初，李允則在雄州，建言契丹禁國中穀食不令出境，而彼民有冒禁齎至榷場求售者，轉運司以茶博易，所得至微，恐亦非便。壬寅，詔罷之」。「初，邢州地連震，城堞摧毀無守備。契丹之入寇也，兵部郎中邊肅知州事，上密詔肅，若州不可守，聽以便宜南保他城，肅匿詔不發，督丁壯乘城而闢諸門，悉所部兵列陣於外，敵至莫之測，居三日引去。時鎮、魏、深、趙、磁、洺六州閉壁不出，老幼趨邢州者，肅悉納之。上嘉其功，於是以肅爲樞密院直學士。」

宋會要蕃夷一：「景德二年四月，詔河北、河東沿邊州軍，凡契丹遣人至者，優加犒設，茶絹之外，仍給袍帶。時諸郡將吏至北界，館待甚厚，故加禮以答之。」

〔七〕長編：景德二年，二月「癸卯，命開封府推官、太子中允、直集賢院孫僅爲契丹國母生辰使，右侍禁、閤門祗候康宗元副之，行李、僕從、什器，並從官給。時議草國書，令樞密、學士院求兩朝遺草於內省，悉得之。凡所與之物，皆約舊制而加增損。國母書外，別致書國主，問候而已。自是至國母卒，其禮皆然。僅等入契丹境，其刺史皆迎謁，又命幕職、縣令、父老，捧卮獻酒於馬前，民以斗焚香相迎，門置水漿盂杓於路側，接伴者察使人中途所須，即供應之。具蕃、漢食味，漢食貯以金器，蕃食貯以木器。所至，民無得鬻食物受錢，違者全家處斬。國主每歲避暑於含涼淀，聞使至，即來幽州，屢召僅等晏會張樂，待遇之禮甚優。僅等辭還，贐以器服及馬五百餘匹，自郊勞至於餞飲，所遣皆親信、辭禮恭恪者，以致勤厚之意焉。禮或過當，僅必抑而罷之，其他隨事損益，俾豐約中度，後奉使者率循其制，時稱得體。（宋會要畧著延見儀，詳見本書禮志注。）
先是寇所至，潛寘毒於瓶甖，投之井中，遺害居民，永靜軍得之以獻，令布告河朔，使知其事」。
宋會要刑法二：景德「二年二月二十五日詔曰：『頗聞戎人所寓，潛寘毒於瓶罌，投之井口，留害
民庶，聞者，永静軍多獲此藥，宜布告河朔，使知其事。』」
王曾文正公筆録：「景德中，契丹通好，首命故給事中孫公僅奉使而往，洎至彼國，屬修聘之始，
迎勞饗餼頒給之禮，殊未詳備。北人館待優異，務在豐腆，事或過差，僅必抑而罷之。自餘皆爲
隨事損益，俾豐腆中度而後已。迄今信使往復，不改其制。」
長編：二月癸卯，「雄州言：『契丹新城都監令拒馬河南百姓以麞鹿來獻，不欲却之，報以醪酒。』
上曰：『疆吏自相問遺，固亦無嫌，厚其酬答可也。』」（此事宋會要繫於本年五月二日。）甲辰，從
「知雄州李允則知瀛州……允則言：『朝廷不欲困軍民，故屈己議和，雖國費甚多，較之用兵，其
利固不侔也，但擇邊將謹守誓約，有言和好非利者，請一切斥去。』上曰：『茲朕意也，邊將皆如
是，朕豈復有北顧之憂乎？』」乙巳，「詔緣邊諸州軍，如擒獲北界姦人，可詰其事狀，部送闕下，
當釋其罪，縻置内地。先是上曰：『朝廷雖與彼通好，減去邊備，彼之動静，亦不可不知，間諜偵
候，宜循舊制。又慮爲其所獲，歸曲於我，朕熟思之，彼固遣人南來伺察，自今擒獲，當赦勿誅，
但羈留之，待彼有詞，則以此報答可也。』」
〔八〕長編：五月戊辰朔，「知雄州何承矩言：『契丹新城榷場都監劉日新致書，遺氈羊酒。』詔承矩受

之，答以藥物」。（宋會要同，繫於五月二日。）「先是賊有王長壽者，本亡命卒，有勇力，多計慮，聚徒百餘，抵陳留，剽攻郡縣，捕之不獲，朝廷專遣使益兵，追逐於澶濮間。會契丹南侵，夾河民庶驚擾，長壽結黨愈衆，人皆患之，磁州刺史許均自永興帥所部兵赴行在，至胙城，長壽與其徒五千餘入縣鈔畧，均部下兵袒裼與鬬，設方畧，生擒長壽，梟獲惡黨皆盡，上以方禦戎寇，未欲因捕賊奬均，但賞其所部兵被傷者，賜帛遷級焉。於是，追叙前勞，擢爲本州團練使。霸州言：『得北界永清都監牒：部民李加興先以錢二十千，贖得南界掠來婦人阿杜爲妻，近同至霸州鬻席，爲前夫齊鸞擒去，請追捕還付加興。本州以杜本鸞妻，難復追還。已牒報訖。』上曰：『此乃修好前所掠，或再有求索，當官爲出所贖錢，以還加興。』」癸丑，「知鎮戎軍曹瑋言：『軍境川原夷曠，便於騎戰，非中國之利，請自隴山而東，緣古長城鑿塹以爲限。』從之」。丙辰，「詔雄州，契丹請榷場市易者，優其直與之」。「乙亥，知雄州何承矩言：『將來契丹使入界，欲令暫駐新城，俟接伴使至，迎於界首。』從之。承矩又言：『使命始通，待遇之禮，宜得折中，庶可久行，乃悉條上。』手詔嘉納，仍聽事有未盡者，便宜裁處。凡契丹使及境，遣常參官、內職各一人，假少卿、監、諸司使以上接伴，內諸司供帳，分爲三番，內臣主之。至白溝驛賜設，至貝州，賜茶藥各一銀合，至大名府，又賜設。及畿境，遣開封府判官勞之，又命臺省官、諸司使館伴迓於班荆館。至都亭驛，各賜金花、銀灌器、錦衾褥。朝見日，賜大使金塗銀冠、皂羅氈冠、衣八件、金鞊鞢帶、烏皮鞾、銀器二百兩、綵帛二百匹。副使皂紗折上巾衣七件，金帶象笏、烏皮鞾、銀器一百兩、綵帛二百匹、鞍勒馬各一匹。其從人，上節十八人，各練鵲錦襖及衣四件、銀器三十兩、綵帛三十匹。中節二十人，各寶照錦襖及衣三件、銀器十兩、綵帛二十匹。下節八十五人，各紫綺襖及衣四件、銀器十兩、綵帛二十匹，並加金塗銀帶。上節、中節又加綵韉。就館賜生餼。大使秔、粟各十石，麪二十石，羊五十。法酒、糯米酒各十壺。副使秔、粟各七石，麪十五石，羊三十，法酒、糯米酒各十壺。承天節各別賜衣一襲，遇立春，各賜金塗銀鏤幡勝、春盤。又命節帥就玉津園伴射弓，賜來使銀飾箭筒、弓一、箭二十，其中的又賜錦窄袍五件。金束帶、鞍勒馬，在館遇節序，則遣近臣賜設。辭日，長春殿賜酒五行，賜大使盤球暈錦窄袍及衣七件，銀器三百兩，綵帛二百匹。副使紫花羅窄袍及衣六件、銀器二百兩、綵帛一百匹。並加金束帶、雜色羅錦、綾絹百匹。從人各加紫綾花絁錦袍及銀器、綵帛。將發，又賜銀鉼、合盆、沙羅、注椀等。又令近臣餞於班荆館，開封府推官餞於郊外，接伴副使復爲送伴，沿路累從設。初，命内侍右班副都知閻承翰排辦禮信，議者欲以漢衣冠賜契丹使者。承翰曰：『南北異宜，各從其土俗可也。』上從承翰所議。承翰又請徙在京渤海、契丹諸營於外，上曰：『南北通好，重勞人也。遽此煩擾，則非吾意。』不許。」

〔九〕長編：六月「戊寅，詔忻、代州緣邊諸寨，自今北界齎牒至者，並送代州，仍準條給物，以其回報裁處，類例不一故也」。「辛巳，有司言，契丹清朔、禽戎剩員軍士十八人，老病當停。詔殿前司詢問，無親屬者，許仍舊，願停者從其便。上以異域歸順之人，老而擯退，或無所依故也。」「安肅軍言：『部民數輩私至北界易州，州將執之送還。』詔諭邊臣，如北人擅至封内，亦登時執送。」「丁亥，「夏州趙德明遣牙將王旻奉表歸款，賜旻錦袍銀帶，遣侍禁夏居厚齎詔答之」。「辛卯，鄜延路鈐轄張崇貴言：趙德明已奉表歸款，令河西蕃族各守疆界詔諸部，『如德明無所侵擾，則勿縱兵出境』。」「甲午，張崇貴自延州入奏，詔諭以繼遷昔時變詐之狀，今當使德明自爲誓約，納靈州土疆，止居平夏，遣子弟入宿衛，送略去官史，盡散蕃、漢兵及質口，封境之上，有侵擾者，稟朝旨，凡七事。則授德明以定難節度使、西平王，賜金帛緡錢四萬貫匹兩，茶二萬斤，給内地節度使俸、聽回圖往來。於青鹽之禁，凡五事，仍遣閤門通事舍人焦守節偕往，呼德明親信示之，如能順命，即降恩制，既而德明使張浦詣崇貴等面議及致書疏，但多邀求，不肯自爲誓約也。」丙申，「定州軍城寨言，得契丹西南面飛狐安撫使牒，請諭採木民無越疆境。命轉運使與本州據部民取材之所，召其疆吏，同立標幟以示衆」。

宋會要蕃夷一：「六月，詔雄州：『契丹詣榷場求市馬者，優其直以與之。』」

〔一〇〕西州程記：「初自夏州歷玉亭鎮，次歷黄羊平，其地平而産黄羊，渡沙磧，無水，行人皆載水，凡二日，次都囉囉族，漢使過者遺以財貨，謂之『打當』。次歷茅女王子開道族，行入六窠沙，沙深三尺，馬不能行。行者皆乘橐駝。不育五穀，沙中生草名登相，收之以食。次歷樓子山，無居人，行沙磧中，以日爲占，旦則背日，暮則向日，日中則止。夕行望月亦如之。次歷卧梁劾特族，地有都督山，唐回鶻之地。次歷大蟲太子族，族接契丹界。人衣尚錦繡，器用金銀，馬乳釀酒，飲之亦醉。次歷屋地因族，蓋達干于越王子之子。次至達干于越王子族，此九族達韃中尤尊者。次歷拽利王子族，有合羅川，唐回鶻公主所居之地，城基尚在，有湯泉池。傳云，契丹舊爲回紇牧羊，達靼舊爲回鶻牧牛，回鶻徙甘州，契丹、達靼遂各爭長攻戰。次歷阿墩族，經馬鬃山、望鄉嶺，嶺上石龕有李陵題字處。次歷格羅美源，西方百川所會，極望無際，鷗鷺鳧鴈之類甚衆。……七月，令延德先還其國，其王九月始至。亦聞有契丹使來。使缺唇，以銀葉蔽之。謂其王云：『聞漢遣使入達靼而道出王境，誘王窺邊，宜早送至達靼，無使久留。』」

〔一一〕長編：八月戊子，「命河北轉運使劉綜提點雄州榷場。孔揆等與諸州軍長吏共平榷場物價。以和好之始，務立永制也」。甲辰，「河北轉運司劉綜請擇文學器識之士通判緣邊州軍，使其商度邊事及往還北境文牒。從之。」

〔一二〕長編：九月「癸丑，趙德明始遣其都知兵馬使白文壽來貢」。「有星孛於紫微。」（契丹國志同。）

〔一三〕長編：「十月丙子朔，屯田員外郎、權判三司勾院杜夢證，侍禁、閤門祇候康宗元接伴契丹賀承天節使，仍回日充送伴。」「甲午，使臣自雄州入奏言：榷場商旅貿易於北境，契丹國主弟曰隆慶者，受其饋獻，必還其直，又設酒饌犒勞之。且言今與中朝結好，事同一家，道路永無虞矣。上諭輔臣曰：『蕃戎之情，茲亦可見，然更宜慎擇疆吏，謹守詔條也。』王旦曰：『孫僅嘗言：國主氣濁而體肥，隆慶瘦而剛果，國人多歸之。隆慶見本朝歲有贈遺，屢勸行賞國中，其志欲激動衆心也。』」

〔一四〕「庫」字原缺。椅，原誤「簡」，據全遼文卷六韓椅墓誌銘增改。椅事蹟見本書卷八五補傳。

〔一五〕長編：十二月「庚子，契丹遣使保静軍節度使耶律乾寧、左衛大將軍耶律昌主、副使宗正卿高正、右金吾衛將軍韓椅，奉書禮來賀來年正旦」。宋會要以耶律乾寧、高正爲國母所遣，耶律昌主爲國主所遣，不著韓椅。

〔一六〕索隱卷二：「案志西京道奉聖州、歸化州及南京道析津府並有桑乾河，此河源流甚長。水經濕（漯）水注：濕（漯）水又東北流左會桑乾水，洪源七輪，即溹涫水，是即此紀所云桑乾河，出遼朔州，今名黄水河。」

〔一七〕長編：十一月戊申，「翰林學士李宗諤、東上閤門使宗州刺史曹利用在京接伴契丹賀承天節使」。「乙丑，命羣牧判官、著作佐郎王曙，假開封府推官、吏部郎中，俟契丹使至日，持知府張雍書禮，迎勞於郊。」「己巳，命屯田員外郎、判三司勾院杜夢證，假檢校祕書少監、開封少尹，餞契丹使於上德橋，自後皆以府判官假少尹爲餞送，推官假判官、郎中爲接迓，不復命他官。」「癸酉，契丹國母遣使左金吾衛上將軍耶律留甯、副使崇禄卿劉經，國主遣使左武衛上將軍耶律烏延、（宋會要蕃夷一作耶律委演。）副使衛尉卿張肅來賀承天節，對於崇政殿。（宋會要蕃夷一記耶律留寧、劉經奉書致御衣七襲，金玉鞍勒馬四匹，散馬二百匹、錦綺、春肉、羊鹿舌、酒果。耶律委演、張肅致御衣五襲，金玉鞍勒馬四匹，散馬二百匹，錦綺、弓矢、鷹鶻等，對於崇政殿。留寧、委演，戎人也，以戎禮見，賜以氈冠窄袍、金鞢；經、肅、燕人也，以華禮見，賜以幞頭、公服、金帶，並加襲衣、器帛、鞍馬。又賜隨行舍利以下衣服、銀帶、器帛有差，宴於長春殿，酒五行而罷。）留甯等將見，館伴使李宗諤引令式，不許佩刀，至上閤門。留甯等欣然解之。上聞之曰：『戎人佩刀，是其常禮，不須禁以令式。』即傳詔聽自便。留甯等感悅。謂宗諤曰：『聖人推心置人腹中，是以示信遐邇也。』又舊制，舍利從人惟上等入見，自餘拜於殿門之外，上悉許令入見，節日上壽，班在諸上將軍之下、大將軍之上。」（宋會要蕃夷一同，並云：「自此凡使至如此例。」又留甯等欣然解之句下，有「既而曹利用以聞」七字。）

〔一八〕長編：十月「丙戌，遣度支判官、太常博士周漸爲契丹國主生辰使，侍禁、閤門祗候郭盛副之；職方郎中、直昭文館韓國華爲契丹國母正旦使，衣庫副使兼通事舍人焦守節副之。鹽鐵判官、祕書丞張若谷爲國主正旦使，内殿崇班、閤門祗候郭允恭副之。自是歲以爲常。」（宋會要同。）金石萃編卷一三五韓國華神道碑：「景德初，契丹再寇澶淵，驟請修好，朝廷以其多變詐，使絶域者難其人。人亦憚其往，故首命公假秘書監爲國信使。」按碑稱國華奉使，應即此次賀國母正旦。

長編：十月丙戌，「凡契丹主生日，朝廷所遺金酒食茶器三十七件，衣五襲，金玉帶二條，烏皮白皮鞾二量，紅牙笙笛、觱栗、拍板，鞍勒馬二匹，纓複鞭副之。金花銀器三十件，銀器二十件，錦綺透背、雜色羅紗綾縠絹二千匹，雜綵二千匹，法酒三十壺，的乳茶十斤，嶽麓茶五斤，鹽密果三十鐨，花果三十籠。其母生日約此數焉。正旦則遺以金花銀器、白銀器各二十件，雜色羅紗綾縠絹二千匹、雜綵二千疋」。

拾遺卷七引隆平集：「焦守節以宮苑副使兼通事舍人使契丹，館伴丁求説頗易之，指遠山曰：『此黄龍塘也。』應聲問曰：『燕然山距此幾許？』求説慙，乃加禮焉。黄龍塘即德光置晉少帝之所。」

長編：十二月「己卯，召輔臣於龍圖閣，觀契丹禮物及祖宗朝所獻者。自後使至，必以綺帛分賜中書、樞密院。果實、脯臘賜近臣、三館。凡承天節，獻刻絲花羅御樣透背御衣七襲或五襲七件，紫青貂鼠髴披或銀鼠鵝項鴨頭衲子，塗金銀裝箱，金龍水晶帶，銀押副之，錦緣皂皺皮鞾，金玦束皂（宋會要作帛）白熟皮鞾韅，細錦透背、清平内製樣合線縷機綾共三百疋。塗金銀龍鳳鞍勒、紅羅押、金線繡方韉二具，白楮皮黑銀鞍勒、氈韉二具，綠褐楮皮鞍勒、海豹皮韉二具，白楮皮裹筋鞭二條，紅羅金銀線繡雲龍紅錦器仗一副，黄鞾皮纏楮皮弓一，紅錦袋皂鵰翎豲角骲頭箭十，青黄鵰翎箭十八，法漬法麴麪麴酒二十壺，蜜曬山果十棟櫺椀，蜜漬山果十棟櫺匣，（匣應是匹。）烈山梨柿四棟櫺，榛栗、松子、郁李子、黑郁李子、麪棗、楞梨、棠梨二十箱，麪杭麋梨粆十碗，蕪荑白鹽十碗，青鹽十箱，牛、羊、野猪、魚、鹿臘二十二箱，御馬六匹，散馬二百匹。正旦，御衣三襲，鞍勒馬二匹，散馬一百匹。其母又致御衣綴珠貂裘，細錦刻絲透背、合線御綾羅綺紗縠御樣，果實雜粆臘肉凡百品，水晶鞍勒，新羅酒，青白鹽。國主或致戎器賓鐵刀，鷙禽曰海東青之類。承天節，遣庖人持本國異味，前一日，就禁中造食以進御云」。（宋會要蕃夷一同。）

二十四年春正月，如鴛鴦濼。〔一〕

夏〔二〕五月壬寅朔，幸炭山清暑。幽皇太妃胡輦于懷州，〔三〕囚夫人夷懶于南京，餘黨皆生瘞之。〔四〕

秋七月辛丑朔，南幸。〔五〕

八月丙戌，改南京宮宣教門爲元和，外三門爲南端，左掖門爲萬春，右掖門爲千秋。〔六〕是月，沙州燉煌王曹壽〔七〕遣使進大食國馬及美玉，以對衣、銀器等物賜之。

九月，幸南京。〔八〕

冬十月庚午朔，帝率羣臣上皇太后尊號曰睿德神畧應運啓化承天皇太后，羣臣上皇帝尊號曰至德廣孝昭聖天輔皇帝。〔九〕大赦。

是年，放進士楊佶等二十三人及第。

〔一〕長編：「景德三年（一〇〇六）正月甲辰朔，上不受朝。宰臣率文武百官、内職、將校、契丹使詣闕拜表稱賀。舊制：諸軍將校與樞密使以下詣長春殿拜表。是歲，以戎使在列，故悉就文武班焉。」「甲寅，以契丹屢遣使修好，命近臣告諸陵。」二月「戊寅，代州言：『大石寨得契丹乙室南大王府牒，欲自大石谷至境上深山打圍，已命本寨及緣邊巡檢報牒禁止。』詔自今本州移文告諭，無使諸寨互行報牒，慮其不一故也」。「己丑，詔河北諸州民陷契丹而歸者，舊住莊産，勿限編敕年歲，竝給之。」三月「乙巳，命兵部員外郎、直史館任中正爲契丹國母生辰使，西上閤門使、奬州刺史李繼昌副之」。

契丹國志卷二三：「宋真宗景德中太常博士王曙、户部員外郎李維往賀國主生辰，還，言國主見漢使，强服衣冠，事已，即幅巾雜蕃騎出射獵矣。」澠水燕談録卷二：「景德中，朝廷始與北虜通好，詔遣使，將以北朝呼之，王沂公以爲太重，請但稱契丹本號可也。真宗激賞再三，朝論韙之。」耶律楚材湛然居士集卷一二懷古詩百韻注曰：「昔宋事遼爲兄，仍請隨代以序昭穆，至季年，遼爲翁，宋爲孫。」

〔二〕長編：「夏四月癸酉，詔河北諸州軍市征榷酤比常課不及者，特展限三月。」「乙酉，置河北緣邊安撫使、副使、都監於雄州，命雄州團練使何承矩、西上閤門使李允則、榷易副使楊保用爲之，並兼提點諸州軍榷場。初，禁榷場通異物，而邏者得所易珉玉帶及婦人首飾等物。允則曰：『此以我無用易彼有用也。』縱之。」「辛卯，放榷場部羊使臣主典欠折羊十萬三千六百餘斤。」

〔三〕按「皇太妃」應作王太妃，參本書卷一三統和十二年八月注〔一三〕。趙翼二十二史劄記卷二七：「明年，賜皇太妃死於幽所。按統和十二年，詔皇太妃領西北路烏古等及永熙（興）宮軍撫定西邊，以蕭達林（舊名撻凜，宋史名撻覽）督其軍事。此即皇太妃呼輦也。（十五年，皇太妃獻西邊捷。）達林傳亦稱：夏人梗邊、皇太妃受命總烏古部、及永熙（興）宮軍討之。凡軍行號令，太妃悉委達林，其後蕭罕嘉努（舊名韓家奴）疏亦言，統和間，皇太妃出師西域，拓土既遠，降附亦多，自後一部或叛，鄰部討之，使同力相制，正得禦遠之道。此則此皇太妃不惟有闢土之大功，且有靖邊之長策。其幽死也，又以何事，后妃傳內當專立一傳，乃並無其人，何也？」索隱卷二：「此皇太妃實王太妃之誤，續通鑑長編：景宗后姊爲齊王罨撒葛妃，王死，稱齊妃，領兵屯西鄙驢朐兒河，西捍達靼，後謀奔骨麻札國，結兵以篡蕭后，幽死。是王太妃自不當立傳於后妃，骨麻札即蕭奪剌傳北阻卜耶覩刮也。紀下又云夫人夷懶囚南京，當亦齊王夫人。」續通鑑考異：「（至道三年三月甲申）遼太妃領西北路兵，本紀所載甚畧，疑太妃後以罪死，當時沒其戰功耳。」（景德三年五月，）其事頗與皇太妃事相類。案太宗第二子，景宗封爲齊王，遼人多假人以寵號，齊王既死，其妃席太后之寵，稱皇太妃，容或有之，特史無明文，無由定爲一人耳。附識於此。」

〔四〕長編：五月壬寅，「趙德明遣其兵馬使賀永珍來貢馬。甲辰，德明又遣其兵馬使賀守文來貢。累先是，向敏中及張崇貴，與德明議立誓約，久未決，德明雖數遣使修貢，然於七事訖莫承順。累表但云乞先賜恩命，徐議之，時已有詔許德明毋納靈州，既又賜敏中等詔，諭德明止遣子弟宿衛及毋得攻劫西路進奉蕃部，縱有爭競，並取朝廷和斷，他約悉除之。然亦不聽回圖往來及放行青鹽之禁」。「戊申，詔河北轉運司及諸州軍，每詔敕事關機宜者，謹密行之，勿付胥吏，致其漏洩。」辛亥，「涇原儀渭都鈐轄秦翰、知鎮戎軍曹瑋等各請出兵討賊，上以德明累遣使修貢，慮失誠信，不許」。庚申，「向敏中等言：『德明終未推誠，恐難使盡副元約，但令遣長子親弟宿衛京師及貢結誓表章，自今毋得攻却内屬蕃部，縱有争競，亦當奏裁，如詔書所指三事，頗爲要切，候其親弟到闕並得誓章，則先許五事，悉願與之，姑務羈縻，以緩争戰可也』」。六月丁丑，「趙德明復遣左都押衙賀永正等來賀」。

〔五〕長編：秋七月辛酉，「諜言趙德明集諸族兵馬欲畧麟、府内屬戎人，向敏中奏其事。上以涇原地最要害，屯兵且衆，舊止有鈐轄、都監二員，壬戌，增置駐泊鈐轄一員，命六宅使、封州刺史李重誨爲之」。「乙丑，詔河北轉運使副，自今迭出巡行州軍。先是邊臣患其數至，或兩員俱到，屢有陳奏。上曰：『使者按部，是其職也，第令互往焉。』」

〔六〕長編：八月癸酉，「契丹移文北平寨捕爲盜者，寨遣人與俱往。或言其不便。甲戌，詔邊臣自今當自擒逐畀付，勿使外境人同詣鄉村」。「乙亥，代州言：『先奉詔，契丹界有公人往來，止令當州出入。緣契丹西路距此稍遠，承前文牒，許至寧化軍，望如舊例。』從之」。戊寅，「詔緣邊州軍，自今彊竊盜入北界，如贓屬北界，但追見存者，已費用者勿追」。癸未，「禁緣邊河南州軍民於界河捕魚。時契丹民有漁於界河者，契丹即按其罪，移牒安撫司，因命條約」。丁亥，「上封者言：『契丹國主取十月於幽州受册，宜因輦運邊儲，以兵數千聲言援送，且爲守寨之備。』上曰：

『若此則自生事。』不許」。戊子，「向敏中等與趙德明議朝廷所降要約事，德明累遣人告敏中等云：遣親弟宿衞，上世未有此例，其他則願遵承，仍欲以良馬、槖駞千計入貢，辭意懇切。己丑，敏中等具其事例以聞，且言要約未備，故不敢請行封爵。……詔諭敏中等，如德明再遣人至，果不欲令親弟宿衞，則所乞回圖往來及放行青鹽之禁，朝廷並不許。然不阻其歸順之志也」。「壬辰，府州折惟昌言：『有堂叔陷契丹，其二子素不檢束，令轉運司送赴闕，乞量加録用。』上曰：『彼生於邊郡，一旦離去鄉井，寧免失所，可嚴加誡約。』復優賜遣還。乙未，令河北緣邊，不復焚牧馬草地。」

〔七〕宋史卷四九〇、通考卷三三五並作曹宗壽。此避興宗宗真名，省「宗」字。

〔八〕長編：九月「癸卯，向敏中、張崇貴等言：『趙德明累表歸順，詞意精確，望降詔慰諭。』從之」。「壬子，詔：『民以書籍赴緣邊榷場博易者，自非九經書疏悉禁之，違者案罪，其書没官。』」「戊午，詔：『選使臣二員爲長城口巡檢，各給兵百人分道巡邏。』以邊民多齎禁物及盜販北界馬故也。（宋會要繫景德四年九月。）上聞河北官吏市民物給直不當價。令轉運使以前詔揭榜戒之。」乙丑，「雄州團練使何承矩以老疾，累表求解邊任，上令自擇其代，承矩薦安撫副使李允則。丙寅，即命允則知雄州兼安撫使，改授承矩齊州團練使，便道之任，承矩至齊州，纔七日，卒。緣邊及涿易州民，聞承矩卒，皆揮涕，有相率詣雄州發哀飯僧者。承矩習熟戎事，有方略，能綏撫異俗。其後北使至者，言敵人皆畏服承矩之名。尤好儒學，賓禮賢士大夫」。「詔：北界盜賊亡命至緣邊州軍者，所在即捕送之，時有盜賊亡入北界，彼即擒付邊將故也。丁卯，鄜延鈐轄張崇貴入奏，趙德明遣牙校劉仁勖來進誓表，請藏盟府。」宣府鎮志卷五象緯考：「九月戊子，太白見西方，在尾。」

〔九〕朱彝尊曝書亭集卷五一遼雲居寺二碑跋：「右王正智光雲居寺二記，共勒一碑，碑額篆書『重修雲居寺一千人邑會之碑』。一稱結一千人之社，合一千人之心。一稱完葺一寺，結邑千人。近年京城發地得仙露寺石函記，後有千人邑三字。尼曰邑頭尼，覽者疑是地名，合此碑觀之，則知千人邑者，社會之名爾。……遼史聖宗初即位，羣臣上尊號曰昭聖皇帝，統和元年六月上尊號曰天輔皇帝，五年四月上尊號曰至德廣孝昭聖天輔皇帝，二十四年十月上尊號曰至德廣孝昭聖天輔皇帝。今碑建於二十三年，尊號無天輔字，是則二十四年十月以前。聖宗尊號但云至德廣孝昭聖皇帝，如碑所記，至二十四年乃合元年尊號天輔字以稱之。否則二十四年所上之號與五年無異，何用羣臣復上乎？竊疑史有誤也。」續通鑑考異引朱氏之論，案曰：「遼史五年所記之誤誠如朱氏所辨。長編載是年上遼太后尊號曰睿德神略應運啟化法道弘仁聖武開統承天皇太后，遼主尊號曰洪文宣武至德廣道昭孝皇帝。又與遼史異。朱氏亦未旁考也。然長編或係傳聞之異。」

長編：「冬十月庚午朔，以趙德明爲定難節度使，封西平王，給俸如內地。又錄德明誓表，令渭州遣人齎至西涼府曉喻諸蕃轉告甘、沙首領。」「乙亥，以太常博士王曙爲契丹國主生辰使，內殿崇班、閤門祗候高維忠副之。户部員外郎、直集賢院李維爲國母正旦使，崇儀使、雅州刺史張利涉副之。太常博士段曄爲國主正旦使，如京副使孫正辭副之。維等使還言：『契丹主見漢使彊服衣冠，事已，即幅巾雜蕃騎出射獵矣。官屬隨帳皆自辦器械糗糧。始孫僅使時，所過官屬路左獻酒。及維至，則已變改，然而遇漢使益厚。』又言『蕃法極嚴，罪死者必屠割慘毒』。（宋會要同，繫於明年還宋時，此帶叙於奉使時。段曄，清人避諱改「煜」。）辛巳，「知雄州李允則言：『兩地供輸民，或饋羊酒，拒之則邊人以爲疑，欲受而答以茶綵，設飲食以接其意。』可之。癸未，河北轉運使盧琬言：『契丹諸族酋長欲緣界河放獵，及借西山草地打圍。』上曰：『契丹誓約甚明，未嘗踰越，此必傳者誤耳。』乃詔緣邊州，如果有此，則移牒北境，請依誓約。既而邊表言：『諸族出畋，屢遣人誡部下勿得越境，今已北去。』」「十一月庚子朔，詔減河北、河東、陝西諸州指揮使、使臣，以邊防無事故也。」乙巳，「先是工部郎中陳若拙接伴契丹賀正旦使，若拙談詞鄙近，丙午，命太子中允、直集賢院孫僅代之。……詔入契丹使，從人不過百人，上以使臣奉命外境，慮其事體不一，每遣使，即詔有司，諭以近例，俾其遵守，無輒改易，其書題有文詞者，皆樞密院送學士院看詳，必中禮乃用之。閤承翰等言朝廷遺賜契丹國信，其使副隨從兵士，已差馬軍員寮一人部轄，望更令使臣同其管句。上曰，若更差使臣，則本國恐難爲禮。但令增差軍員。上又謂輔臣曰：『使契丹者，要在謹重寡言，委之達王命而已。且朝廷用人，不可求備，凡遣使者，朕每誡諭，當謹禮容，蓋中朝禮法所出，將命出疆，衆所瞻仰，稍復違失，即致嗤誚。況彼所遣使來奉中朝，皆能謹恪邪。自今遣使，卿等宜各以朕意曉之。』」「丁卯，契丹遣使左監門衛將軍耶律阿古、啟聖軍節度使耶律堯甯，副使太常少卿石用中，祕書少監馬保佐來賀承天節。阿古有疾不能入見，上遣醫官診視之，因謂輔臣曰：『所遣醫官但令診視，合和藥餌，當使自爲之，彼雖得藥即餌，以示相信，然他時或有不可療者，則於事無便。自今朝廷遣使，宜以醫官隨行，彼亦必與醫同至也。』」（耶律阿古，宋會要作耶律阿括，繫於十二月。）十二月戊子，「河北安撫司奏，契丹車帳至界河捕魚，詔雄州俟彼國賀正使到諭之。雄州言：『頃者用兵之際，本州每有密事，不欲漏落，因擇馴謹吏專主行之，號機宜司，今契丹修和，請改爲國信司。』從之」。「甲午，契丹遣使右威衛上將軍蕭和尼、廣德節度使耶律留甯，副使宗正少卿吴克昌、右金吾衛將軍王式來賀明年正旦。」（蕭和尼宋史作蕭漢寧，漢寧自言不習漢儀，願不給朝服，副使吴克昌等亦言與大使同序班，難衣朝服，詔聽自便。）是歲，「契丹上其國母蕭氏燕燕號曰睿德神畧應運啟化法道洪仁聖武開統承天皇太后，其主隆緒曰洪文崇武至德廣道昭孝皇帝。」

二十五年春正月，建中京。〔一〕

二月，如鴛鴦濼。〔二〕

夏四月，清暑炭山。〔三〕

六月，賜皇太妃胡輦死于幽所。〔四〕

秋七月壬申，西平王李德昭母薨，遣使弔祭。〔五〕甲戌，遣使起復。〔六〕

九月，西北路招討使蕭圖玉討阻卜，破之。〔七〕

冬十月〔八〕丙申，駐蹕中京。〔九〕

十二月己酉，振饒州饑民。〔一〇〕

〔一〕長編：景德三年（一〇〇六）十二月，「置中京於七金山下，其地本奚王牙帳也」。（東都事畧同。）

〔二〕高麗史卷三：穆宗「十年（一〇〇七）春二月，契丹遣耶律延貴來，加册王爲守義保邦推誠奉聖功臣，開府儀同三司，守尚書令兼政事令上柱國，食邑七千户，食實封七百户」。（東國通鑑同。）

長編：三月「壬寅，詔北面緣邊趨境外徑路，自非榷場所歷，並令轉運使因案部規度斷絶之」。「乙巳，以户部副使、水部員外郎崔端爲契丹國母生辰國信使，侍禁、閤門祇候張利用副之」。

〔三〕長編：夏四月「己巳，徙河東兵代鄜延戍兵，以北邊徹警故也。辛未，上曰：『比詔河東，募土人爲廣鋭、神虎諸軍，就置營寺。蓋以契丹未平，此等皆勁勇，且習知山川道路，故帥臣每患其少，嘗許續募，今邊防罷警，若遂令減去，即爲弛備。然豈可歲增不已。乃詔以現存爲定額，闕則補之』。「乙酉，上謂王旦等曰：『后崩，合遣使赴告契丹否？』旦等曰：『命使赴告或邊臣録詔告之皆可。』上曰：『於禮宜有赴告，然每歲命使，頗聞供億勤至，今又專使，則自兹兩國凡有大故，各須軺傳交馳，益增煩擾矣。』乃詔邊臣，俟北境遣人詢問，即録詔報之，仍諭此意。」宋會要蕃夷一：「四年四月，接伴契丹使王曉等言：『嘗使契丹，其國臣寮，每見即競來趨揖，詢問朝廷臣寮舊曾奉使至其國者動静安否。臣具實對之。認其上下情寔無猜阻。其契丹人使到闕，有曾奉使契丹者，乞詔諭亦許令趨揖談問其安否。所貴示之無間，人得歡心。』從之。」此事長編繫於十一月，王曉作王曙，蓋曙爲宋英宗諱，此云嘗使契丹，即二十四年奉使之王曙。」

據長編、契丹國志：「五月丙申朔，日有食之。」

長編：五月「丁酉，詔：『河北緣河州軍綱運，自今以軍士充役。勿差部民。』」庚子，「雄州李允則於城外疏治渠田，邊臣奏渠通界河，慮爲戎人所疑。陳堯叟請亟罷之。上曰：『決渠障邊，乃防遏所須，然誓書舊約，不可守也。』壬寅，詔：『自今緣邊城池，依誓約止行修葺外，自餘移徙寨柵，開復河道，無大小悉禁止之。』」「癸丑，并代都鈐轄韓守英等言：『本路芻糧煩民饋運，今邊方寧静，欲量留騎兵萬餘人悉屯河東。』上曰：『邊臣有此經度，蓋深體恤民之意，宜可其奏。令諸路部署准此施行。』」「甲子，歸義節度使曹宗壽遣使來貢。」（原注：實録於此書瓜、沙州遣使來貢。閏月己卯，又書歸義節度使曹宗壽遣使來貢。按瓜、沙即歸義也。（宋）會要及本傳是年止一入貢。）

〔四〕宣府鎮志卷五：「六月己未，有星出天市，分爲三星，至尾没。」

〔五〕西夏書事卷九：「德明母罔氏卒，契丹使來弔祭，且賜起復。」宋史卷四八五夏國傳上：（宋真宗景德四年）五月，（德明）「母罔氏薨，除起復鎮軍將軍、右金吾衛上將軍，員外置同正員。餘如故。以殿中丞趙稹爲弔贈兼起復官告使，德明以樂迎至柩前。明日釋服，涕泣對使者自陳感恩」。

〔六〕長編：八月己亥，「置管勾往來國信司。命西京作坊使廉州刺史、内侍左班副都知閻承翰、供備庫使帶御器械綦政敏主之。自契丹修好，歲遣使交聘，承翰始專其事，因爲排辦禮信所。至是署局鑄印焉」。

〔七〕長編：九月甲申，「命户部副使祠部郎中宋摶爲契丹國母正旦使，供奉官閤門祗候馮若拙副之；户部判官殿中丞滕涉爲國主生辰使，侍禁閤門祗候劉煦副之；著作郎直史館陳知微爲國主正旦使，供奉官閤門祗候王承僎副之。」

〔八〕長編：「冬十月甲午朔，太陽當虧，雲陰不見。」宣府鎮志卷五：「日食在尾，雲陰不見。」

〔九〕長編：十月「戊戌，以右贊善大夫監許州商税王嶼知衛州，嶼自言前知棣州，值契丹入寇，頗申扞禦之效。昨以偶未獲賊，爲轉運使所奏，替還釐務，上録其前課，故復令治郡」。十一月「丁卯，廢定州軍城寨榷場，從河北緣邊安撫使之請也」。甲戌，「河東轉運使言：『唐龍鎮來璘、來美等爲西路契丹所掠。美即璘之季父，久依府州，與來懷正同族，不相能，故懷正召戎破之以報怨。』陳堯叟言：『璘、美等亦窮而款塞者，常持兩端，本非富强之族，但據險阻，恣爲觀望，朝廷征之，則趨河之東，地曰東蹕；契丹兵加之，則趨河之西，地曰西蹕。介卒騎兵所不能及。』上曰：『契丹使到，可令館伴使言其事。』（宋會要同。）仍令轉運使鮑中和與并州劉綜等商度，索所掠璘、美人畜。府州又言：『唐龍鎮畧奪蘆子塞郭莽族人馬。』詔轉運司理還之」。「辛卯，契丹遣使左領軍衛上將軍耶律元、昭德節度使耶律諧里，副使左威衛大將軍李琮、殿中少監李操來賀承天節。蕃俗最重食提狸邦（即貔狸邦），發土得之，（宋會要云：「如大鼠。」）唯以供主母，至是使者挈數頭至，飲羊乳，遂令庖人造蕃食以獻，上許進入，擇其味佳者再索之，使感悦……耶律元館於京師，嘗詢左右曰：『館中日聞鼓聲，豈習戰陣耶？』或對以俳優戲場，閭里筵設。上聞之，謂宰相曰：『不若以實諭之，諸軍比無征戰，閱習武藝，亦國家常事耳。且可以示無閒於彼也。』」

〔一〇〕長編：十二月「乙巳，麟府路鈐轄言：『契丹率兵捕賊至境上，恐謀侵軼。』上曰：『此疑者過也。』遣内侍王懷信往察之。丙午，懷信言：『契丹執盜馬舍利而還。』果無它」。癸丑，「唐龍鎮來璘與其族人懷三互相讐劫，側近帳族不寧，麟府駐泊韓守英等以聞，詔遣使召而盟之，依蕃法和斷」。「戊午，契丹遣使左威衛上將軍蕭留甯，彰武節度使耶律信甯，副使崇禄少卿邢詳，右威衛大將軍耶律遂正來賀明年正旦。（遂正，即遂貞，玉田韓氏賜姓耶律者。）上謂輔臣曰：『比者，武將戎臣多言與契丹和不便。』王旦曰：『儒臣中亦有此論，然國家與契丹和，三年於玆矣。計其不勞干戈、不費財用之外，河朔人民頓息飛輓。』上曰：『議者或謂敵伺河朔豐實乃動耳。』馮拯曰：『邊方不寧，武臣幸之以爲利。』上曰：『國家雖懷柔示信，亦不廢戎事，彼亦安敢渝盟，但當清净致治，以安吾民也。』邊臣嘗有奏請招市戰馬者，上顧左右曰：『今蕃落安輯，久通互市，何忽招之？且畜馬太多，費用尤廣。契丹請和，今已三載，河朔生靈，粗爾蘇息，撫御四方，當務遠畧，苟止信淺識，爲國生事，則害滋甚矣。』」

二十六年春〔一〕二月，如長濼。〔二〕

夏四月辛卯朔，祠木葉山。〔三〕

五月庚申朔，還上京。丙寅，高麗進龍鬚草席。〔四〕己巳，遣使賀中京成。庚午，致祭祖、懷二陵。辛未，駐蹕懷州。〔五〕

秋七月，增太祖、太宗、讓國皇帝、世宗謚，仍謚皇太弟李胡曰欽順皇帝。〔六〕

冬十月戊子朔，幸中京。〔七〕

十二月，蕭圖玉奏討甘州回鶻，降其王耶剌里，〔八〕撫慰而還。〔九〕

是年，放進士史克忠等一十三人。

〔一〕長編：大中祥符元年（一〇〇八）春正月「丁卯，設黄麾仗於殿前，陳宮懸、登歌，文武官、契丹使陪列，酌獻三清天書」。二月「辛丑，并北面緣邊騎捷六指揮爲四，徙泊高陽關。先是，緣界河常有無賴輩往來爲盜，因募置此軍，至是兵籍差少，又不欲長留邊陲，故南徙焉」。

〔二〕長編：三月丁卯，「宋摶等使契丹還言：『契丹所居曰中京，在幽州東北，城壘卑小，鮮居人，夾道多蔽以墻垣，宮中有武功殿，國主居之，文化殿，國母居之。又有東掖、西掖門，大率頗慕華儀，然性無檢束，每宴集，有不拜不拱手者。惟國母頗固盟好，而年齒漸衰，國主奉佛，其弟秦王隆慶好武，吴王隆裕慕道，見道士則喜。又國相韓德讓，專權既久，老而多疾。』上曰：『自契丹約和以來，武臣屢言敵本疲困，懼於兵戰，今國家歲贈遺之，是資敵也。』馮拯曰：『儒臣中亦有此言。』上曰：『武臣無事之際，喜談策畧，及其赴敵，罕能成功，好勇無謀，蓋其常耳。』」「戊辰，前都官員外郎喬希顔爲契丹國母生辰使，供奉官、閤門祇候景元副之」。乙酉，「雄州言，契丹於拒馬河北創亭舍，以候朝廷使命」。

〔三〕長編：夏四月甲寅，「并、代副部署石普言：『契丹雖與朝廷和好，而私署唐龍鎮來懷正官，信使不絶，漸違誓約，潛有侵軼，望令邊塞設備。』上曰：『修好累年，北鄙寧静，不當自爲猜慮，普止聞流言，不知國家大體耳。』」

〔四〕本史卷七〇屬國表作「進文化、武功兩殿龍鬚草地席」。

〔五〕長編：六月甲午，「命都官員外郎孫奭至契丹境上，告以將有事於泰山。時議東封，六師必須從行，恐契丹不察，妄生猜慮，欲遣使諭意。上曰：『朝廷每遣使往，彼有接伴、館設之勞，但令奭於境上以書信達之可也。』既而契丹報云：『中國自行大禮，何煩告諭。其禮物慮違誓文，不敢輒受。』上曰：『異域常能固守信誓，良可嘉也。』」（宋會要畧同。）景文集卷五八僕射孫宣公墓誌銘：「公（諱奭）字宗古……章聖上封之歲，假節境上，諭安遼人，通聘於毉無閭之落，又接其使於藁館。」又卷六一孫僕射行狀：「孫奭，字崇古……帝將東巡狩，攬瑞命，建元封，命公乘驛至塞下，諭契丹所以告成之意。俄假節以金紫，即王庭賜其君長，廟飲策勳，叙轉職方。」

〔六〕按欽順當作恭順，陳大任避金章宗父允恭改。長編：大中祥符元年，「是歲，契丹主追尊阿保機廟曰太祖，德光曰太宗，阮曰世宗，明曰穆宗，賢曰景宗（明記。）又贈東丹人皇王倍爲讓國皇帝、自在太子阮（李胡）爲恭順皇帝」。金避「恭」字爲欽。

長編：八月「庚子，置河東緣邊安撫司，令河北安撫副使、都監一員掌其事」。「癸丑，河東轉運司言：『偵得契丹點集兵馬，邊民頗懼，望增屯兵。』上曰：『近北面亦言戎人聞國家東封，調發輦運，慮因行討伐，率衆堅壁，以打圍爲名，巡邏境上。且朝廷自與之修好，固無釁隙，欲聞其疑擾，即驟益防兵，彼必愈致猜慮。』乃詔邊臣率如常制，無得生事。」江少虞皇朝類苑卷一三：「契丹飛奏，於歲給外，別假金帛，上以示王文正公，公曰：『東封甚近，車駕將出，以此探朝廷之意耳，何其小哉？』上曰：『何以答之？』公曰：『止當以微物輕之也。』乃於歲給三十萬外，各借二萬，仍諭次年額内除之。契丹得之大慙。次年，復示有司，契丹所借金帛二萬，事屬小可，仍依常數與之，今後永不爲例。」

長編：九月「甲申，以御史馬亮爲契丹國母正旦使，西京作坊使魏昭易副之；都官員外郎孫奭爲契丹國主正旦使，侍禁閤門祇候薛貽廓副之」。

〔七〕長編：冬十月甲午，「河北緣邊安撫司言：『契丹防邊人馬，自承牒命，悉已引去，人户安居，商旅不絶。』」十一月「壬午，契丹使左武衛上將軍蕭永、啟聖節度使耶律留寧，副使左驍衛大將軍董繼澄、衛尉少卿楊又元（玄）來賀承天節」。（宋會要記此事作「蕭永等」，未著留寧及董、楊姓名。）「癸未，上謂王旦等曰：『近覽邊奏，皆言今歲物價甚賤，芻藁三錢易兩圍，麥粟斛百餘錢。此民間儲蓄之時，歲有豐約固亦常理。古之善教，不若備預也。況北戎願保歡好，頗見其情，但固守封疆，足以安吾生聚。或言敵多狡詐，急當爲寇，此非遠識也。』旦曰：『國家納契丹和好已來，河朔生靈，方獲安堵，雖每歲贈遺，較於用兵之費，不及百分之一。昨陛下登封告成，天地助順，蓋人事和而天象應也。』」

〔八〕本史卷九三蕭圖玉傳作甘州酋長牙懶。

〔九〕長編：十二月「乙未，契丹使蕭永等辭歸國，故事：契丹使辭，當賜宴不視事，上以累屬休假，慮機務有壅，遣中使諭中書、樞密院，許先奏事」。「壬子，契丹使左武衛上將軍蕭知可、興國節度使蕭留寧，副使崇禄卿成永、少府監徐備來賀明年正旦。」蕭知可，宋史作蕭智可。

吴處厚青箱雜記卷六：「魏野，陝府人……有贈萊公詩云：『有官居鼎鼐，無地起樓臺。』而其詩播傳漠北，故真宗末年，嘗有北使詣闕，詢於譯者曰：『那箇是無地起樓臺的宰相？』時萊公方居散地，真宗即召還。」清葉澐綱鑑會編：「從東封還，改準户部尚書知天雄軍，契丹使常過大名，謂準曰：『相公望重，何故不在中書？』準曰：『主上以朝無事，北門鎖鑰，非準不可耳。』」宋史卷四四一路振傳：「大中祥符初，使契丹，撰乘軺録以獻。」晁公武郡齋讀書後志卷七：「乘軺録一卷，皇朝路振子發撰。振大中祥符初使契丹，撰此書以獻。」此書並著於陳振孫書録解題。宋史卷二〇三藝文志傳記類，路振，振誤「政」。此書今無傳本，惟江少虞皇朝類苑卷七七曾附載之，然有缺漏，晁伯宇續談助亦節録其文。乘軺録原爲日記體。彼此參校，尚能相互補足。其中所記地理、禮儀者，別注於相關部分。其記時政掌故者如次：「國家且議封禪，有諜者至涿州，言皇帝將親征，往幽薊，以復故地，然後東封泰嶽。虜大駭。遽以寧爲統軍，列栅於幽州城南，以虞我師之至。既而聞車駕臨岱，遂止。虜舊有韓統軍者，德讓之從弟也，取蕭后姊，封齊妃，韓勇悍多變詐，虜之寇我澶淵也，韓爲先鋒，指麾於城外，我師以巨弩射之，中腦而斃。虜喪之如失手足，自是虜無將帥，遂以寧統之。年五十，勇畧不及韓，虜咸憂焉。虜政苛刻，幽薊苦之，圍桑税畝，數倍於中國，水旱蟲蝗之災，無蠲減焉，以是服田之家，十夫並耨，而老者之食不得精鑿；力蠶之婦，十手並織，而老者之衣不得繒絮。征斂調發，急於剽掠。加以耶律、蕭、韓三姓恣横，歲求良家子以爲妻妾，幽薊之女有姿質者，父母不令施粉白，弊衣而藏之，比嫁，不與親族相往來。太宗皇帝平晉陽，知燕民之徯后也，親御六軍，傳於城下，燕民驚喜，謀欲劫守將出城而降。太宗皇帝以燕城大而不堅，易克難守，炎暑方熾，士卒暴露且久，遂班師焉。

城中父老聞車駕之還也，撫其子嘆息曰：『爾不得爲漢民，命也。』（原注：自虜政苛刻以下事，並幽州客司劉斌言。斌大父名迎，年七十五，嘗爲幽州軍政校，備見其事，每與子孫言之。其蕭后隆慶事，亦迎所說。）近有邊民舊爲虜所掠者，逃歸至燕，民爲斂資給導，以入漢界，因謂曰：『汝歸矣，他年南朝官家來收幽州，慎無殺吾漢兒也。』其燕薊民心嚮化如此。十日，自幽州北行，至孫侯館五十里，地平無丘陵，出北安門，道西有華嚴寺，即太宗皇帝駐蹕之地也。民言僧堂東壁有御札十五字，虜不令人見，覆以漆板，虜主每至，必開觀之。二十四日，自通天館東北行，至契丹國（中京）三十里，山遠路平，奚、漢民雜居益衆。里民言：『漢使歲至，虜必盡驅山中奚民，就道而居，欲其人煙相接也。』又曰：『虜所止之處，官屬皆從，城中無館舍，但於城外就車帳而居焉。』」

二十七年春正月，鈎魚土河。獵于瑞鹿原。〔一〕

夏四月丙戌朔，駐蹕中京。營建宮室。庚戌，廢霸州處置司。〔二〕

秋七月甲寅朔，霖雨，潢、土、斡剌、陰涼四河〔三〕皆溢，漂没民舍。

八月甲申，北幸。〔四〕

冬〔五〕十一月壬子朔，行柴册禮。〔六〕

十二月乙酉，南幸。皇太后不豫。戊子，肆赦。辛卯，皇太后崩于行宮。壬辰，遣使

報哀於宋、夏、高麗。戊申，如中京。己酉，詔免賀千齡節。〔七〕

是歲，御前引試劉二宜〔八〕等三人。

〔一〕長編：大中祥符二年（一〇〇九）二月「壬寅，命太常博士直史館河南王隨爲契丹國母生辰使，供奉官、閤門祗候王承瑾副之。初，王繼忠嘗因入契丹使回，獻名馬、貂、錦等物，以賀東封，於是答賜器幣，令隨等齎詔以往。詔：『自今契丹使有例外贈遺接伴、館伴使者，再辭不已，則許納之，官給器幣爲答。』初契丹使蕭知可等至白溝驛，與送伴使陳知微酌酒爲別，遺舍利以所乘馬遺知微，又以二馬至，令自擇之，知微固辭不受，上務懷遠俗，故有是命」。

宋會要蕃夷二：「二年二月二十五日，入契丹使還，前殿前都虞候王繼忠附奏，獻名馬、法錦、銀鼠、貂鼠被褥，棟樠酒器，垸㙩，賀封禪，禮畢，詔答賜之。」

高麗史卷四：顯宗己酉（穆宗十二年，一〇〇九）二月，「遣司農卿王日卿如契丹，告哀稱嗣」。

〔二〕高麗史卷四：顯宗己酉（穆宗十二年）「四月丙戌朔，遣借工部侍郎李有恒如契丹，賀太后生辰」。

長編：四月甲寅，「河北安撫司言：『北界人多病腮腫死，邊民稍南徙避疫。』詔醫官院處方並藥之」。五月壬戌，「邊臣言：『契丹爲黑水所侵而遁。』（宋會要同。）其部下防境上，謂黑水爲惡弱國土」。

宋會要蕃夷二：「五月……時雄州言：『契丹改築新城。』宰臣王旦曰：『契丹所納誓書，有無創修城池之言。』樞密陳堯叟曰：『彼先違誓修之。亦此之利也。』帝曰：『豈若遺利而敦信乎，且以爲如是，當有漸也。宜令邊臣遣人告其違約以止之，則撫御遠俗，不失其歡心也。』」（長編及續通鑑並畧同，繫於十月癸未。）

〔三〕潢河今西剌木倫河，土河今老哈河，斡剌河今喀喇木倫河，陰涼河今英金河、屯騰河。本史卷三七地理志上京道不見斡剌河之名，即黑河。

〔四〕長編：八月戊戌，「詔河北緣邊州軍公吏，毋得非禮使之。時邊城以契丹遣使朝聘，常肄習樂部，以備宴犒，後教公吏爲俳優，至有以醜言斥軍校咎累供戲笑者，人或不堪。上以爲非馭下之體，故戒之」。

九月「甲子，命工部侍郎馮起爲契丹國母正旦使，南作坊使李繼源副之；殿中侍御史趙鎮爲契丹國主正旦使，六宅使嘉州團練使杜守元副之；太常博士直史館樂黄目爲契丹國主生辰使，東染院使、潯州刺史潘惟吉副之」。（趙鎮，宋史卷四六三杜守元傳作趙稹。）

〔五〕長編：十月辛亥，「上以御筆所記送闌馬事示宰相曰：『雄州奏得闌馬送契丹，又奏近有盜馬以歸投者，亦止稱闌遺牒送。此詐也，彼豈不知邪？宜諭雄州，自今有若此者，當閱實還之，無涉欺誕。』」（宋會要同。）

〔六〕長編：十一月「乙卯，河東緣邊安撫司言：『麟、府州民，多齎輕貨，於夏州界擅立榷場貿易，望許人捕捉，立賞罰以懲勸之。』上曰：『聞彼歧路艱嶮，私相貿易，其數非多，宜令但準前詔，量加覺察可也。』」「己未，詔：『先充北朝國信副使及曾接伴人等，每有北朝人使到闕，並令依所借服色、官位、稱呼，立班坐宴。』」癸亥，「河北安撫司言：『緣邊巡檢捕得北界民李守明，檢括行裝，部送保州訖。』……詔保州給還行裝，以酒殽犒而遣之」。「甲戌，契丹遣使右衛上將軍蕭塔喇噶、崇義節度使耶律阿固達木，副使給事中裴元感、將作監張文來賀承天節。」

〔七〕長編：十二月「己丑，詔所賜契丹使餼羊，如聞在道驅牧，頗亦勞止，宜就雄州給之。初契丹使館伴使有私覿馬，馬悉輸官，而答禮皆己物。至是翰林學士晁迥爲館伴使言其事。庚寅，詔：『自今館伴使所得馬，官給其直，副使半之。』」「辛卯，以東上閤門使李允則領獎州刺史，仍知雄州。初，契丹遣使右武衛上將軍耶律圖嚕庫、廣德軍節度使耶律錫爾寧，副使右驍衛大將軍寇卿、太常少卿邢祐來賀明年正旦。錫爾寧中途遇疾。壬辰，詔遣使撫問。錫爾寧免冠膜拜稱謝。」（耶律圖嚕庫，宋會要作耶律突魯姑。）

長編：癸卯，「契丹國母蕭氏卒，年五十七。謚曰宣獻。契丹主哭必嘔血，遣天成節度使耶律信寧馳騎來告。涿州先牒雄州，雄州以聞。甲辰，詔廢朝七日，令禮官詳定服制，內出開寶禮爲蕃國發哀儀下輔臣，使參擇而行。復命太常博士直史館王隨、內殿承制閤門祇候郭允恭爲祭奠使，太常博士判三司催欠憑由司王曙、供奉閤門祇候王承瑾爲弔慰使。賻以衣五襲、綾羅帛萬疋。乙巳，賀正使耶律圖嚕庫初入見，既還館，令客省使曹利用以涿州牒示之。戊申，告哀使耶律信寧至，閤門使受書進内，詔圖嚕庫等就開寶寺設位奠哭。中書門下、樞密院、三司使、學士、知制誥已上詣都亭驛弔之。己酉，上於内東門制服發哀，召信寧入内，親加卹問，羣臣進名奉慰。蕭氏有機謀，善馭左右大臣，多得其死力。先是，蕃人毆漢人死者，償以牛馬，漢人則斬之，仍没其親屬爲奴婢。蕭氏一以漢法論。每戎馬入寇，親被甲督戰。及通好亦出其謀。然天性殘忍，多殺戮，始歸政於契丹主，未踰月而卒，無幾何，耶律昌運亦卒，昌運即韓德讓也。内外制服與蕭氏同，柩而葬。無子，以吴王隆裕子承業爲後。」長編：大中祥符三年正月「甲戌，入契丹使馮起等言：『所送國母禮物，本國以母亡，懇讓不受。』」（宋會要同。）

郡齋讀書志卷二下：「戴斗奉使録二卷，右皇朝王曙撰。景德三年（一〇〇六）爲契丹主生辰使，祥符二年（一〇〇九）爲弔慰使所録也。」玉海卷五八引宋國史藝文志：「王晦叔戴斗奉使録二卷。」宋史卷二〇三藝文志傳記類作「王曙戴斗奉使録一卷。」曙字晦叔，宋史卷二八六有傳，著戴斗奉使録二卷，宋會要避宋英宗（名曙）諱，作王曉。曲洧舊聞卷四云：「王文康再使，有戴斗奉使録三卷。」今此録已佚，各書所記卷數不一致。王曙，卷一五統和二十八年二月作王儒。

〔八〕劉二宜疑是劉二玄。

遼史補注卷十五

本紀第十五

聖宗六

二十八年春正月辛亥朔，不受賀。甲寅，如乾陵。癸酉，奉安大行皇太后梓宫于乾州菆塗殿。〔一〕

二月丙戌，宋遣王隨、王儒等來吊祭。〔二〕己亥，高麗遣魏守愚等來祭。是月，遣左龍虎衛上將軍蕭合卓饋大行皇太后遺物于宋，仍遣臨海軍節度使蕭虚列、左領軍衛上將軍張崇濟謝宋吊祭。〔三〕

三月癸卯，上大行皇太后謚爲聖神宣獻皇后。是月，宋、高麗遣使來會葬。〔四〕

夏四月甲子，葬太后於乾陵。〔五〕賜大丞相耶律德昌名曰隆運。庚午，賜宅及陪葬地。

五月己卯朔，如中京。辛卯清暑七金山。乙巳，西北路招討使蕭圖玉奏伐甘州回鶻，破肅州，盡俘其民。詔修土隗口故城以實之。丙午，高麗西京〔六〕留守康肇弒其主誦，擅立誦從兄詢，詔諸道繕甲兵，以備東征。〔七〕

秋〔八〕八月戊申，振平州饑民。辛亥，幸中京。丙寅，謁顯、乾二陵。丁卯，自將伐高麗，遣使報宋。以皇弟楚國王隆祐留守京師，〔九〕北府宰相、駙馬都尉蕭排押爲都統，北面林牙僧奴爲都監。

九月乙酉，遣使册西平王李德昭爲夏國王。〔一〇〕辛卯，遣樞密直學士高正、〔一一〕引進使韓杞宣問高麗王詢。〔一二〕

冬十月丙午朔，女直進良馬萬匹，乞從征高麗，許之。王詢遣使奉表乞罷師，〔一三〕不許。

十一月乙酉，大軍渡鴨緑江，康肇拒戰，敗之，退保銅州。〔一四〕丙戌，肇復出，右皮室詳穩耶律敵魯擒肇及副將李立，〔一五〕追殺數十里，獲所棄糧餉、鎧仗。戊子，銅、霍、貴、寧〔一六〕等州皆降。排押至奴古達嶺遇敵兵，戰敗之。辛卯，王詢遣使上表請朝，許之。〔一七〕禁軍士俘掠。以政事舍人馬保佑爲開京〔一八〕留守，安州團練使王八爲副留守。遣太子太師乙凛將騎兵一千，送保佑等赴京。壬辰，守將卓思正殺遼使者韓喜孫等十人，〔一九〕領兵出拒，保佑等還。遣乙凛領兵擊之，思正遂奔西京。圍之五日不克，駐蹕城西。高麗禮部郎中

渤海陀失來降。庚子，遣排押、盆奴等攻開京，遇高麗兵，敗之。王詢棄城遁去，遂焚開京，至清江，〔二〇〕還。〔二一〕

〔一〕長編：大中祥符三年（一〇一〇）春正月丁丑，「知天雄軍寇準言：『振武軍士援送契丹使過境，臣已各給裝錢。』上謂輔臣曰：『寇準好收人情，以求虛譽，卿等今見之矣』。乃詔諭準，不當擅有給賜，命備錢償官」。「上謂樞密院曰：『管勾國信閻承翰等累奏應副契丹使事例，多有增損不同，事繫長久，可盡取看詳，或有過當，於理不便者，竝改正之，咸令遵守，緣路修館舍，排當次第，已曾畫一指揮，不至勞煩，可降宣命悉令仍舊。』尋又詔：『送伴契丹使回日，依程赴闕，不必恩遽。』時王時送伴遽回，故有條約。」

〔二〕王儒即去年奉使來弔祭之王曙，參見本書卷一四統和二十七年注〔七〕。

〔三〕宋會要蕃夷二：「閏二月，詔河北、河東緣邊安撫司，候契丹國母葬日，令沿邊州軍於其日前後，各禁音樂三日。仍移文契丹界，令知朝旨。是月河東緣邊安撫司言：『北人王貴舉族來歸，欲送還之。』帝曰：『蕃法亡者悉孥戮之，況契丹誓書，逋逃之人，彼此無令停匿。可令本州遣歸北境，勿移牒部送。』」

長編：九月「丙戌，契丹主遣臨海節度使蕭曷琳，給事中室程奉其母遺物來上。又遣左威衛上將軍蕭善甯，左領衛大將軍張崇濟獻御衣、文犀帶、名馬、弧矢等謝賻禮」。宋會要同，且云：

「以國母遺留書禮，亦令於閤門通進人使入見。」蕭曷琳宋會要作蕭曷領，并著其遺物：玉釧，琥珀、瓔珞、碼碯瓶盤、犀玉壺、良馬等。

〔四〕索隱卷二：「錢氏宋奉使諸臣表有祭奠使、弔慰使，即此紀王隨、王儒等來弔祭也，未詳會葬之使。」

長編：二月辛卯，「入契丹副使潘惟吉卒。惟吉嘗得對便殿，上謂之曰：『凡人臣立朝，苟專務晏安，不以勞能而升，不足貴也。』惟吉即表求外任，命爲天雄軍駐泊都監。未行，選副樂黄目使契丹，受命入謝，時已病，上察其羸瘠，遣使詢之，且言不病，入北境，疾作，即肩輿而還，召遣其子乘驛往迎，至雄州而卒」。樂黄目等或是會葬使。

〔五〕長編：四月「甲子，契丹主葬其母於顯州北二十里。詔以是日廢朝。仍令邊城禁樂三日」。宋會要蕃夷二：「七月，雄州言：『契丹國主以其母喪殯顯州，日三時沃奠。四月，葬於州北二十里。』」續通鑑云：「遼羣臣上言：『山陵已畢，宜改元。』遼主曰：『改元吉禮也，居喪行吉禮，不孝也。』羣臣曰：『前代帝王以日易月，宜法舊制。』遼主曰：『寧違舊制，不爲不孝之人。』」

長編：四月，「雄（州）之諜者，嘗告遼國要官陰遣人至京師，造茶籠燎爐，（知雄州兼河北安撫使）（李）允則亦使倍與直作之，纖巧無毫髮之異，且先期至，則携入榷場，使茶酒卒多口者誇説其巧，令北商遍觀之，如是者三四，知遼官所市者已過，乃收之，不復出。遼中相傳謂允則賂之，恐有姦變，要官無以自明，乃被殺。其知術大抵類此」。

〔六〕高麗史卷五八地理志：「西京留守官平壤府……太祖元年，爲大都護府，尋爲西京。」索隱卷二一：「宋史：高麗本以平壤爲鎮州，號西京，西京最盛。考西京之名，自後唐清泰末高麗王建始。」史記朝鮮傳：都王險。杜佑通典云：『平壤，即王險城。』隋書高麗傳：『都於平壤城，亦曰長安城。』蓋漢至隋並都此。」今朝鮮民主主義人民共和國首都。

〔七〕長編：「是月（五月），契丹所部南、北大王、皮室、乙室、頻畢太師，奚，室韋，黑水，女真等賦車二千乘於幽州，載戎器，將伐高麗。（宋會要作女真高麗。）殺其臣邢抱朴，召劉晟知政事，（宋會要作代知政事。抱朴被殺，係傳誤或諜者虛報。）又召隆慶，隆慶反側，辭以避暑，不行。輒繕完兵甲，遣親信以私書交結國中貴倖。其親信録書來告雄州，訴其主不能敦協親族，國人思漢。上知隆慶教爲之，密諭邊臣，沮其意」。宋會要畧同。且云：「凡契丹有所調發，先下令使自辦兵器、馳馬、糧糗，故其鈔畧所得，不補所失。又索境内漢口有罪者配軍曰『驍武』，人皆嗟怨不爲用。」

高麗史卷四：「顯宗元年（庚戌，一〇一〇）五月甲申，流尚書左司郎中河拱辰、和州防禦郎中柳宗於遠島，拱辰嘗擊東女真見敗，宗恨之，會女真九十五人來朝，至和州館，宗盡殺之，故並坐流。女真訴於契丹，契丹主謂羣臣曰：『高麗康兆弑君，大逆也，宜發兵問罪。』」

長編：六月乙卯，「知雄州李允則言：『契丹界，累歲災歉闕食，多來近邊市糴。』詔本州出廩粟二萬石，賤糶以賑之」。（契丹國志、宋會要同。）

〔八〕高麗史卷四：顯宗元年「秋七月戊寅朔，契丹遣給事中梁炳、大將軍耶律允來問前王之故。（東國通鑑同。）八月丁未朔，遣内史侍郎平章事陳頔，直中臺尚書右丞尹餘如契丹」。

長編：八月丁巳，「渭州吐蕃部署綽克宗來貢馬。綽克宗自言：『本屬西涼府，及爲李繼遷所破，遂徙居康古，初以馬二百餘入貢，至天都山，與萬子太保相值，刦而奪之。但餘三十匹。』」又言：『德明境内荒歉，其鄰近族帳争博糶糧斛，作礮樓，糾集兵馬，期取甘州及與吐蕃相殺云。』」「癸亥，鄜延都鈐轄張崇貴言：『得趙德明書，稱遣牙校貢馬，兼言延州熟户明愛侵其所統綏州，臣疑其有詐，遂遣戍兵小校防守境上，德明果以三千兵來寇，兵未至，又遣所部貿易於邊郡，及兵至，臣所遣戍兵出其不意逆擊之，德明尋遁去。自德明納款，累省屯軍，今請復益之以備防遏。』遂詔鄜延、環慶、涇原路各增兵馬，既而德明上表自訴明愛侵界事，詔答之。」

〔九〕京師指中京。

〔一〇〕宋史卷四八五夏國傳上：「時遼亦遣使册德明爲大夏國王。」西夏書事卷九：「契丹封德明夏國王。遂建宫闕於鏉子山。契丹主以德明朝貢時至，遣使持册封爲夏國王。德明益自大，役民夫數萬於鏉子山，大起宫室，緜亘二十餘里，頗極壯麗。山在陝西延州境西北，德明駐軍於此，蓋欲窺中國也。」（原注：「宋史夏國傳，大中祥符元年（統和二十六年）契丹遣使册德明爲大夏國王，考遼史聖宗紀，大夏國王至太平元年始封。」）按册德昭僅有本年册爲夏國王，統和二十六年、太平元年均無册爲「大夏國王」事。

〔一〕高麗史卷四：十月「癸丑，契丹遣給事中高正，閤門引進使韓杞來告興師，參知政事李禮均，右僕射王同穎如契丹請和」。按此九月、十月之歧，應是派遣與到達後遣使請和日期；官銜不同，或有借職。

〔二〕長編：九月「丙戌，契丹主遣臨海節度使蕭曷琳、給事中室程奉其母遺物來上，又遣左威衛上將軍蕭善甯、左領衛大將軍張崇濟獻御衣、文犀帶、名馬、弧矢等謝賻禮」。「庚寅，詔自京至雄州諸縣鎮令佐、使臣，供契丹國信驛置無闕者，許書歷爲勞課。替還日，與優便官。」高麗史卷四：「九月，遣左司員外郎金延保如契丹秋季問候，左司郎中王佐暹、將作丞白日昇如契丹東京修好。」

〔三〕參見本年注〔一〕。

〔四〕高麗史卷四：「十月丙午朔，以參知政事康兆爲行營都統使檢校尚書右僕射上將軍。安紹光爲行營都兵馬使、少府監崔賢敏爲左軍兵馬使、刑部侍郎李昉爲右軍兵馬使、禮賓卿朴忠淑爲中軍兵馬使，刑部尚書崔士威爲統軍使，率兵三十萬，軍於通州，以備契丹。」通州，此紀當年十一月及本史卷一一五高麗外記並誤銅州。長編：十月「辛亥，雄州言：『契丹涿州移諜言，本國將征高麗，遣右監門衛將軍耶律寧奉書來告。』上曰：『前遣孫奭告以東封，契丹館奭於境上，但有報書，今其使來，但遣使接伴，示以方守前約。如堅欲赴闕，亦從其請也。』及寧至涿州，李允則止之，寧言奉國命以機事馳報，不敢駐。

允則即遣使臣伴送赴闕」。宋會要蕃夷二作十一月六日。十月丙午朔，辛亥正是六日，疑宋會要十一月爲十月之誤。宋會要蕃夷二又云：「及至，又以寧遠來困乏，特放起居兩日，朝辭日，就驛賜御筵，又同赴玉津園射弓，其例并雜物鞍馬弓箭悉賜之。十日，知樞密院王欽若言：『將來契丹賀承天節正旦使赴闕，未審舉樂不？』帝曰：『此當諭雄州，不許先問，但依例自界首音樂迎接，悉依自來體例。如彼使不欲聽樂之時，即以令來時禮慶賀，即與迴謝禮信持送遺留事體不同，兼緣已入朝庭封境，難以止絶諭之。』」

高麗史卷八八：「獻哀王太后皇甫氏，戴宗之女，生穆宗。穆宗即位，册上尊號曰應天啟聖靜德王太后。穆宗年已十八，太后攝政，居千秋殿，世號千秋太后。與金致陽通而生子，欲以其子嗣王位，時顯宗爲大良院君，太后忌之，彊令出家，寓居三角山神穴寺，時稱神穴小君。太后屢遣人謀害。一日，使内人遺以酒餅，皆和毒藥，内人到寺，求見小君，欲親勸食。寺有僧輒匿小君於地穴中，給之曰：『小君出遊山中，安知去處耶。』及内人還，散之庭中，烏雀食而即斃。凡忠臣義士，尤所忌憚，多以非罪陷之，穆宗不能禁。十二年正月，千秋殿災，太后入長生殿，後康兆殺致陽父子，流太后親屬於海島，又使人弑穆宗，於是太后歸居黄州者二十一年。顯宗二十年正月，薨於崇德宫，壽六十六。葬幽陵。」東國通鑑：「穆宗母千秋太后皇甫氏，逼大梁院君詢爲僧。初，洞州人金致陽，太后外族，性姦巧，嘗詐祝髪，出入千秋宫，頗有醜聲。成宗杖配遠地。成宗薨，詔授閤門通事舍人，不數年，貴寵無比，百官予奪，皆出其手，親黨布列，勢傾中外，起第至三百餘間，臺榭園池，窮極美麗，日夜與太后遊戲，無所畏忌。洞州立祠，額曰星宿寺。又於宮城西北隅，立十王寺，其圖象奇怪難狀，潛懷異志，以求陰助。凡器皿皆銘，其鐘銘曰：『當生東國之時，同修善種；後往西方之日，共證菩提。』王常欲黜之，恐傷母志不敢也。至是太后生子，是私致陽所生也。與致陽謀爲王后，忌大良君，彊令出家，年十二，初寓崇教寺，有僧夢見大星隕於寺庭，變爲龍，又變爲人，即大良君也。由是衆多奇之，後寓居三角山神穴寺，太后潛遣人謀害屢矣，寺有老僧穴地室中匿之，而上置卧榻以防不測。十二年春正月庚午，幸崇教寺，及還，暴風折繖蓋柄，王不豫。召給事中蔡忠順入卧内，辟左右語曰：『朕朝夕入地，太祖之孫，惟大良院君在，卿與崔沆素懷忠義，宜盡心匡扶，使社稷不屬異姓。』忠順出，以語沆，議遣宣徽判官皇甫俞義、郎將文演等往迎於神穴寺，西北面巡檢使康兆舉兵來，遂謀廢立。先是王知金致陽謀變，召大良院君，又知殿中監李周禎附致陽，權授西北面都巡檢副使，即日發遣，仍徵兆入衛。兆聞命行至洞州龍泉驛，内史主書魏從、掌書記崔昌曾坐事被黜，深怨朝廷，常欲搆難，二人俱謁兆，紿曰：『主上疾篤，命在頃刻，太后與致陽謀奪社稷，以公在外，手握重兵，恐或不從，矯命徵召，足下速還本道，舉義兵，保國全身，時不可失。』兆然之。以爲王已薨，朝廷悉被致陽詿誤，便回本營。太后忌兆來，遣内臣守岊嶺使遏行人，兆父患之，爲書納竹杖中，令奴薙髮爲僧，詭言妙香山僧，報兆云：『王已賓天，姦兇用事，可舉兵來，以靖國難。』奴晝夜急走，至兆所，氣竭而斃。兆探杖得書，愈信王薨，遂與副使吏部侍郎李鉉雲等領甲卒五千，至平州，始知王未薨。喪氣垂頭良久，諸將曰：『業已來矣，不可止也。』於是兆決意廢立，不知王已迎大良君，乃遣分司監察御史金應仁率兵往迎之。二月己丑，大良院君詢即位，康兆廢王爲讓國公，遣兵誅致陽父子，流其黨及太后親屬三十餘人於海島。康兆弒前王於積城縣，踰月，火葬縣南，陵曰恭陵。謚宣靈，廟號愍宗。臣民莫不痛憤，而新王未之知也。至契丹興師問罪，乃知被弒，改謚宣讓，廟號穆宗。」高麗史卷三亦稱「臣民莫不痛憤，而顯宗未之知，至契丹問罪始知之」。續通鑑卷二九考異：「宋史、遼史俱云康肇弒其君誦，立誦從兄詢，高麗史王誦之立，年十八矣。東國通鑑云：皇甫氏逼大良君詢爲僧，年十二，初寓崇教寺，後寓居三角山神穴寺。是詢實誦之從弟。故遼主飛書以諭高麗，亦謂逆臣康肇弒君立幼也。李氏長編作高麗王誦卒，其弟詢權領國事。蓋高麗久與宋絶，故李氏不知有康肇弒君之事。然以詢爲誦之弟，則與高麗史、東國通鑑相合，今從之。又高麗史、東國通鑑俱作康兆，宋、遼史俱作康肇。今從宋、遼史。」羅校：「康肇，高麗史作康兆。弒主事在上年七月，又兆初官西京都巡檢使，既弒誦，進中臺使，非西京留守。」

全遼文卷六韓棆墓誌：「旋以辰卞弒君，戕駒作梗，萬乘躬行於討擊……即授公左第一驍騎部署。軍還，加左監門衛大將軍。」

長編：十月「丁卯，命右司諫直史館李迪爲契丹主生辰使，六宅使、合州團練使白守素副之；監察御史乞伏矩爲正旦使，供奉官、閤門祇候翟繼思副之。守素居邊歲久，名聞敵中，頗畏伏之。

上慮其不欲行，密遣内侍詢於守素，守素頓首感咽，乃以内園副使崔可道代之」。戊辰，「知雄州李允則言，契丹由顯州東侵高麗，期以十二月還中京，蓋慮朝廷使至彼也。又上契丹兵數，且言，凡調發，先下令使自辦兵器、駞馬、糧糗，故其鈔畧所得，不補所失。又常索境内漢口有罪者配軍，曰驍武，人皆嗟怨，不爲用。又給假令歸，頗擾鄉閭，恣求財賄，其人或是兩地供輸户，已移文涿州止絶之」。

〔一五〕高麗史卷四：「十一月丙子朔，遣起居郎姜周載如契丹賀冬至，契丹主遣將軍蕭凝來告親征。」「辛卯，契丹主自將步騎四十萬渡鴨緑江，圍興化鎮，楊規、李守和等固守不降。」「庚戌，丹兵陷郭州，壬子，丹兵至清川江，安北都護府使工部侍郎朴暹棄城遁，州民皆潰。癸丑，丹兵至西京，焚中興寺塔。甲寅，陷肅州。」「辛酉，契丹主攻西京不拔，解圍而東。癸亥，西京神祠旋風忽起，契丹軍馬皆僨，召還河拱辰、柳宗，復其爵。壬申夜，王與后妃避丹兵南幸。甲戌，次楊州，遣河拱辰及户部員外郎高英起，奉表往丹營請和。」東國通鑑：「壬辰，康兆等分軍出龜州北恧頓、湯井、曙星三道與契丹戰，敗績。契丹主獲通州城外收禾男女，各賜錦衣，授紙封一箭，以兵三百餘人送興化鎮，諭其將箭封書曰：『朕以前王誦服事朝廷，其來久矣。今逆臣康兆，弑君立幼，故親率精兵，已臨國境，汝等禽康兆逆駕前，便即回兵。不然，直入開京，殺汝妻孥。』癸巳，又敕曰：『朕以前王誦紹其祖服，爲我藩臣，捍禦封陲，忽被姦凶所害，朕將精鋭來討罪人，其餘脅從，皆與原免。況汝等受前王撫綏之惠，知歷代順逆之由，當體朕懷，無貽後悔。』是日李守和等上表陳謝。甲午，契丹主以錦衣、銀器等物賜鎮將有差，仍敕曰：『省所上表奏，具悉。朕纂承五聖，臨御萬邦，忠良則必示旌褒，凶逆則須行誅伐。以康兆弑其故主，挾彼幼君，轉恣奸豪，大示威福，故親行誅伐，已臨近境，比頒綸旨，式示招懷。遽覽封章，未聞歸欵。汝等必知逆順，豈可助謀於逆黨，不思雪憤於前王。宜顧安危，預分禍福。』乙未，守和又回表云：『臣等昨奉詔泥，輒陳心石，望賜泣辜之惠，切祈解網之仁。』契丹主見表，知其不降。丁酉，解圍。以二十萬兵屯於麟州南無老代，以二十萬兵進至通州，移軍銅山下，康兆引兵出通州城南，分軍爲三，隔水而陣：一營於州西，據三水之會，兆居其中；一營於近州之山；一附城而營。兆以劍車排陣，丹兵至，合攻之，無不摧靡。丹兵屢退，兆遂有輕敵之心，與人彈碁。契丹先鋒耶律盆奴率詳穩耶律敵魯擊破三水砦，鎮主告丹兵至，兆不信，曰：『如口中之食，少則不可，宜使多入。』再告急曰：『丹兵已多入。』兆驚起曰：『信乎？』恍惚若見穆宗立於其後，叱之曰：『汝奴休矣！天伐詎可逃耶！』兆即脱鍪長跪曰：『死罪，死罪！』言未訖，丹兵已縛兆，裹以氈，載之以去。李鉉雲、盧戩、盧顗、楊景、李成佐等皆被執，盧頙、徐松、盧濟皆死，我軍大亂。丹兵乘勝追奔數十里，斬首三萬餘級。所棄糧餉鎧仗不可勝計，於是丹兵斬兆，長驅而進，左右奇軍將軍金訓、金繼夫、李元、申寧漢伏兵於緩項嶺，皆執短兵突出，敗之，丹兵小却。」

敵魯，本史卷八八本傳作的琭，右皮室詳穩作左皮室詳穩。李立，的琭傳及卷八八耶律盆奴傳並作李玄蘊。東國通鑑作李鉉雲。

東國通鑑：「初，王聞丹兵至，遣中郎將智蔡文將兵鎮和州以備東北，及兆敗，命蔡文移兵援西京。蔡文即與軍容使崔昌進次剛德鎮。甲寅，丹兵陷肅州，盧顗爲鄉導，與丹人劉經齎檄至西京諭降，副留守元宗奭與僚佐崔緯、咸質、楊澤、文晏等修表欲降，蔡文等聞之，引兵至西京，城門閉。（高麗史卷八文宗十二年記本年問罪高麗書云：「東結構於女真，西往來於宋國，是欲何謀？」似即劉經所齎者。）昌呼分臺御史曹子奇曰：『吾等奉王命倍道而來，不納何也？』子奇具告顗、經諭降之故，遂開門，蔡文入屯故宫南廊，昌諷宗奭執顗等固守，宗奭不從。昌密與蔡文謀遣兵伏城北，候顗等還，掩殺之，取其降表焚之。時城中疑貳，蔡文出屯城南，獨大將軍鄭忠節從之。俄而東北界都巡檢使卓思政率兵而至，與之合軍，復入城，王以三軍敗衄，州郡陷没，上表請朝，契丹主許之，遂禁俘掠。以馬保佑爲開城留守，王八副之。遣乙凜將騎兵一千送保佑等。乙卯，丹主又使韓杞以突騎二百至西京城北門呼曰：『皇帝昨遣劉經、盧顗等齎詔曉諭，柰何至今了無消息。若不拒命，留守官僚來聽我指諭。』思政聞杞語，謀諸蔡文，使麾下鄭仁等將驍騎突出，擊斬杞等百餘人，餘皆禽之，無一人還者。思政以蔡文爲先鋒，出與戰，乙凜、保佑敗走，於是人心稍安，思政還入城，蔡文與李元出屯慈惠寺。丹主復遣乙凜擊之，邏卒報丹兵來屯安定驛，其勢甚盛，蔡文馳告思政。丙辰，遂與僧法言率兵九千迎擊於林原驛南，斬首三千餘級，法言死之。翌日，蔡文復出戰，丹兵敗走。於是城中將士登城以望，競出逐之，至馬灘，丹兵回軍，擊敗之。丹主次於城西佛寺，思政懼，紿將軍大道秀曰：『君自東門、吾自西門出，前後夾攻，蔑不勝矣。』遂以麾下兵夜遁，道秀出東門，始知見紿，又力不可敵，遂率所部降於契丹。諸將皆潰，城中凶懼。己未，統軍録事趙元，隘守鎮將姜民瞻、郎將洪叶、方休莫知所措，乃共禱神祠，筮得吉兆，於是衆推趙元爲兵馬使，收散卒，閉城固守。辛未，王南幸。時智蔡文奔還，奏西京敗軍狀，羣臣議降，姜邯贊獨曰：『今日之事，罪在康兆，非所恤也，但衆寡不敵，當避其鋒，徐圖興復耳。』遂勸王南行。（高麗史卷九四姜邯贊傳同。）蔡文請曰：『臣雖駑怯，願在左右，庶效犬馬之勞。』王曰：『昨李元、崔昌奔還，自請扈從，今不復見，爲臣之義，果如是乎！今卿既勞於外，又欲捍衛，深嘉乃忠。』仍賜酒食及銀裝鞍轡，是夜王與后妃及吏部侍郎蔡忠順等禁軍五十餘人出京城。二年春正月乙亥朔，契丹主陷京城，焚燒太廟宫闕、民屋皆盡，是日王次廣州。失兩王后所在，令蔡文往尋之，至饒呑驛乃得奉還，王喜，爲留三日，乙酉，丹兵退。」

〔一六〕銅、霍、貴、寧，銅即六城中之通州，霍爲郭州，貴爲龜州，寧則安北都護府之寧州。

〔一七〕高麗史卷四：十二月「甲戌，次楊州，遣河拱辰及户部員外郎高英起奉表往丹營請和」。卷九四河拱辰傳：「拱辰與英起至契丹營，乞班師，契丹主許之。」

〔一八〕索隱卷二：「宋史高麗傳，其國王居開州蜀莫郡，曰開成府，是即開京。在今朝鮮國京畿道北境。」

〔一九〕卓思正，高麗史作卓思政；韓喜孫，高麗史作韓杞。按即上文九月引進使韓杞。此稱「韓喜孫等十人」即高麗史卷九四智蔡文傳稱「遣其閤門引進使韓杞以突騎二百至西京北門」。

〔三〇〕索隱卷二：「案清江即今開城江，水道提綱朝鮮諸水云：『臨津江西南流經長湍城南，有一大水，東北自開昌府東之松岳山南麓西流，經長湍北境及南境而西而西南，會臨津江西入海。』陳澧漢志水道圖説云：『臨津江，疑即漢樂浪郡吞列之列水。』則會臨津江之東北一大水，即此紀之清江矣。」

〔三一〕續通鑑卷二九考異：「是時女真方臣服於遼，而契丹國志云女真與高麗合兵拒遼。長編亦云高麗與女真合，疑皆傳聞之誤。」

長編：十一月壬辰，「李允則言：『頃年契丹加兵女真，女真衆纔萬人，所居有灰城，以水沃之，凝爲堅冰，不可上，距城三百里，焚其積聚，設伏於山林間以待之，契丹既不能攻城，野無所取，遂引騎去，大爲山林之兵掩襲、殺戮。今契丹趨遼陽伐高麗，且涉女真之境，女真雖小，契丹必不能勝也。』仍畫圖以獻。又言『契丹以西樓爲上京、遼陽爲東京，在中京正東稍南。其習俗，既葬畢，守墳。或云國主欲守其母墳，聲言伐高麗，駐遼陽城也』。（續通鑑以爲傳聞非事實。）上謂王旦等曰：『契丹伐高麗，萬一高麗窮蹙，或歸於我，或來乞師，何以處之？』旦曰：『當顧其大者，契丹方固盟好，高麗供奉累數歲不一至。』上曰：『然。可諭登州侍其旭，如高麗有使來乞師，即語以累年貢奉不入，不敢以達於朝廷。如有歸投者，第存撫之，不須以聞。』（宋會要畧同。）初，高麗王誦卒，其弟詢權領國事，嘗築六城於境上，曰興州、曰鐵州、曰通州、曰龍州、曰龜州、曰郭州。契丹以爲貳於己，遣使求六城，詢不許，契丹遂舉兵奄至城下，焚蕩宮室，剽劫居人。詢徙居昇羅州以避之。兵退，乃遣使請和。契丹堅以六城爲辭，詢即調兵守六城。及是契丹又大舉來伐，詢與女真合兵拒之，契丹大敗，帳族卒乘罕有還者，官屬戰没大半。（按此係傳聞未可據。）乃令幽、薊選嘗干仕進及稍知書者以補其乏，歸取介胄萬副。隆慶以疑間不給，拔寨遁歸。高麗又於鴨緑江東築城，與來遠城相望，跨江爲橋，潛兵以固六城」。（原注：據會要高麗王詢大中祥符七年十二月所上表稱庚戌年蕃兵奄至城下，詢徙居昇羅州，調兵守六城。又云大中祥符三年，契丹大舉來伐。按大中祥符三年即庚戌年也。）「壬寅，契丹遣使左武衛上將軍耶律登政、副使祕書少監馬翼來賀承天節。」十二月乙巳朔，「雄州言契丹敗衄之狀。上曰：『戰危事，蓋不得已，非可好也。』」（宋會要同。）「庚午，契丹遣使保安節度使耶律德壽、副使崇禄少卿呂德懋來賀明年正旦。」癸酉，「河南緣邊安撫司言：『契丹於朔州南再置榷場。』（宋會要同繫二十日。）詔以舊降條約諭之」。

宋會要蕃夷二：「是月接伴契丹使張象中等言：『戎使以此月十二日本國母喪期，欲易服舉哀。』詔象中至日，於所到處預令三番使臣，選寺院設位祭奠行慰禮，若欲易服舉哀，即諭以赴朝廷慶賀不便，仍住樂一日。」

朝鮮史畧卷五：「顯宗二年，契丹主陷京城，河拱辰至丹營，乞班師，主留之，丹兵退。興化鎮巡檢使楊規邀擊前鋒於艾田，斬一千餘級。俄而大軍奄至，規與龜州别將金叔興力戰矢窮，俱陷陣，死之。鎮使鄭成追丹兵於鴨緑江，擊之，溺死者甚衆，王發自羅州，還京都。」

高麗史卷七：文宗六年五月「戊午制曰：『頃在統和間，丹兵入寇，我皇考顯宗避難於山南……』」又卷九四金殷傅傳：「顯宗初，爲公州節度使，王避契丹南下，次公州……契丹兵退，王還次公州，殷傅使長女製御衣以進，因納之，是爲元成王后。元惠、元平二王后，亦其女也。尋除刑部侍郎，如契丹賀生辰，還至來遠城，契丹碁女真執之以歸，數月乃得還。」又卷九四楊規傳：「契丹主入京，焚宮闕而退，龜州別將金叔興與中郎將保良擊契丹兵，斬萬餘級，規掩擊契丹兵於無老代，斬二千餘級，奪被虜男女三千餘人。又戰於梨樹，追至石嶺，斬二千五百餘級。奪俘虜千餘人。後三日，又戰於余里站，斬千餘級，奪俘虜千餘人，是日三戰皆捷，復邀其前鋒於艾田擊之，斬千餘級。俄而契丹主大軍奄至，規與叔興終日力戰，兵盡矢窮，俱死於陣，契丹兵爲諸將鈔擊，又因大雨，馬駝疲乏，甲仗皆失，渡鴨緑江引去。鄭成追之，及其半渡，尾擊之，契丹兵溺死者甚衆，諸降城皆復之。規之孤軍旬月(日)間凡七戰，斬級甚衆，奪被虜人三萬餘口，獲駝馬器械不可勝數。」又卷九四河拱辰傳：「顯宗初……王避契丹南幸，拱辰追謁於道，奏曰：『契丹本以討賊爲名，今已得康兆，若遣使請和，彼必班師。』……遂遣拱辰及高英起奉表狀往契丹營。拱辰行至昌化縣，以表狀授郎將張旻、別將丁悦先往契丹軍，言曰：『國王固願來覲，第懼兵威。又因內難，出避江南(漢江之南)，遣陪臣拱辰等陳告事由，拱辰等亦惶懼不敢前來，請速收兵。』旻等未至，契丹先鋒已至昌化，拱辰等具陳前意，契丹問國王安在，答曰：『今向江南，不知所在。』又問遠近，答曰：『江南太遠，不知幾萬里。』追兵乃還。明年，拱辰與英起至契丹營，乞班師，契丹主許之。遂留拱辰等。拱辰既被留，内圖還國，外示忠勤，契丹主甚加寵遇，拱辰與英起密謀奏曰：『本國今已喪亡，臣等願領兵點檢而來。』契丹主許之。尋聞王返國，使英起居中京，拱辰居燕京，皆妻以良家女。拱辰多市駿馬，列置東路，以爲歸計，人告其謀，契丹主鞫之，拱辰具以實對，且曰：『臣於本國不敢有二心，罪當萬死，不願生事大朝。』契丹主義而原之，諭令改節效忠，拱辰辭益厲，不遜，遂殺之。」又卷九五黄周亮傳：「契丹兵陷京城，燒宮闕，書籍盡爲煨燼，周亮奉詔訪問採掇，集太祖至穆宗七代事跡共三十六卷以進。」長編：「是歲特命向敏中諭（孫）奭，令陳朝廷得失。……奭遂奏疏曰：『……竊見今之奸臣……先帝欲北平幽朔，西取繼遷，大勳未集，用付陛下，則未嘗獻一謀、畫一策，以佐陛下繼先帝之志，而乃卑辭重幣，求和於契丹；蹙國縻爵，姑息於保吉。以主辱臣死爲空言，以誣下罔上爲己任。譔造祥瑞，假託鬼神。』」

二十九年春正月乙亥朔，班師，所降諸城復叛。至貴州南峻嶺谷，大雨連日，馬駝皆疲，甲仗多遺棄，霽乃得渡。己丑，次鴨緑江。庚寅，皇后及皇弟楚國王隆祐迎於來遠城。壬辰，詔罷諸軍。己亥，次東京。〔一〕

二月己酉，謁乾、顯二陵。戊午，所俘高麗人分置諸陵廟，餘賜内戚、大臣。〔二〕

三月己卯，大丞相晉國王耶律隆運薨。〔三〕庚辰，皇弟楚國王隆祐權知北院樞密使事，樞密直學士高正爲北院樞密副使。庚寅，南京、平州水，振之。己亥，以北院大王耶律室魯爲北院樞密使，封韓王，北院郎君耶律世良爲北院大王，前三司使劉慎行參知政事兼知南院樞密使事。

夏四月，清暑老古堝。〔四〕

五月甲戌朔，詔已奏之事送所司附日曆。又詔帳族有罪，黥墨依諸部人例。乙未，以劉慎行爲南院樞密使，南府宰相邢抱質知南院樞密使事。〔五〕

六月庚戌，升蔚州、利州爲觀察使。乙卯，韓王耶律室魯薨。丙辰，以南院大王化哥爲北院樞密使。丁巳，詔西北路招討使、駙馬都尉蕭圖玉安撫西鄙。置阻卜諸部節度使。

是秋，〔六〕獵于平地松林。〔七〕

冬十月庚子朔，〔八〕駐蹕廣平淀。甲寅，贈大丞相晉國王耶律隆運尚書令，謚文忠。〔九〕

十一月庚午朔，幸顯州〔一〇〕。

十二月庚子朔，〔一一〕復如廣平淀。癸丑，以知南院樞密使事邢抱質年老，詔乘小車入朝。是月，復〔一二〕置歸、寧二州。〔一三〕

是年，御試，放高承顏〔一四〕等二人及第。

〔一〕高麗史卷四：顯宗「二年（一〇一一）春正月乙亥朔，契丹主入京城，焚燒大廟、宫闕、民屋皆盡。是日王次廣州」。「乙酉，丹兵退。」「壬寅，楊規、金叔興與契丹戰死。癸卯，契丹主渡鴨緑江引去。」

長編：大中祥符四年（一〇一一）春正月「己卯，命開封府推官太常丞李階齎書諭契丹，以特祀汾陰，令至境上付其疆吏。（宋會要同，特祀作親祀。）庚辰，詔：『北緣邊州軍官屬，自今不得以迎送爲名，出城寨馳獵，犯者以違制論。』」

〔二〕長編：二月癸亥，「詔緣邊州軍有契丹界饑民逐糧而至者，速遣還，無得留止」。

高麗史卷六三禮志：雜祀：「顯宗二年二月，以丹兵至長湍，風雪暴作，紺岳神祠若有旌旗士馬，丹兵懼不敢前，令所司修報祀。」

〔三〕長編：「三月甲戌朔，次陝州。召草澤魏野，辭疾不至。野居州之東郊，不求聞達。趙昌言、寇準來守是州，皆賓禮。野爲詩精苦，有唐人風。契丹使者嘗言本國得其草堂集半帙，願求全部。詔與之。」

玉壺清話卷七：「祥符中，契丹使至，因言本國喜誦魏野詩，但得上帙，願求全部。真宗始知其名，將召之，死已數年。搜其詩，果得草堂集十卷，詔賜之。」

長編：戊子，「雄州言：『入契丹副使崔可道病卒，契丹自幽州具鼓吹衛送其柩以歸。』詔遣中使護其喪事」。

宋會要蕃夷二："大中祥符三年（統和二十八年）六月，是歲契丹相韓德謙死，韓久專政，有智略，契丹畏服，自蕭氏卒，繼以韓死，虜主闇弱，其弟隆慶尤桀黠，衆心附焉。言事者請因遣使特加恩隆慶，帝曰：『講信修睦，務有大體，如其不法，遂加恩命，豈柔遠之道耶。』"按本史卷一五紀統和二十八年（宋祥符三年）四月，賜德昌即德讓名隆運。本年（宋祥符四年）三月己卯（初六日）"隆運薨"。長編、宋會要所記去年德讓死，應是傳誤。

長編：大中祥符三年（統和二十八年）春正月"丁巳，邊臣奏：『韓德讓死。』上曰：『德讓頗有智謀，專任國事。今既喪國母，德讓又死。臣佐中未聞有其比者。』王欽若曰：『國主懦弱，自今恐不能堅守和好。』上曰：『朝廷始終待以誠信，彼之部族，亦當順從也。』"二月戊子，"契丹主闇弱，自其母及韓德讓相繼死，其弟隆慶尤桀黠，衆心附之。言事者謂因遣使特加恩隆慶。上曰：『柔遠之道，務存大體。正當講信修睦，使之和協，如其不法，豈宜更加禮耶？』"

〔四〕索隱卷二："案國語解：『堝，窩陀二音，是堝一音陀，爲洞之轉音。』一統志：『老古洞山在奉天府鐵嶺縣東一百二里，山石黄赤，巉岩中有洞，洞口有廟。』"宋會要蕃夷二："祥符四年四月十二日，入契丹使李迪言，今月二十日迴至雄州，緣契丹國王親督兵伐高麗，以是久駐中京，其弟隆裕、丞相韓德讓相繼而死，高麗之戰，兵敗多不還者。"

高麗史卷四：夏四月"乙丑，遣工部郎中王瞻如契丹謝班師，先是王欲遣使契丹，命太史筮之，得……以下事上之象，吉"。長編：四月甲子，"定難節度使趙德明守中書令"。

〔五〕宋會要蕃夷二：「祥符四年五月十六日，邊臣言：『契丹征高麗，官屬多戰歿，力取幽薊間嘗干仕進及稍知書者，以補其闕。又遣使歸取介胄萬計，其弟隆慶不給，蓋相疑間也。』」

〔六〕長編：七月戊子，「契丹界自應州而北，地震裂有聲，室宇摧圮，人多壓死。上曰：『此必遼境民災，宜諭邊臣，常爲之備。』因議擇河北轉運使，經度軍儲，備緩急。謂輔臣曰：『王曙淳厚，李應機幹敏，皆可委也。』乃以曙爲轉運使，應機爲同轉運使。」

〔七〕高麗史卷四：顯宗二年八月「乙丑，遣户部侍郎崔元信如契丹」。

長編：九月「己丑，以工部郎中、龍圖閣待制張知白爲契丹國主生辰使，崇儀副使薛惟正副之」。

〔八〕朔字，據本史卷四四朔考補。

〔九〕高麗史卷四：冬十月「乙丑，遣都官郎中金崇義如契丹賀冬至」。

〔一〇〕長編：十一月「甲午，契丹國主遣使右威衛上將軍蕭昌琬，副使衛尉卿王甯來賀承天節」。

高麗史卷四：「十一月壬午，遣刑部侍郎金殷傅如契丹賀生辰。」

〔一一〕朔字，據本史卷四四朔考補。

〔一二〕復字，據本史卷三八地理志二補。

〔一三〕長編：十二月「甲子，契丹遣使長寧節度使耶律漢寧、副使太常少卿張儉來賀明年正旦」。

高麗史卷四：顯宗二年十二月，「契丹殺河拱辰」。

〔一四〕按此紀下文：開泰六年七月，「吏部員外郎南承顏……分路按察刑獄」。高麗史卷五：德宗辛未年

（興宗景福元年）七月，「契丹報哀使工部郎中南承顏來告聖宗崩」。此高承顏疑是南承顏之誤。

開泰元年春正月己巳朔，宋遣趙湘、符成翰來賀。〔一〕癸未，長白山三十部女直〔二〕酋長來貢，乞授爵秩。甲申，駐蹕王子院。丙戌，望祠木葉山。丁亥，女直太保蒲撚等來朝。戊子，獵于買曷魯林。〔三〕庚寅，祠木葉山。辛卯，曷蘇館〔四〕大王曷里喜來朝。〔五〕

二月壬子，駐蹕瑞鹿原。〔六〕

三月甲戌，以蔚州爲觀察，不隸武定軍。〔七〕乙亥，如葦濼。〔八〕丁丑，詔封皇女八人爲郡主。〔九〕乙酉，詔卜日行拜山、大射柳之禮，命北宰相、駙馬、蘭陵郡王蕭寧、樞密使、司空邢抱質督有司具儀物。丁亥，皇弟楚國王隆祐徙封齊國王，留守東京。〔一〇〕

夏四月庚子，高麗遣蔡忠順來，乞稱臣如舊，詔王詢親朝。〔一一〕壬寅，夏國遣使進良馬。己酉，祀風伯。辛酉，以前孟父房敞穩蕭佛奴爲左夷離畢。〔一二〕

五月戊辰朔，還上京。詔裴玄感、邢祥知禮部貢舉，放進士史簡等十九人及第。以駙馬蕭紹宗爲鄭州防禦使。乙亥，以邢抱質爲大同軍節度使。

六月，駐蹕上京。〔一三〕

秋七月丙子，以耶律遂貞爲遼興軍節度使，遂正北院宣徽使，〔一四〕張昭瑩南院宣徽使，耶律受益上京副留守，寇卿彰德軍節度使。命耶律釋身奴、李操充賀宋生辰國信使副，〔一五〕蕭涅衮、〔一六〕齊泰賀宋正旦使副。進士康文昭、張素臣、郎玄達坐論知貢舉裴玄感、邢祥私曲，祕書省正字李萬上書，辭涉怨訕，皆杖而徒之，萬役陷河冶。〔一七〕

八月丙申朔，〔一八〕鐵驪那沙等送兀惹百餘户至賓州，賜絲絹。是日，那沙乞賜佛像、儒書，詔賜護國仁王佛像一，易、詩、書、春秋、禮記各一部。己未，高麗王詢遣田拱之奉表稱病不能朝，詔復取六州地。〔一九〕是月，齊國王隆祐薨，輟朝五日。〔二〇〕

冬十月辛亥，如中京。〔二一〕

閏月丁卯，贈隆祐守太師，謚仁孝。〔二二〕

十一月甲午朔，〔二三〕文武百官加上尊號曰弘文宣武尊道至德崇仁廣孝聰睿昭聖神贊天輔皇帝。大赦，改元開泰。改幽都府爲析津府，薊北縣爲析津縣，幽都縣爲宛平縣，覃恩中外。己亥，賜夏國使東頭供奉官曹文斌、吕文貴、竇珪祐、守榮、武元正等爵有差。癸卯，前遼州録事張庭美六世同居，儀坤州劉興胤四世同居，各給復三年。甲辰，西北招討使蕭圖玉奏七部太師阿里底因其部民之怨，殺本部節度使霸暗并屠其家以叛，阻卜執阿里底以獻，而沿邊諸部皆叛。

十二月丙寅，奉遷南京諸帝石像于中京觀德殿，景宗及宣獻皇后于上京五鸞殿。壬申，振奉聖州饑民。〔二四〕庚辰，賜皇弟秦晉國王隆慶鐵券。〔二五〕癸未，劉晨言殿中高可垣，〔二六〕中京留守推官李可舉治獄明允，詔超遷之。甲申，詔諸道水災饑民質男女者，起來年正月，日計傭錢十文，價折傭盡，遣還其家。歸州言其居民本新羅所遷，未習文字，請設學以教之，詔允所請。貴德、龍化、儀坤、雙、遼、同、祖七州，至是有詔始征商。己丑，詔諸鎮建宣敕樓。〔二七〕

〔一〕長編：大中祥符四年（統和二十九年，一〇一一）九月己丑，「以兵部員外郎、兼侍御史知雜事趙湘爲明年（即開泰元年）正旦使，供奉官、閤門祇候符承翰副之」。符成翰作符承翰。

〔二〕此紀下文太平元年三月稱：「女直三十部酋長請各以其子詣闕祗候。」高麗史卷四：顯宗「三年（開泰元年）二月甲辰，女真酋長麻尸底率三十姓部落子弟來獻土馬」。均指此三十部。北史卷九四勿吉傳：「其部類凡有七種……其六黑水部，在安車骨西北，其七白山部在粟末東南。」金史卷六七阿疎傳：「世祖破烏春還，（紇石烈部人）阿海率官屬迎謁……世祖諭之曰：『……吾與汝等三十部之人，自今可以保安休息。』」三十部即指長白山三十部。

〔三〕本史卷六八遊幸表作賈曷魯林。

〔四〕索隱卷二：「案兵衛志屬國軍有北女直、南京女直，又有曷蘇館。百官志曷蘇館路女直國大王府亦曰合蘇衮部。又曰合素，又曰蘇館都大王。其字又作哈斯罕，亦作合蘇欵。徐夢莘三朝北盟會編云：『遼太祖遷女真大户於遼陽南，名哈斯罕。』又無名氏北風揚沙録云：『阿保機恐女真爲患，遷豪右數千家於遼陽之南，使不得與本國通，謂之合蘇欵。合蘇欵者，熟女真也。』又張匯金節要云：『北遼合蘇欵女真居遼地，俗呼熟女真，如陝西熟番户。』此曷蘇館之在東京道者也。洪皓松漠紀聞云：『黄頭女真皆山居，號合蘇館，河西亦有之，有八館，在黄河東，金人約夏人取關中，以三城八館報之，後背約，再取八館，而三城在河西，屢争不得。』此曷蘇館之在遼西京道者也。金史地理志：『東京遼陽府鶴野縣長宜鎮，曷蘇館在其地。』又蓋州下云：『明昌四年，罷曷蘇館，建辰州。』又上京路云：『天會七年，徙曷蘇館治寧州。』又西京路云：『雲内州雲川縣，本曷董館，後陞爲裕民縣，皇統元年復廢爲曷董館，大定二十九年復陞，更爲今名。』董字皆蘇之誤，並可爲遼史證。此紀下又云：『取曷蘇館女直北，直渡鴨緑江，可知其本部所在。』」

〔五〕長編：大中祥符五年（一〇一二）春正月乙酉，「契丹每遣人至寧化軍，詔於横嶺鋪治館舍以待之。從河東緣邊安撫使之請也」。「丁酉，瀛州言：『北境商人私以物至州貿鬻，爲州民恐嚇，即潛行厚賂而免。』詔緣邊安撫使，追取所賂，悉還北境，仍令徧諭彼民，有互市即赴榷場，無得潛至邊郡。」

〔六〕索隱卷二：「案統和廿七年始獵於瑞鹿原。一統志：瑞鹿山在烏朱穆秦右翼西北百八十里。」

〔七〕按此紀，去年六月已升蔚州爲觀察。

〔八〕索隱卷二：「案今蘇尼特左翼旗西南九十里葦淀。」

〔九〕按本史卷六五公主表，聖宗女封郡主者凡七人，合下文四年四月南平郡主正八人。

〔一〇〕長編：三月癸未，「三司言：『諸司送契丹使，道被寒雪，有亡失什物及驢畜斃者。』詔釋其罪蠲除之」。

〔一一〕高麗史卷四：顯宗三年夏四月，「契丹詔王親朝」。

〔一二〕長編：四月戊申，「雄州言：『邊民越入北界賭博者，準法決訖，徙隸河南軍籍。』從之」。

〔一三〕長編：六月「丁未，詔緣邊州軍：『不得募北界民充軍。如北界移牒究問，悉還之。其誘北界民應募者，決訖，部送京師，隸近南州軍。』」「戊申，管勾麟府路軍馬事韓守英言：『契丹人投河西路，由府州境上，望戒勵，逐處不得停止。』從之。」壬戌，「禁緣邊民盜契丹馬趨近南州軍貿易。」

〔一四〕按耶律遂貞即韓制心，下文開泰六年四月作耶律制心，亦作直心，見本書卷八二本傳注〔一〕。遂正即遂貞，諱貞作正，因誤作二人。

〔一五〕長編：十一月「戊午，契丹遣使昭德軍節度使耶律甯，副使大理少卿季道紀來賀承天節」。

〔一六〕長編：十二月「戊子，契丹遣使廣德軍節度使蕭衮，副使左衛大將軍齊泰來賀明年正旦」。本史卷八六蕭和尚傳：「字洪寧……開泰初……使宋賀正。」

〔一七〕陷河在臨潢府，參本書卷三七地理志一上京道注〔八〕。李萬，本史卷四七百官志秘書監正字下注「開泰元年見正字李萬」，即此人。全遼文卷六開泰九年耿延毅墓誌銘：「乃征銘于隴西氏，萬元非史才，久廢文章，承郡王之教，難以固辭，乃考世德，刊勒墓石。」重熙六年撰韓槆墓誌銘，見全遼文卷六。結銜爲「朝請郎守尚書右司郎中充史館修撰武騎尉賜紫金魚袋李萬」。

宋會要蕃夷二：「大中祥符五年七月六日，知雄州李允則言，契丹議築武清、安次、涿州城，是正違誓約，待其興工而言，則必恥於中輟，乃詔允則因使北境者諭之。既而允則言彼國聞命，即罷其役。」

長編：秋七月壬申，「詔河北商人與北境私相貿鬻，有所逋負，致被移諜辨理者，宜令緣邊安撫司趣使償之，自今仍禁其市易。知雄州李允則言：『契丹議築武清、安次、涿郡州城。』上曰：『是正違誓約，若俟其興功而言，則必恥於中輟。』乃詔允則，因使北境者諭之。既而允則言：『彼國聞命即罷其役。』」（李允則言一段，並見宋會要。）丁丑，「邊臣言：『北境移牒：商旅違大朝禁法，買盧甘石至涿州，已依法行遣。』」

〔一八〕朔字，據本史卷四四朔考補。據長編：「日有食之。」

〔一九〕高麗史卷四：六月「甲子，遣刑部侍郎田拱之如契丹，夏季問候。且告王病不能親朝，丹主怒，詔取興化、通州、龍州、鐵州、郭州、龜州等六城」。

〔二〇〕高麗史卷四：「九月己巳，遣西頭供奉官文儒領如契丹來遠城。」

〔二一〕長編：十月「己酉，以主客郎中知制誥王曾爲契丹國主生辰使，宮苑使、榮州刺史高繼勳副之；屯田郎中兼侍御史知雜事李士龍爲正旦使，内殿崇班閤門祗候李餘懿副之。舊制：出使必假官，繼勳本職既崇，不復假官，自是爲例。契丹使邢祥接伴，祥詫其國中親賢賜鐵券，曾折之曰：『鐵券者，衰世以寵權臣，用安反側，豈所以待親賢耶！』祥媿不復語」。

涑水記聞卷一六：「祥符中，王沂公奉使契丹，館伴邢祥頗肆談辨，深自衒鬻，且矜新賜鐵券。公曰：『鐵券者，勳臣有功高不賞之懼，賜之以安反側耳。何爲輒及親賢。』祥大沮失。」王曾奉使事，並見澠水燕談録卷二，作館伴耶律祥。

華陽集卷三六高穆武王繼勳神道碑：「遷弓箭庫使、榮州刺史，是歲（景德元年），朝廷與契丹約和，烈武王（繼勳之父）大有功於澶淵。明年爲麟府路鈐轄，河外環列亭障，而宿兵多轉餉給軍間，爲敵所鈔，王移軍扼兔毛州以斷敵窺，而軍食滋不乏，會契丹新遣使朝京師，以知瀛州。王雖以武功進，而天資達於政事，始至州，凡所設施，嚴而不煩……歷内藏庫使、宫苑使，奉使契丹，其國人見王爲人英偉，且知故烈武王之子，莫不加憚之，至不敢仰視，還知定州，徙延州、冀州，又徙貝州，乾興元年復知瀛州……」是高繼勳於奉使時非知榮州，乃知瀛州也。作榮或營亦誤。

王曾使回，有上契丹事一卷，長編、宋會要、契丹國志並有録文，本史卷三九、四〇地理志、武經總要亦節引其文。宋史藝文志卷二〇四地理類作王曾契丹志一卷。元史卷六四河渠志引稱王公北行録。所記山川地理詳見本書卷三九、四〇地理志注。長編帶叙於祥符五年十月（宋會要繫於六年），記云：「是歲，契丹改統和三十一年爲開泰元年，以幽州爲析津府。國主弟隆裕卒。隆裕初封吴王，後封楚國王……渤海俗，每歲時聚會作樂，先命善歌舞者數輩前行，士女相隨，更相唱和，迴旋宛轉，號曰踏鎚。所居屋皆就山墙開門……自過古北口，即蕃境，居人草菴板屋，亦務耕種，但無桑柘，所種皆從壠上，蓋虞吹沙所壅，山中長松鬱然，深谷中多燒炭爲業，時見畜牧牛馬、槖駞，尤多青羊、黄豕，亦有挈車帳逐水草射獵，食止糜粆炒糒。」

〔二二〕高麗史卷四：冬十月閏（十）月「庚午，遣工部尚書參知政事張瑩、禮部侍郎劉徵弼如契丹。癸未，契丹使太尉韓邠來」。長編：閏十月丁卯，「詔河北榷場所市食羊死於路者，無得抑市人鬻之」。

〔二三〕十一月，原誤「十月」，據大典卷五二四九及前後文改。長編：「戊午，契丹遣使昭德軍節度使耶律寧，副使大理少卿季道紀來賀承天節。」

〔二四〕宣府鎮志卷六災祥考作「十二月，契丹奉聖、歸化州饑」。

〔二五〕本史卷六四皇子表作「賜金券」，金券即鐵券，全遼文卷七耶律宗政墓誌銘作鐵券。

〔二六〕馮校：「劉晨、當作劉晟。」羅校：「殿中下，當有監字。」

〔二七〕高麗史卷四：十二月「庚寅，張瑩與契丹引進使李延弘來」。

長編：十二「月丙子，詔劾管勾國信内臣閻承翰、張繼能等，坐契丹使在驛輒歸，第供億有闕。案奏，特原其罪，自餘第懲罰之」。「戊子，契丹遣使廣德軍節度使蕭衮，副使左衛大將軍齊泰來賀明年正旦。」

二年春正月癸巳朔，以裴玄感爲翰林承旨，邢祥給事中，石用中翰林學士，吕德推樞密直學士，張儉政事舍人，〔一〕邢抱質加開府儀同三司、守司空兼侍中，王繼忠中京留守、檢校太師，户部侍郎劉涇加工部尚書，駙馬蕭紹宗加檢校太師，耶律控温加政事令，封幽王。〔二〕丁未，如瑞鹿原。北院樞密使耶律化哥封豳王。以馬氏爲麗儀，耿氏淑儀，尚寢白氏昭儀，尚服李氏順儀，〔三〕尚功艾氏芳儀，尚儀孫氏和儀。己未，録囚。烏古、敵烈叛，右皮室詳穩延壽率兵討之。是月，達旦國兵圍鎮州，〔四〕州軍堅守，尋引去。〔五〕

二月丙子，詔以麥務川爲象雷縣，女河川爲神水縣，羅家軍爲閭山縣，山子川爲富庶縣，習家砦爲龍山縣，阿覽峪爲勸農縣，松山川爲松山縣，金甸子爲金原縣。〔六〕壬午，遣北院樞密副使高正按察諸道獄。

三月壬辰朔，化哥以西北路署平，留兵戍鎮州，赴行在。〔七〕

夏四月甲子，拜日。詔從上京請，以韓斌所括贍國、撻魯河、奉、豪〔八〕等州户二萬五千四百有奇，置長霸、興仁、保和等十縣。丙子，如緬山。

五月辛卯朔，復命化哥等西討。〔九〕

六月辛酉朔，遣中丞耶律資忠使高麗，取六州舊地。〔一〇〕

秋七月壬辰，烏古、敵烈皆復故疆。乙未，西南招討使、政事令斜軫奏，党項諸部叛者皆遁黄河北模赧山，〔一一〕其不叛者曷黨、烏迷兩部因據其地，今復西遷，詰之則曰逐水草。不早圖之，後恐爲患。又聞前後叛者多投西夏，西夏不納。詔遣使再問西遷之意，若歸故地，則可就加撫諭。使不報，上怒，欲伐之。遂詔李德昭：「今党項叛，我欲西伐，爾當東擊，毋失犄角之勢。」仍命諸軍各市肥馬。丁酉，以惕隱耶律滌洌爲南府宰相，太尉五哥爲惕隱。〔一二〕癸卯，鈎魚曲溝。戊申，詔以敦睦宫子錢振貧民。己酉，化哥等破阻卜酋長烏八之衆。丁卯，封皇子宗訓大内惕隱。〔一三〕

八月壬戌，遣引進使李延弘賜夏國王李德昭及義成公主車馬。己丑，耶律資忠使高麗還。〔一四〕

冬十月己未朔，畋廌井之北。命耶律阿營等使宋賀生辰。〔一五〕辛酉，駐蹕長濼。丙寅，詳穩張馬留獻女直人知高麗事者。上問之，曰：「臣三年前爲高麗所虜，爲郎官，故知之。自開京東馬行七日，有大砦，廣如開京，旁州所貢珍異，皆積於此。勝、羅等州之南，亦有二大砦，所積如之。若大軍行由前路，取曷蘇館女直北，直渡鴨渌江，並大河而上，至郭州與大路會，高麗可取而有也。」上納之。

十一月甲午，録囚。癸丑，樞密使幽王化哥以西征有罪，削其官封，出爲大同軍節度使。〔一六〕

十二月〔一七〕甲子，以北院大王耶律世良爲北院樞密使，封岐王。以宰臣劉晟監修國史，牛璘爲彰國軍節度使，蕭孝穆爲西北路招討使。

放進士鮮于茂昭等六人及第。〔一八〕

〔一〕按全遼文卷六張儉墓誌銘、李燾長編，張儉於統和二十九年十二月至宋，賀明年正旦。使還遷官。誌稱「開泰元年遷政事舍人，知樞密直學士」。此錯後一年。

〔二〕「幽」當作「豳」。本史卷九四耶律化哥傳：化哥字弘隱。弘隱即控温，開泰元年伐阻卜，後封豳王。此與下文化哥封豳王爲重出。

〔三〕本書卷七一聖宗欽哀皇后傳後有聖宗芳儀李氏補傳。

〔四〕契丹國志卷二二：鼊古里國、達打國「常與契丹争戰，前後契丹屢爲國人所敗」。

〔五〕高麗史卷四：顯宗「四年（一〇一三）春正月丁酉，遣禮賓少卿張洎如契丹」。「庚寅，遣中樞院使蔡忠順如契丹。」

〔六〕本史卷三九地理志三與金史卷二四地理志上並作金源縣。

〔七〕高麗史卷四：三月「戊申，契丹使左監門衛大將軍耶律行平來，責取興化等六城」。行平，續通鑑作行成。即本史耶律資忠。三月已到達，何能六月遣使？顯然時間舛誤。明年二月甲子一條應即此事，誤後一年，復使云者，應對以前往索言。

宋史卷四八七高麗傳：「先是契丹既襲高麗，遂築六城，曰興州、曰鐵州、曰通州、曰龍州、曰龜州、曰郭州於境上，契丹以爲貳己，遣使來求六城。」高麗史卷四：「秋七月戊申，契丹使耶律行平復來索六城。」

〔八〕奉、豪二州，不見本史卷三七—四一地理志，疑是鳳、壕。

〔九〕高麗史卷四：夏五月「壬寅，女真引契丹兵將渡鴨緑江，大將軍金承渭等擊却之」。

〔一〇〕高麗史卷四：「六月丁卯，遣借尚書右丞金作賓如契丹賀改元。」

〔一一〕索隱卷二：「今烏喇特旗西南木納山，爲古陰山之分支，正當河套北岸，木納即模赧音轉。」

〔一二〕五哥即吴哥，漢名宗訓。惕隱即大内惕隱。此與下文封宗訓大内惕隱爲重出。

〔一三〕長編：大中祥符六年秋七月丙甲，「令河北緣邊寺院，不得留契丹界人爲行者」。

〔一四〕長編：九月「丙午，河北安撫司言：『契丹使往來路由冀州，請擇武臣爲守。』於是命澤州團練使魏榮代太常博士齊革。丁未，詔河北榷務入中布，其數甚多，用爲博糴亦所未便。自今除北界互市仍舊外，悉罷之」。「乙卯，以翰林學士晁迥爲契丹國主生辰使，崇儀副使王希範副之；龍圖閣待制查道爲正旦使，供奉官、閤門祇候蔚信副之。上謂輔臣曰：『向者東封西祀，皆遣使馳書諭契丹，今謁太清宫，密邇京師，重於遣使，就令迥等以此意諭之可也。』迥等使還，言：『始至長泊，泊多野鵝鴨，遼主射獵，領帳中騎擊扁鼓繞泊，驚鵝鴨飛走，乃縱海東青擊之，或親射焉。遼人皆佩金玉錐，號殺鵝殺鴨錐，每初獲，即拔毛插之，以鼓爲坐，遂縱飲，最以此爲樂。又好以銅及石爲鎚以擊兔。每秋則衣褐裘，呼鹿射之。夏月以布衣帳氈藉草，圍棋雙陸，或深澗張鷹。』有言迴與遼人勸酬戲謔，道醉而乘車，皆可罪。上曰：『此雖無害，然使乎絶域，遠人觀望，一不中度，要爲失體。』」

〔一五〕「營」，大典卷五二四九作管。

〔一六〕長編：十一月甲寅，「契丹遣使長寧軍節度使耶律阿果，副使左衛大將軍石弼來賀承天節」。管、果音近，應作阿管。

〔一七〕據長編、宋史：「戊午朔，日有食之。」

〔一八〕長編：十二月，「契丹遣使始平軍節度使耶律遠寧、副使起居舍人趙爲箕來賀明年正旦」。是歲聖宗曾頒詔，師事圓空國師：「朕聞上從軒皇，下逮周發，皆資師保，用福邦家，斯所以累德象賢，亦不敢倚一慢二者也。今覩大禪師識超券內，心出環中。灑甘露於敬田，融葆光於實際。總持至理，開悟衆迷。朕何不師之乎。」見全遼文卷一賜圓空國師詔，該詔引自圓空國師勝妙塔碑。

三年春正月己丑，録囚。阻卜酋長烏八來朝，封爲王。乙未，如渾河。丁酉，女直及鐵驪各遣使來貢。是夕，彗星見西方。丙午，畋潢河濱。壬子，帝及皇后獵瑞鹿原。

二月戊午，詔增樞密使以下月俸。甲子，遣上京副留守耶律資忠復使高麗取六州舊

地。〔一〕

三月庚子，遣耶律世良城招州。〔二〕戊申，南京、奉聖、平、蔚、雲、應、朔等州置轉運使。〔三〕

夏四月戊午，詔南京管内毋淹刑獄，以妨農務。癸亥，烏古叛。乙亥，沙州回鶻曹順〔四〕遣使來貢。丙子，以西北路招討都監蕭孝穆爲北府宰相。

五月乙酉朔，清暑緬山。〔五〕

六月乙亥，合拔里、乙室二國舅爲一帳，以乙室夷離畢蕭敵烈爲詳穩以總之。甲申，封皇姪胡都古爲廣平郡王。〔六〕

是夏，詔國舅詳穩蕭敵烈、東京留守耶律團石等討高麗，造浮梁于鴨渌江，城保、宣義、定遠等州。〔七〕

秋七月乙酉朔，如平地松林。壬辰，詔政事省、樞密院，酒間授官釋罪，毋即奉行，明日覆奏。〔八〕

八月甲寅朔，幸沙嶺。〔九〕

九月丁酉，八部敵烈殺其詳穩稍瓦，皆叛，詔南府宰相耶律吾剌葛招撫之。辛亥，釋敵烈數人，令招諭其衆。壬子，耶律世良遣使獻敵烈俘。〔一〇〕

冬十月甲寅朔，幸中京。丙子，以旗鼓拽剌詳穩題里姑爲奚六部大王。〔一二〕放進士張用行等三十一人及第出身。

〔一〕朝鮮史畧卷五：「顯宗五年（一〇一四）契丹遣使又索興化、通州、龍州、鐵州、郭州、龜州等六城。」原注云：「前次再遣使索之。」或是去年二月遣使，誤入今年。

高麗史卷四：顯宗五年二月甲子，「鐵利國王那沙使女真萬豆來獻馬及貂鼠、青鼠皮」。

長編：大中祥符七年（一〇一四）二月庚申，「夏州趙德明遣使來貢」。

〔二〕在東庫倫地，元史卷二太宗紀作曲雕阿蘭，參本書卷三七地理志一招州注〔一〕。

〔三〕長編：三月己酉，「河東安撫司言：『北界自景德二年（統和二十三年）後，漢口被掠自歸者千六百二十五人。』」

〔四〕曹順，長編、宋史、通考並作曹賢順，遼避景宗賢名改恭順，如上文統和六年六月之例，金陳大任避金章宗父允恭名，省「恭」字。

長編：夏四月「甲子，以歸義軍留後曹賢順爲歸義節度使。弟賢惠知瓜州，於是賢順遣使入貢，言其父宗壽既卒，以其母及國人之請求嗣位，詔予之。仍賜以金字藏經及茶藥等，亦從所請也」。

〔五〕長編：五月辛亥，「涇原都鈐轄曹瑋言：『伊實族（疑即乙室族）大首領延本率其族自北境歸順。』」

詔第補侍禁殿直，月給俸料」。

〔六〕高麗史卷四：顯宗五年六月，「加陳頔、李禮均爲門下侍郎平章事，王同穎爲內史侍郎平章事，尹餘爲司載卿，王佐暹爲將作少監，以奉使契丹被留未還也」。

長編：六月壬戌，「河北緣邊安撫司言：『民有自北界市馬三匹至者，已牒送順義軍。』上曰：『如聞彼國每擒獲鬻馬出界人，皆戮之，遠配其家，甚可憫也。宜令安撫司，自今如有此類，俟夜遣人牽至境上，解羈縱之。』」「乙丑，河北緣邊安撫司上制置緣邊浚陂塘築隄道條式畫圖，請付屯田司提振遵守，從之。又言：『於緣邊軍城種柳蒔麻，以備邊用。』詔奬之」。

〔七〕按本史卷三八地理志二，保州宣義軍是一州，定遠是宣州軍號，非州名。高麗史卷四：顯宗六年（開泰四年），「是歲契丹取宣化、定遠二鎮，城之」。

〔八〕按本史卷八六劉六符傳，此詔以六符父慎行（即劉晟）之諫。

長編：秋七月庚寅，「以前望都縣尉吳致讓知堂陽縣，前池州司理參軍徐待問知隰州，賜錢五萬。致讓等先陷契丹，自拔來歸，故奬之。其後數有歸者，皆授官賜物」。

〔九〕在今河北省宣化市西北，即志斷雲嶺。

高麗史卷四：顯宗五年「八月甲子，遣內史舍人尹徵古如宋獻金線織成龍鳳鞍韉，繡龍鳳鞍韉各二，良馬二十二匹，仍請歸附如舊，宋帝詔登州，置館於海次以待之」。

長編：「冬十月，先是登州言，高麗遣使入貢，未敢迎迓，以須朝旨。上謂宰相曰：『此事如何？』

王旦曰：『高麗久來進奉，因契丹阻絕，今須許其赴闕，契丹必不敢言，且使離高麗，契丹必已知之，若有所問，即當以誠對也。』王欽若曰：『此使到闕，正與契丹使同時。』旦曰：『四裔入貢，以尊中國，蓋常事耳。彼自有隙，朝廷奚所愛憎。』上曰：『卿言深得大體。』即遣使館接焉。」八年二月「甲戌，令登州於八角鎮海口治官署，以待高麗、女直使者」。

〔一〇〕按時世良奉命選馬駞於烏古部。高麗史卷四：顯宗五年九月「丙申，契丹遣將軍李松茂又索六城」。

長編：「九月乙巳，以殿中侍御史周實爲契丹國主生辰使，西京作坊副使段守倫副之；屯田員外郎趙世長爲正旦使，內殿崇班、閤門祗候張舜臣副之。」

〔一一〕按此事另見於四年九月，檢本史卷六九部族表亦在四年，疑此係重出。

高麗史卷四：顯宗五年「冬十月己未，契丹遣國舅詳穩蕭敵烈來侵通州興化鎮，將軍鄭神勇、別將周演擊敗之，斬七百餘級，溺江死者甚衆」。

長編：十一月「戊申，契丹遣使左林牙工部尚書蕭延寧，副使衛尉卿張翊來賀承天節」。

宋史卷八真宗紀：「大中祥符七年十二月庚申，契丹使蕭延寧等辭歸國。」

長編：「十二月丁卯，權知高麗國事王詢，遣奏告使尹證古及女真將軍塔沁堅已下凡七十八人以方物來貢。詢表言：契丹阻其道路，故久不得通，請降皇帝尊號正朔。詔從其請。又言：塔沁堅自稱父兄曾入覲，其兄留弗歸。茲行遂往尋訪。又河北居民竇文顯等十七人，先爲契丹所掠，投奔高麗，詢亦遣還，令歸本貫。上深嘉其意，待證古甚厚。」「丁丑，契丹使寧海節度使耶律少寧、副使永州防禦使耿寧來賀明年正旦。」

四年春正月乙酉，如瑞鹿原。丙戌，詔耶律世良再伐迪烈得。戊子，命詳穩拔姑濤水瑞鹿原，〔一〕以備春蒐。丁酉，獵馬蘭淀。壬寅，東征。東京留守善寧、平章涅里衮〔二〕奏，已總大軍及女直諸部兵分道進討，遂遣使齎密詔軍前。

二月壬子朔，如薩堤濼。于闐國來貢。

夏四月癸丑，以林牙建福爲北院大王。甲寅，蕭敵烈等伐高麗還。〔三〕丙辰，曷蘇館部請括女直王殊只你户舊無籍者，會其丁入賦役，從之。樞密使貫寧奏大破八部迪烈得，詔侍御撒刺獎諭，代行執手之禮。丙寅，耶律世良等上破阻卜俘獲數。戊辰，駐蹕沿柳湖。己巳，女直遣使來貢。壬申，耶律世良討烏古，破之。甲戌，遣使賞有功將校。世良討迪烈得至清泥堝。時于厥既平，〔四〕朝廷議内徙其衆。于厥安土重遷，遂叛。世良懲創，既破迪烈得，輒殲其丁壯。勒兵渡曷刺河，〔五〕進擊餘黨，斥候不謹，其將勃括聚兵稠林中，〔六〕擊遼軍不備。遼軍小却，結陣河曲。勃括是夜來襲。翌日，遼後軍至，勃括誘于厥之衆皆遁，世良追之，軍至險阸。勃括方阻險少休，遼軍偵知其所，世良不亟掩之，勃括輕騎遁去。獲其輜重及所誘于厥之衆，併遷迪烈得所獲轄麥里部民，城臚朐河上以居之。〔七〕是月，蕭楊哥尚南平郡主。

五月辛巳，命北府宰相劉晟爲都統，樞密使耶律世良爲副，殿前都點檢蕭屈烈爲都監以伐高麗。〔八〕晟先携家置邊郡，致緩師期，追還之。以世良、屈烈總兵進討。以耶律德政爲遼興軍節度使，蕭年骨烈天城軍節度使。李仲舉卒，詔賻恤其家。〔九〕

六月〔一〇〕庚戌，上拜日如禮。以麻都骨世勳，易衣馬爲好。以上京留守耶律八哥爲北院樞密副使。

秋七月，上又拜日，遂幸秋山。

自八月射鹿至于九月，復自癸丑至于辛酉，連獵于有柏、碎石、太保、響應、松山諸山。〔一一〕丁卯，與夷離畢、兵部尚書蕭榮寧定爲交契，以重君臣之好。丙子，以旗鼓拽剌詳穩題里姑爲六部奚王。〔一二〕

冬十月，駐蹕撻剌割濼。〔一三〕

十一月庚申，詔汰東京僧，〔一四〕及命上京、中京洎諸宮選精兵五萬五千人以備東征。〔一五〕

十二月，南巡海徼。還，幸顯州。〔一六〕

〔一〕瀦，原作「溺」。據大典卷五二四九改。

〔二〕本史卷八八蕭敵烈傳：「敵烈字涅魯衮，從耶律世良伐高麗。」此涅里衮即涅魯衮，亦即蕭敵烈。上文三年夏「詔國舅詳穩蕭敵烈，東京留守耶律團石等討高麗」。此善寧即團石。高麗史卷四：顯宗「六年（一〇一五）春正月，契丹作橋於鴨緑江，夾橋築東西城。遣將攻破，不克。癸卯，契丹兵圍興化鎮，將軍高積餘、趙弋等擊却之。甲辰，又侵通州」。三月「己亥，契丹侵龍州」。

〔三〕殿本考證：「通鑑綱目，契丹遣敵烈討高麗，高麗與女直設奇邀擊，契丹大敗而還。此不書敗，諱之也。」

高麗史卷四：「夏四月庚申，契丹使將軍耶律行平來，又索六城，拘留不遣。」

〔四〕契丹國志卷二二：「甲寅歲（開泰三年）（于厥國）曾率衆入契丹國界爲盜，聖宗命駙馬都尉蕭徒欲（圖玉）統兵大破其國，爾後，更不復爲盜。東南至上京五千餘里。」

〔五〕索隱卷二：「案今哈拉河，北流入鄂爾坤河，詳圖理琛異域録。一統志又云：『哈拉河大於土拉河。』」

〔六〕索隱卷二：「案一統志：哈拉河兩岸榆柳，薁薁叢生其間。」

〔七〕索隱卷二：「案即地理志河董城。」

〔八〕劉晟即慎行，事蹟附見本史卷八六子六符傳。蕭屈烈，下文卷一六紀開泰七年十月作虚列，卷百十五高麗外紀及高麗史並作虛烈。

〔九〕長編：大中祥符八年五月乙未，「詔契丹國信物舊用金爲飾者，並易以錦繡。己亥，詔近禁銷金，慮北境人至榷場，未知條式，或賣違禁物與近邊商旅貿易，宜令知雄州李允則以意諭北境，仍録所降詔付之」。

〔一〇〕據長編、宋史：「己酉朔，日有食之。」

〔一一〕索隱卷二：「案志松山見臨潢府及饒州、松山州，太保山見慶州，其餘未詳。今巴林旗東九十里有太保山，蒙古名滿札爾。又今翁牛特旗南二十里有大松山，蒙古名伊克納喇蘇台，旗西南百十里亦有松山，蒙古名納喇蘇台，此皆遼上京之山也。若今科爾沁左翼東北百八十五里之太保山，喀喇沁右翼西八十里之松山，則非此年獵地所及。」

〔一二〕高麗史卷四：「九月甲寅，契丹使監門將軍李松茂來索六城。己未，契丹來攻通州。癸亥，興化鎮大將軍鄭神勇，別將周演，散員任億，校尉楊春，太醫丞孫簡，太史丞康承穎等引兵出契丹軍後，擊殺七百餘級，神勇及六人死之。丁卯，契丹攻寧州城，不克而退。庚午，大將軍高積餘，將軍蘇忠玄、高延迪，散員金克，別將光參等追擊，死之。契丹虜兵馬判官王佐、録事盧玄佐而去。……是歲契丹取興化、定遠二鎮，城之。遣民官侍郎郭元如宋，獻方物，仍告契丹連歲來侵，表曰：『藉以聖威，示其睿略，或至傾危之際，預垂救急之恩。』」長編：八年九月「壬戌，命左司諫、知制誥劉筠爲契丹國主生辰國信使，供奉官、閤門祇候宋德文副之；户部副使、吏部員外郎李及爲正旦國信使，侍禁、閤門祇候李居中副之」。

〔一三〕索隱卷二：「案即撻魯古河所匯之泊。金史地理志泰州長春縣，遼長春州有撻魯古河。考今科爾沁左翼前旗東北百八十里佟噶喇克插漢池，即此紀之濼。興宗紀又作撒剌濼，譯音異。」

〔一四〕按大典卷八七〇六詔汰東京僧事，在明年（開泰五年）十一月。淘汰冗僧爲開闢兵源，仍以今年爲近理。

〔一五〕長編：十一月「壬申，契丹遣使左林牙工部尚書耶律珍，副使翰林學士承旨工部侍郎簽署樞密院公事吕德懋來賀承天節。癸酉，高麗進奉告奏使御事民官使（侍）郎郭元與東女真首領阿嚕臺來貢。高麗主表求賜曆日及尊號，且言：『契丹於其國西鴨緑江頭創浮橋，又於江東築寨，欲發兵焚燬，則慮衆寡不敵，邊民殊不安，乃西女真爲之鄉導也。』郭元自言：『本國城無垣牆，府曰開成，管六縣，民不下三五千，有州軍百餘，置十路轉運司統之。每州管縣五六，小者亦三四，每縣户三四百，國境南北千五百里，東西二千里。軍民雜處，隸軍者不黥面。方午爲市，不用錢，第以布、米貿易。地宜粳稻，風俗頗類中國，（三）歲一試舉人。有進士諸科、算學，每試百餘人，登第者不過一二十。』元辭貌恭恪，每受宴賜，必自爲謝表，粗有文采，朝廷待之亦厚。明年辭還，賜其主詔書七函，衣帶、器幣、鞍馬及經、史、聖惠方、曆日等，元又請録國朝登科記及賜御詩以歸。從之」。

高麗史卷四：顯宗七年正月壬申，「郭元還自宋，帝詔曰：『朕位居司牧，志存安民，雖分域以有殊，惟推誠而無間。念卿本道，固深軫於懷思；睠彼鄰封，亦久從於盟好。所期輯睦，用泰黎蒸。』」卷九四郭元傳：「顯宗二年，拜中樞直學士，六年，如宋獻方物，仍告契丹連歲來侵，會女真亦訴爲契丹侵擾，累年不得朝。帝以契丹既受盟，難於答辭，學士錢惟演草詔曰：『念卿本道，固深軫於懷思，睠乃鄰封，亦久從於盟好，所期輯睦，用泰黎蒸。』帝覽之，喜曰：『如此則雖契丹見之無妨』，仍勑元遊開寶寺，密使館伴員外郎張師德開諭，師德與元登寺塔，從容謂曰：『今京都高屋大厦，總是軍營，陛下一統寰海，猶且養卒，日令習戰以備北方，天子尚如此，况貴國與之連境，結好息民，是遠圖也。』」卷六：靖宗二年秋七月「壬辰，制曰：『乙卯歲，契丹犯邊，太史丞康丞穎先鋒戰死，厥功可嘉，其贈軍器少監，授子和初職。』」乙卯，高麗顯宗六年，遼開泰四年。

〔一六〕長編：十二月「庚子，契丹遣使監門衛大將軍蕭日新，副使衛尉少卿田文來賀明年正旦」。周一良撰阿剌伯人關於中國之記載有太平四年，聖宗遣使賜建都阿富汗吉慈尼之素丹馬合木書：「上天錫地上諸王國於朕，故得統有各族所屬之地，朕在京都長享太平，無不如意，世上凡能視聽，無不求與朕爲友。附近諸國主，朕之侄輩皆時得使來，表奏貢禮，不絕於途。唯卿迄今未曾朝貢。朕久聞卿英武卓越，統治有方。國內乂安，藩鎮慴服。卿既享尊榮，理應奏告，普天之下，唯朕最尊，卿當事朕以禮也。今派使臣，以道途遥遠，久需時日，故使者所賫不豐。且不欲派官爵高者，恐有逼卿之嫌也。今有貴主下嫁於加的爾汗之子察格利特勒，故命加的爾汗開通道路，庶幾此後聘使往還無礙。遣使當使聽睿解事者，能宣暢朕意，並曉以此間情況。今遣卡利通加（即是此旨），欲以肇啟邦交，永敦鄰好也。鼠兒年。」

五年春正月丁未，北幸。庚戌，耶律世良、蕭屈烈與高麗戰于郭州西，破之，斬首數萬級，盡獲其輜重。〔一〕乙卯，師次南海軍，耶律世良薨于軍。癸酉，駐蹕雪林。

二月己卯，阻卜長來朝。辛巳，如薩堤濼。〔二〕庚寅，以前東京統軍使耶律韓留爲右夷離畢。戊戌，皇子宗真生。〔三〕

三月乙卯，鼻骨德長撒保特、賽剌等來貢。辛酉，諸道獄空，詔進階賜物。丙寅，以前北院大王耶律敬温爲阿扎割只。辛未，党項魁可來降。〔四〕

夏四月乙亥，振招州民。戊寅，以左夷離畢蕭合卓爲北院樞密使，曷魯寧爲副使。庚辰，清暑孤樹淀。

五月甲子，尚書蕭姬隱坐出使後期，削其官。丁卯，以耿元吉爲户部使。〔五〕

六月，以政事舍人吴克昌按察霸州刑獄。丁丑，回鶻獻孔雀。〔六〕

秋七月甲辰，獵于赤山。〔七〕

八月丙子，幸懷州，有事于諸陵。戊寅，還上京。〔八〕

九月癸卯，皇弟南京留守秦晉國王隆慶來朝，上親出迎勞，至實德山，〔九〕因同獵于松山。乙丑，駐蹕杏堝。〔一〇〕

冬十月甲午，封秦晉國王隆慶長子查割中山郡王，次子遂哥樂安郡王。〔一一〕

十一月辛丑朔，〔一二〕以參知政事馬保忠同知樞密院事、監修國史。丁巳，以北面林牙蕭隈洼爲國舅詳穩。〔一三〕

十二月乙酉，秦晉國王隆慶還至北安，薨，訃聞，上爲哀慟，輟朝七日。丁酉，宋遣張遜、王承德來賀千齡節。〔一四〕

是歲，放進士孫傑等四十八人及第。

〔一〕高麗史卷四：顯宗「七年（一〇一六）春正月庚戌，契丹耶律世良、蕭屈烈侵郭州，我軍與戰，死者數萬人，獲輜重而歸。甲寅，契丹使十人到鴨緑江，不納」。

〔二〕索隱卷二：「案即曷老圖泊，水道提綱：『烏朱穆秦右翼西北百七十里曷左圖泊。』左字誤。一統志作曷老圖泊。」

〔三〕高麗史卷四：二月「壬午，契丹王美、延相等七人來奔」。「甲辰，契丹曹恩、高忽等六人來投。」

〔四〕按上文開泰四年四月「以林牙建福爲北院大王」。下文卷一六開泰八年十月「以前北院大王建福爲阿扎割只」。疑建福即耶律敬温。此條與八年十月所記重複。

羅校：「屬國表作叛命党項酋長魁可來降。」

長編：大中祥符九年三月「乙卯，以四方館使獎州刺史李允則爲引進使，領叙州團練使，依前知雄州兼本州部署。允則久在邊城，勤於其職。至是赴闕，復增秩遣之。既而允則言契丹國主名緒，境上書牒往來，嫌名非便，遂改高州。」

〔五〕長編：五月甲辰朔，「令寧化軍葺天池神堂。北界歲遣使一祀，至是頽圮。北界請加繕治故也」。高麗史卷四：五月「辛亥，契丹馬兒、保良、王保、可新等十三户來投」。乙丑，「契丹要豆等三人來投」。

〔六〕長編：六月「丙申，上謂輔臣王旦等曰：『邊臣言，契丹征高麗敗衄，姦人諜之，謂朝廷北伐，彼甚爲備，蓋多知天文，近象緯示變，皆主敵分，其下必當有兵，因而疑爾。』旦等曰：『契丹或微弱，則愈依朝廷，必無負約之理，所慮弟兄之間，自相離異，如漢宣時争先來朝，皆由微弱也。』」

高麗史卷四：六月「戊寅，契丹志甫等三人來投。乙酉，契丹張烈、公現、申豆、猷兒、王忠等三十户來投。」

〔七〕高麗史卷四：「秋七月甲辰，都兵馬使奏：『將軍高積餘、中郎將徐肯、郎將守嵒等三千一百八人曾於通州之役殺獲甚多，請不拘存没，增職一級。』從之。」此通州之役即郭州西之戰。又：「丁巳，契丹由道、高宗等九人來投。」

〔八〕高麗史卷四：「八月，契丹朱簡、從道等八人來投。」

〔九〕索隱卷二：「案一統志，舍爾吐山在翁牛特右翼西一百十里。」

〔一〇〕高麗史卷四：九月己酉，「契丹羅墾等五人來投」。「辛未，契丹奉大、高里等十九人來投。」

〔一一〕隆慶長子查葛、漢名宗政，次子遂哥、漢名宗德，三子謝家奴、漢名宗允。全遼文卷七耶律宗政墓誌銘云：「（開泰）五年……始封中山郡王。」卷八耶律宗允墓誌銘云：「開泰中……始封長沙郡王。（見本史卷一五紀六年四月。）……兄二人：長曰宗政……次曰宗德……皆先王而逝。」

〔一二〕朔字，據本史卷四四朔考補。

〔一三〕長編：十一月「丙寅，契丹遣使右千牛衛上將軍耶律延甯、副使崇祿卿張岐來賀承天節」。高麗史卷四：冬十一月，「契丹匡乂兒等十人來投。」

〔一四〕長編：九月「己酉，命樞密直學士工部侍郎薛映爲契丹國主生辰使，東染院使劉承宗副之；壽春郡王友戶部郎中直昭文館張士遜爲正旦使，供備庫使王承德副之。映、士遜始至上京」。薛映所記行程地理，見本書卷三七地理志一上京道上京臨潢府及注，宋史卷三〇五有傳。宋會要亦記士遜奉使事。張士遜，本史作張遜，脫士字，又薛映賀生辰，士遜爲賀正旦使，與此歧。景文集卷五七張文懿公士遜舊德之碑：「……契丹國信使，在藩房時，帝所特選。」長編：十二月「乙未，契丹遣使右林牙刑部尚書蕭延甯、副使蕭尉卿、李可舉來賀明年正旦」。高麗史卷四：十二月「乙未，契丹瑟弗達等六人來投。是歲復行宋大中祥符年號」。朝鮮史畧卷五：「復行宋年號。」

六年春正月癸卯，如錐子河。〔一〕

二月甲戌，以公主賽哥殺無罪婢，駙馬蕭圖玉不能齊家，降公主爲縣主，削圖玉同平章事。丁丑，詔國舅帳詳穩蕭隗洼〔二〕將本部兵東征高麗，其國舅司事以都監攝之。庚辰，以南面林牙涅合爲南院大王。〔三〕

三月乙巳，如顯州，葬秦晉國王隆慶。有事于顯、乾二陵。追册隆慶爲太弟。

夏四月辛卯，封隆慶少子謝家奴〔四〕爲長沙郡王，以樞密使漆水郡王耶律制心權知諸行宫都部署事。〔五〕壬辰，禁命婦再醮。丙申，如涼陘。

五月戊戌朔，命樞密使蕭合卓爲都統，〔六〕漢人行宫都部署王繼忠爲副，殿前都點檢蕭屈烈爲都監以伐高麗。翌日，賜合卓劍，俾得專殺。丙午，録囚。己酉，設四帳都詳穩。甲寅，以南京統軍使蕭惠爲右夷離畢。乙卯，祠木葉山、潢河。乙丑，駐蹕九層臺。〔七〕

六月戊辰朔，德妃蕭氏賜死，葬兔兒山西。〔八〕後數日，大風起塚上，晝暝，大雷電而雨不止者踰月。是月，南京諸縣蝗。

秋七月辛亥，如秋山。遣禮部尚書劉京、翰林學士吴叔達、知制誥仇正己、起居舍人

程翥、吏部員外郎南承顔，禮部員外郎王景運分路按察刑獄。辛酉，以西南路招討請，置寧仁縣于勝州。〔九〕

九月庚子，還上京，以皇子屬思生，大赦。丁未，以駙馬蕭璉，節度使化哥、知制誥仇正己、楊佶充賀宋生辰正旦使副。〔一〇〕乙卯，蕭合卓等攻高麗興化軍〔一一〕不克，還師。〔一二〕

冬十月丁卯，南京路饑，輓雲、應、朔、弘等州粟振之。辛未，獵鏵子河。〔一三〕庚寅，駐蹕達離山。〔一四〕

十一月乙卯，建州節度使石匡弼卒。〔一五〕

十二月丁卯，上輕騎還上京。戊子，宋遣李行簡、張信來賀千齡節。〔一六〕翌日，宋馮元、張倫來賀正旦。〔一七〕

〔一〕索隱卷二：「案契丹國志：興宗生於顯州東錐子河。一統志：珠子河在錦州府廣寧縣東北四十里。又引（盛京）通志云：『珠子河故道湮没，土人云：山水盛時有河，旱則水涸，或呼爲錐子。』遼史：遼州有錐子河，疑即此。」

〔二〕隗洼，去年（五年）十一月作隈洼。即蕭孝先，本史卷八七有傳，「字延寧，小字海里」。

〔三〕長編：天禧元年（一〇一七）二月「庚辰，補新羅人洪橘鮮爲應天府都知兵馬使，賜衣服、緡錢。

橘鮮仕本國爲承旨，國王遣其詐遁入契丹偵機事，以歸朝廷故也」。

〔四〕隆慶共五子，謝家奴第三。

〔五〕即上文開泰元年七月之耶律遂貞。耶律，下文亦作韓。本姓韓，賜姓耶律。制心，此紀上文原作「製」，本史卷八二本傳作制心。全遼文卷六韓椅墓誌稱「諱遂貞，賜名直心」，直心即制心。今改「製」爲制心。

〔六〕命字原脱，依上文例補。

〔七〕長編：五月「乙卯詔：『北戎每歲以鷙禽爲獻，閔其羈紲，宜悉縱之。』」

〔八〕按德妃當即廢后降爲貴妃者，特不知何時降爲德妃。兔兒山，營衛志作吐兒山。索隱卷二云：「兔兒山在喀喇沁右翼東南九十五里，蒙古名佗賴爾。」契丹語：「兔曰陶里。」佗賴爾即陶里。或云吐兒山即犢兒山，簡曰犢山。契丹語作拖古烈。

〔九〕案本史卷四一地理志東勝州無此縣。雲内州領縣二，其一曰寧人。金史卷二四地理志作寧仁。仁、人字通，蓋此縣初屬勝州。或是置寧人於勝州舊治，因勝州已遷河東。高麗史卷四：顯宗八年「七月戊戌，契丹光正等七户來投」。己酉，「契丹買瑟、多乙、鄭新等十四人來投」。「八月癸酉，契丹果許伊等三户來投。」

〔一〇〕長編：十一月「壬戌，契丹遣使右監門衛上將軍耶律準，副使刑部郎中知制誥仇正己來賀承天節」。仇正己曾於本年七月奉派按察刑獄。使迴又奉派如宋。京畿金石考卷上：「法寶寺幢

(記)」，仇正己撰，統和二十二年立，在(大興)舊城。」本史卷一六紀太平三年十一月有仇正爲燕京轉運使，疑即仇正己，誤脱己字。

〔一一〕本史卷八一王繼忠傳作興化鎮。高麗史卷五八地理志：「靈州，顯宗二十一年陞興化鎮爲州。」檢大東輿地圖，靈州位於古津江與鴨緑江會流點附近。輿地勝覽云：「古靈州在(義)州南五十五里，本高麗興化鎮。」

〔一二〕高麗史卷九四柳韶傳：顯宗「二十年，王命韶於興化鎮西北四十里修古石城，置威遠鎮」。威遠鎮在義州南二十五里，東南四十里爲興化鎮，位鴨緑江岸。

〔一三〕高麗史卷四：八月「壬辰，西女真揞信擒契丹東京崇聖寺僧道遵以來。癸巳，契丹蕭合卓圍興化鎮攻之，九日不克，將軍監一、洪光、高義出戰，大敗之，斬獲甚多」。合卓圍興化鎮事，東國通鑑繫於本年五月。「九月甲辰，契丹羣其、昆使，女真孤這等十户來投。」「壬子，契丹烏豆等八人來投。」

〔一四〕索隱卷二：「案一統志：河在喀喇沁右翼南百九十五里，東南流會插漢和屯河，入灤河，蒙古名幾布格河。」

〔一五〕達離山又見下文明年正月，疑即陶里山。參上文注〔八〕兔兒山。索隱卷二云：「即喀喇沁右翼東南百五十里托雷山。」

〔一六〕長編：十一月「癸亥，高麗王詢遣御史、刑部侍郎徐訥率女真首領梅詢奉表來獻方物。又賀封建壽春郡王，初郭元之還，詢即遣使人謝道海風漂舟回，及是乃至，有詔訥五日一赴起居」。

〔一六〕張信，信字誤。應作張佶。長編：九月「甲寅，以兵部員外郎、龍圖閣待制李行簡爲契丹國主生辰使，左騏驥使、宜州刺史張佶副之；（張佶，宋史卷三〇八有傳，亦載北使事。）太子中允直龍圖閣馮元爲正旦使，内殿崇班閤門祗候張綸副之」。

景文集卷六二馮侍講行狀：「馮元，字道宗……天禧元年，以諫議大夫假節使契丹。」

〔一七〕長編：十二月己卯，「初，女真國人輝和爾珠爾罕鄂倫自本國來貢，及還，道逢渤海戰攻，復來歸，以隸契丹。至是命高麗使徐訥領還，仍給裝錢」。「己丑，契丹遣使長寧節度使蕭質，副使禮部侍郎、知制誥楊佶來賀明年正旦」。按今年使宋賀生辰正旦之正使爲駙馬蕭璉與節度使化哥。今抵宋廷之正使爲右監門衛上將軍耶律準與長寧節度使蕭質，就官銜職位審度，或是臨時換人。

遼史補注卷十六

本紀第十六

聖宗七

七年春正月甲辰，如達離山。

二月乙丑朔，拜日，如渾河。〔一〕

三月辛丑，命東北越里篤、剖阿里、奥里米、蒲奴里、鐵驪〔二〕等五部歲貢貂皮六萬五千，馬三百。丙午，烏古部節度使蕭普達討叛命敵烈，滅之。〔三〕

夏四月，拜日。丙寅，振川、饒三州饑。辛未，振中京貧乏。癸酉，禁匿名書。壬辰，以三司使吕德懋爲樞密副使。

閏月壬子，以蕭進忠爲彰武軍節度使兼五州制置。〔四〕戊午，吐蕃王并里尊奏，凡朝貢，乞假道夏國，從之。〔五〕

五月丙寅，皇子宗真封梁王，宗元永清軍節度使，宗簡右衛大將軍，宗愿左驍衛大將軍，宗偉右衛大將軍，皇姪宗範昭義軍節度使，宗熙鎮國軍節度使，宗亮絳州節度使，宗弼濮州觀察使，宗奕曹州防禦使，宗顯、宗肅皆防禦使。以張儉守司徒兼政事令。〔六〕

六月丙申，〔七〕品打魯瑰部節度使勃魯里至鼻洒河，遇微雨，忽天地晦冥，大風飄四十三人飛旋空中，良久乃墮數里外。勃魯里幸獲免。一酒壺在地乃不移。八月丙午，〔八〕行大射柳之禮。庚申，以耶律留寧、吴守達使宋賀生辰，蕭高九、馬貽謀使宋賀正旦。〔九〕加平章蕭弘義開府儀同三司、尚父兼政事令。〔一〇〕

秋七月甲子，詔翰林待詔陳升寫南征得勝圖於上京五鸞殿。〔一一〕丁卯，蒲奴里部來貢。

九月庚申朔，〔一二〕蒲昵國使奏本國與烏里國〔一三〕封壤相接，數侵掠不寧，賜詔諭之。戊辰，詔内外官，因事受賕，事覺而稱子孫僕從者，禁之。庚午，録囚。括馬給東征軍。是月，駐蹕土河川。

冬十月，名中京新建二殿曰延慶，曰永安。壬寅，以順義軍節度使石用中爲漢人行宫都部署。丙辰，詔以東平郡王蕭排押爲都統，殿前都點檢蕭虚列爲副統，東京留守耶律八哥爲都監伐高麗。仍諭高麗守吏，能率衆自歸者，厚賞；堅壁相拒者，追悔無及。〔一四〕

十一月壬戌，以吕德懋知吏部尚書，楊又玄知詳覆院，劉晟爲霸州節度使，北府宰相劉慎行爲彰武軍節度使。〔一五〕庚辰，禁服用明金、縷金、貼金。戊子，幸中京。

十二月丁酉，宋遣呂夷簡、曹璋來賀千齡節。〔一六〕是月，蕭排押等與高麗戰於茶、陀二河，〔一七〕遼軍失利，天雲、右皮室二軍没溺者衆，遥輦帳詳穩阿果達、客省使酌古、渤海詳穩高清明、天雲軍詳穩海里等皆死之。〔一八〕

放進士張克恭等三十七人及第。

〔一〕長編：天禧二年（一〇一八）二月「乙亥，秦州部署曹瑋言：『知鎮戎軍内殿崇班張綸昨召赴闕，令使契丹，綸頗知蕃情，政治詳敏，使還望復委本任。』詔可」。

高麗史卷四：顯宗九年二月「丙戌，契丹張正等四人來投」。

〔二〕五國部闕越里吉。鐵驪與五國部鄰毗，不屬五國部。

〔三〕高麗史卷四：「三月甲午朔，契丹宋匡、襲伊蓋等十餘人來投。」

〔四〕彰武軍即霸州，後升爲興中府。五州指建、霸、宜、錦、白川。

〔五〕西夏書事卷一〇：「吐蕃别種可汗并里尊以朝貢契丹，道紆不能猝達。契丹主諭以假道夏州，并里尊遣使來請，德明不許。」并里尊，宋史、宋會要作李立遵，亦曰李遵，宗哥城酋領。

〔六〕高麗史卷四：「五月乙丑，契丹史夫來投。」「壬午，教：『乙卯年契丹入寇之時，諸州鎮將卒有功績者增級，死者優加賻贈。』」

〔七〕「六月」二字原脱，據本史卷四四朔考，五月壬戌朔，六月壬辰朔，丙申已入六月，據補。長編：六月壬辰朔，「禁陝西民鬻漆於北界」。

〔八〕「八月丙午」四字夾於上文六月與下文七月之間，六月壬辰朔，丙午是十五日，「八月」二字疑衍，或應將八月一段移於七月、九月之間。

〔九〕長編：十一月「丙戌，契丹遣使右衛上將軍耶律留寧，副使翰林學士、起居舍人、知制誥吴叔達來賀承天節」。吴叔達，本史作吴守達，不合。按叔達於此後曾官翰林學士、參知政事，見下文，守字誤。耶律留寧，長編景德二年十一月載契丹國母遣使左金吾衛上將軍耶律留寧、副使崇禄卿劉經來賀承天節。蕭留寧、馬貽謀見注〔一八〕。

〔一〇〕契丹國志卷七：「開泰七年（原誤六年）夏六月，彗出北斗。」

〔一一〕有遼陳及之作品傳世，今存故宫博物院。題「富沙陳及之」，及之疑即陳升字。

〔一二〕朔字據本史卷四四朔考補。

〔一三〕索隱卷二：「案蒲昵即金史世紀之五國蒲聶部，烏里即孩懶水烏林答部。」

〔一四〕高麗史卷四：「冬十月，遣禮賓少卿元永如契丹請和。」東國通鑑繫此事於九月，元永作元承。

〔一五〕按劉慎行即劉晟，彰武軍即霸州，一事重出。

〔一六〕長編：九月「甲申，起居舍人吕夷簡爲契丹國主生辰使，供奉官、閤門祗候曹琮副之；工部郎中直史館陳堯佐爲正旦使，侍禁、閤門祗候張君平副之」。琮，宋史卷二五八有傳，本史避「宗」字嫌名作曹璋。君平，宋史卷三二六有傳。本史作張羣，誤。

〔一七〕參見明年注〔三〕。此茶、陀二河，池内宏謂即龜州之石川流入皇華川，實是一水。

〔一八〕長編：十二月「癸丑，契丹遣使左林牙、工部尚書蕭留寧，副使右諫議大夫馬貽謀來賀明年正旦。甲寅，詔文武官曾使契丹及接伴者，自今戎使到闕，除兩省給舍外，並令於左掖門出入」。

本史卷三八地理志：「東京道廣州，統和八年省，開泰七年以漢户置。……信州彰聖軍……開泰初置州，以所俘漢民實之。」金史卷二四地理志：「信州彰信軍，遼開泰七年建。」

高麗史卷九四姜民瞻傳：「大中祥符十一年（開泰七年）契丹闌入，兵部尚書、知中書院事姜民瞻奮擊，大捷於盤嶺之野，契丹奔北，投戈委甲，行路隘塞，俘斬萬級。」

按高麗史、東國通鑑並誤蕭排押爲蕭遜寧。本史卷八八排押傳中載其曾參與開泰七年茶、陀戰役。排押弟恒德字遜寧，卷八八亦有傳，已於統和十四年因罪賜死。高麗史來山口，東國通鑑作來口山。

高麗史卷九四姜邯贊傳：顯宗九年（開泰七年），「契丹蕭遜寧來侵，兵號十萬，時邯贊爲西北面行營都統使……姜民瞻副之。……帥兵二十萬八千三百屯寧州至興化鎮，選騎兵萬二千伏山谷中，以大繩貫牛皮塞城東大川以待之。賊至，決塞發伏，大敗之，遜寧引兵直趨京城，民瞻追及於慈州來山口，又大敗之。侍郎趙元又擊於馬灘，斬首萬餘級」。（東國通鑑十二月戊戌同。）

高麗史卷四：十二月「壬辰，契丹人王遂來投」。

八年春正月，宋遣陳堯佐、張羣來賀。〔一〕壬戌，鐵驪來貢。建景宗廟于中京。封沙州節度使曹順爲燉煌郡王。〔二〕

二月丁未，以前南院樞密使韓制心爲中京留守，漢人行宫都部署王繼忠南院樞密使。丙辰，祭風伯。〔三〕

三月〔四〕己未，以契丹弘義宫使赫石爲興聖宫都部署，前遥恩拈部節度使控骨里積慶宫都部署，左祗候郎君耶律罕四捷軍都監。乙亥，東平王蕭韓寧、東京留守耶律八哥、國舅平章事蕭排押、林牙要只等討高麗還，〔五〕坐失律，數其罪而釋之。己卯，詔加征高麗有功渤海將校官。壬午，閲飛龍院馬。癸未，回跋部〔六〕太師踏剌葛來貢。丙戌，置東京渤海承奉官都知押班。〔七〕

夏四月戊子朔，如緬山。

五月壬申，以駙馬蕭克忠爲長寧軍節度使。乙亥，遷寧州渤海户于遼、土二河之間。己卯，曷蘇館惕隱阿不葛、宰相賽剌來貢。〔八〕

六月戊子，録征高麗戰殁將校子弟。己丑，以左夷離畢蕭解里爲西南面招討使，御史大夫蕭要只爲夷離畢。己亥，惕隱耶律合葛爲南府宰相，南面林牙耶律韓留爲惕隱。癸卯，弛大攊山猿嶺採木之禁。乙巳，以南皮室軍校等討高麗有功，賜金帛有差。〔九〕

秋七月己未，征高麗戰歿諸將，詔益封其妻。庚申，以東北路詳穩耶律獨迭爲北院大王。辛酉，肴里、涅哥二奚軍征高麗有功，皆賜金帛。癸亥，詔阻卜依舊歲貢馬千七百，駝四百四十，貂鼠皮萬，青鼠皮二萬五千。戊辰，觀稼。己巳，回跋部太保麻門來貢。庚午，觀市，曲赦市中繫囚。命解寧、馬翼充賀宋生辰使副。〔一〇〕

八月庚寅，遣郎君曷不吕等率諸部兵會大軍討高麗。〔一一〕

九月己巳，以石用中參知政事。宋遣崔遵度、王應昌來賀千齡節。壬申，録囚。甲戌，復録囚。庚辰，曷蘇館惕隱阿不割來貢。〔一二〕壬午，駐蹕土河川。

冬十月乙酉，詔諸道，事無巨細，已斷者，每三月一次條奏。戊子，遣耶律繼崇、鄭玄瑕賀宋正旦。〔一三〕癸巳，詔橫帳三房不得與卑小帳族爲婚，凡嫁娶，必奏而後行。癸卯，以前北院大王建福爲阿扎割只。甲辰，改東路秏里太保城爲咸州，〔一四〕建節以領之。

十一月甲寅，置雲州宣德縣。

十二月辛卯，駐蹕中京。乙巳，以廣平郡王宗業爲中京留守、大定尹，韓制心爲惕隱。辛亥，高麗王詢遣使乞貢方物，詔納之。〔一五〕

〔一〕張羣，長編作張君平，參見去年注〔一六〕。

〔二〕曹順，原名賢順，參上文開泰三年注〔一四〕。此次奉使者爲韓椅，見全遼文卷六韓椅墓誌銘。東國通鑑：「顯宗十年春正月庚申，姜邯贊以丹兵逼城，遣兵馬判官金宗鉉領兵一萬，倍道入衛京城，東北面兵馬使亦遣兵三千三百入援。辛酉，蕭遜寧至新恩縣，去京城百里，王命收城外民户入内，清野以待。遜寧遣耶律好德齎書至通德門，告以回軍，潛遣候騎三百餘至金郊驛，王遣兵一百乘夜掩殺之。辛巳，回兵至漣渭州，姜邯贊等掩擊，斬五百餘級。」（高麗史卷四無庚申、辛巳紀事，卷九四姜邯贊傳畧同。）

〔三〕東國通鑑：「二月己丑朔，姜邯贊擊丹兵於龜州，大敗之。時丹兵過龜州，邯贊等邀戰於東郊，兩軍相持，勝敗未決，金宗鉉引兵赴之，忽風雨南來，旌旗北指，我軍乘勢奮擊，勇氣百倍，丹兵奔北，我軍追擊之，涉石川至於盤嶺，僵尸蔽野，俘獲人口、馬駝、甲胄、兵仗不可勝數，生還僅數千人。丹兵之敗未有如此時之甚。丹主聞之大怒，遣使責遜寧曰：『汝輕敵深入，以至於此，何面目見我乎。朕當皮面然後戮之。』」據此，則遼師敗歸爲二月，與下載排押等討高麗還相符。蓋自去年十二月即受挫喪師，至此全軍敗歸。高麗史卷四及卷九四姜邯贊傳並云「生還者僅數千人」。

朝鮮史畧卷五：「契丹蕭遜寧率兵來侵，姜邯贊、姜民瞻等前後戰於興化鎮及龜州，大敗之。」

〔四〕據長編、宋史：「戊午朔，日有食之。」

〔五〕本史卷八八蕭排押傳：「排押，字韓隱。……開泰五年，進王東平。」隱、寧音近，蕭韓寧即蕭排押，重出。續通鑑考異云：「案上年遼人出師，無韓寧之名，况其時排押方爲東平王，不應一時有兩東平王也。蓋由排押字韓隱，譯音轉爲韓寧，遼人紀事之書，或書名或書字，元人修遼史者，不辨其爲一人，遂分書之耳。」

〔六〕北風揚沙録云：「自咸州東北分界，入宫口至於東沫江中間所居之女真，隸契丹咸州兵馬司，與其國往來無禁，謂之回霸。回霸者，非熟女真亦非生女真也。」回跋服遼已久。其初屬渤海，本史卷七三耶律阿古只傳云：「（渤海）已降郡縣復叛，阿古只進軍破回跋城。」其證也。屬國軍有回拔，見卷三六兵衛志。又有回跋部大王府，見卷四六百官志。

〔七〕高麗史卷四：顯宗十年三月「戊辰，鐵利國主那沙使阿盧太來獻土馬」。五月「壬午，遣使如鐵利國報聘」。

〔八〕高麗史卷四：「五月戊辰，契丹東京文籍院少監烏長公來見。」

〔九〕長編：天禧三年（一〇一九）六月丁酉，「河北既罷兵，允則治城壘不輟，遼主問其相張儉曰：『聞南朝尚修城備，得無違誓約』儉曰：『李雄州爲安撫使，其人長者不足疑。』既而有以爲言，詔詰之。允則奏曰：『初通好，不即完治，他日如有頹圮，復安敢動。因此廢守備，臣恐遼人不可測也。』帝以爲然。……又得遼諜，釋縛，厚遇之。諜言『燕京大王遣來』，因出所刺沿邊金穀兵馬之數。允則曰：『若所得謬矣。』呼主吏按籍書實數與之。諜請加緘印，因厚賜以金，縱還。未幾，諜遽至，還所與數，緘印如故，反出遼中兵馬、材力、地里、委曲以爲報。一日，民有訴爲遼人毆傷而遁者，允則不治，與傷者錢二千，衆以爲怯。逾月，幽州以其事來詰，答以無有。蓋他諜欲以毆人爲質驗，比得報以爲妄，乃殺諜。雲翼卒亡入遼中，允則移文督還，契丹報以不知所在。允則曰：『在某所。』契丹駭，不敢隱，即歸卒，乃斬以徇。後無敢亡者。允則不事威儀，不畜貲貨，當時邊臣鮮能及之者」。「辛丑，詔：『自今畧賣人口入契丹界者，首領并處死，誘致者同罪。未過界者，決配淮南州軍牢城。』」

續通鑑：「上元舊不然燈，允則結綵山，聚優樂，使民縱游。明日，偵知遼將欲間行入城觀之，允則與同僚俟郊外，果有紫衣人至，遂與俱入傳舍，不交一言，出女奴羅侍左右，劇飲而罷。且置其所乘驢廡下，使遁去。即遼之南京統軍也。後數日，其人得罪。」此事源於長編，長編並作「後數日爲遼所誅」。

〔一〇〕長編：十一月庚辰，「契丹遣使工部尚書蕭吉哩，副使尚書左丞馬翼來賀丞天節」。七月辛酉，「詔河北州軍民有赴北界市糧及不係禁物，爲北界所捕送者，并決杖一百，釋之」。

〔一一〕高麗史卷四：八月「辛卯，契丹東京使工部少卿高應壽來。乙未，遣考功員外郎李仁澤如契丹東京」。（東國通鑑同。）此是繼五月烏長公之後，再使高麗，與討伐大軍配合，爲示和解之意，李仁澤來東京則是雙方磋商。本年十二月，正式恢復和好。

〔一二〕按即本年五月之阿不葛。惕隱爲典宗屬官職。此曷蘇館部之惕隱，應掌曷蘇館首領族屬者。宰相賽剌則掌部下事務者。

〔一三〕長編：十二月「戊申，契丹遣使左藏武衛上將軍耶律繼宗，副使衛尉卿鄭去瑕來賀明年正旦」。繼崇，即長編繼宗。因諱加山爲崇。玄瑕，長編作去瑕。

〔一四〕本史卷三八地理志東京道咸州，作郝里太保城。長編：十一月「己卯，崔元信率東、西女真首領入見，別貢中布二千，乞佛經一藏，詔賜之。還其布，以元信覆溺匱乏，別賜衣服繒綵焉。女真首領又言，各以本土馬來進貢，中途皆失，詔特給其直」。

〔一五〕長編：十二月「丙午，翰林學士錢惟演上言：『伏見每賜契丹、高麗使御筵，其樂人詞語，多涉淺俗語，自今賜外國使宴，其樂人詞語，教坊即令舍人院撰；京府衙前令館閣官撰。』從之」。是歲「燕地饑疫，民多流殍」。見本史卷八九楊佶傳。

九年春正月，宋遣劉平、張元普來賀。〔一〕

二月，如鴛鴦濼。〔二〕

五月庚午，耶律資忠使高麗還，王詢表請稱藩納貢，歸所留王人只剌里。〔三〕只剌里在高麗六年，忠節不屈，以爲林牙。辛未，遣使釋王詢罪，並允其請。〔四〕癸酉，以耶律宗教〔五〕檢校太傅，宗誨啓聖軍節度使，劉晟太子太傅，仍賜保節功臣。〔六〕

秋七月庚戌朔，日有食之，詔以近臣代拜救日。甲寅，遣使賜沙州回鶻燉煌郡王曹順

衣物。以查剌、耿元吉、韓九、宋璋爲來年賀宋生辰正旦使副。〔七〕

九月戊午，以駙馬蕭紹宗平章事。丁卯，文武百僚奉表上尊號，不許；表三上，迺從之。乙亥，沙州回鶻燉煌郡王曹順遣使來貢。括諸道漢民馬賜東征軍。以夷離畢延寧爲兵馬副都部署，總兵東征。是月，駐蹕金鉼濼。宋遣宋綬、駱繼倫賀千齡節。〔八〕

冬十月戊寅朔，〔九〕以涅里爲奚王都監，突迭里爲北王府舍利軍詳穩。郎君老使沙州還，詔釋宿累。國家舊使遠國，多用犯徒罪而有才畧者，使還，即除其罪。戊子，西南招討奏党項部有宋犀族輸貢不時，常有他意，宜以時遣使督之。詔曰：「邊鄙小族，歲有常貢，邊臣驕縱，徵歛無度，彼懷懼不能自達耳。第遣清慎官將，示以恩信，無或侵漁，自然效順。」復奏諦居、迭烈德部言節度使韓留有惠政，今當代，請留。上命進其治狀。辛丑，如中京。壬寅，大食國遣使進象及方物，爲子册割〔一〇〕請婚。

十一月丁巳，以漆水郡王韓制心爲南京留守、析津尹、兵馬都總管。己未，以夷離畢蕭孝順爲南面諸行宫都部署，加左僕射。

十二月丁亥，禁僧燃身煉指。戊子，詔中京建太祖廟，制度祭器皆從古制。乙巳，詔來年冬行大册禮。〔一一〕

放進士張仲舉等四十五人。

〔一〕長編：天禧三年九月「壬戌，命吏部郎中、直史館、兼太子左諭德崔遵度爲契丹生辰國信使，西京左藏庫使王應昌副之；三司鹽鐵判官、監察御史劉平爲正旦使，供奉官、閤門祇候張元普副之」。

〔二〕高麗史卷四：顯宗十一年（一〇二〇）二月「壬寅，東女真黔佛羅等七人來獻契丹官印一顆及土馬。甲辰，以門下侍郎陳頔、李禮均，内史侍郎王同穎，司宰卿尹餘，將作少監王佐暹，少府丞金德華，將作注簿金徵祐、大醫監金得宏被留契丹，各賜其妻米穀有差。封佐暹妻爲開城郡君，子夷甫授禮部主事」。

〔三〕高麗史卷四：二月「遣李作仁奉表如契丹，請稱藩納貢如故，且歸所拘人只剌里，被留凡六年」。按本史卷八八耶律資忠傳，資忠，小字札剌。只剌里即札剌異譯。又高麗史卷四「三月癸丑，歸契丹使耶律行平」爲一事重出。池内宏疑只剌里爲行平隨員，未審。

〔四〕高麗史卷四：三月「己未，契丹使檢校司徒韓紹雍來」。夏四月「丁未，遣禮部尚書梁稹、刑部侍郎韓去華，如契丹告封王子，宰臣庚方等諫止之，不納」。（東國通鑑同。）續通鑑考異云：「案當時自資忠外不聞被留者，據資忠傳云：『小字札剌』是即只剌里，其使高麗在開泰三年，至九年始還，中間被留者六年，歸爲林牙者是也。遼人記事之書，或書名或書小字，修史者互舉之，遂若兩人兩事矣。」

〔五〕契丹國志篇首所附契丹世系圖，以宗教爲聖宗子。

〔六〕宋史卷四八五夏國傳上：「（天禧）四年，遼主親將兵五十萬，以狩爲言，來攻涼甸，德明率衆逆拒，敗之。」

西夏書事卷一〇：「五月，并里尊以假道不許，不復朝契丹。契丹主歸罪德明，親將兵五十萬，

佯言出獵，直攻涼甸，德明率衆逆拒，敗之。」

高麗史卷四：六月「癸巳，遣持書使借司宰少卿盧執中如契丹東京」。

〔七〕長編：天禧四年（一〇二〇）十一月壬申，「契丹遣使霸州節度使蕭阿括，副使利州觀察使耿元

吉來賀承天節」。「閏十二月辛未，「契丹遣使保靜軍節度使蕭侃，副使政事舍人直樞密宋璋來

賀明年正旦」。

長編：天禧四年七月「辛未，鄜延路鈴轄言：『普密族馬鄂克等先爲北界所畧，今帥衆來歸。』」

高麗史卷四：「是年遣崔齊顏如契丹賀千齡節。金猛如宋。」齊顏奉使，東國通鑑繫於八月。

〔八〕長編：九月「辛酉，命知制誥宋綬爲契丹國主生辰使，閣門祗候譚倫副之」。此作駱繼倫，檢宋

史不得譚倫、駱繼倫，惟卷二七五譚延美傳云：「子繼倫，至崇儀副使。」是則駱繼倫者或是譚繼

倫傳訛。

〔九〕朔字，據本史卷四四朔考補。

〔一〇〕本史卷七〇屬國表作冊哥。

〔一一〕長編：十二月乙酉，「樞密院言：『契丹使自雄州至京，館舍給使臣諸司人例物，比每歲稍厚，欲

令國信使宋綬等至北界，諸司人例物亦與加給。』從之」。

朝鮮史畧卷六：「肅宗元年朴寅亮卒。」原注云：「遼嘗欲過鴨緑江爲界，寅亮修表曰：『普天之下，既莫非王土王臣；尺地之餘，何必曰我疆我理。』又曰：『歸汶陽之舊田，撫綏弊境；回長沙之拙袖，抃舞昌辰。』遼帝覽之，寢其議。」肅宗元年當遼道宗壽昌二年，以朴氏之卒帶叙也。姑附於此。

太平元年春正月丁丑朔，宋使魯宗道、成吉來賀。〔一〕如渾河。〔二〕

二月乙卯，幸鈹河。壬戌，獵高柳林。〔三〕

三月戊戌，皇子勃己只生。庚子，駙馬都尉蕭紹業建私城，賜名睦州，軍曰長慶。〔四〕是月，大食國王復遣使請婚，封王子班郎君胡思里女可老爲公主，嫁之。〔五〕

夏四月戊申，東京留守奏，女直三十部酋長請各以其子詣闕祗候。詔與其父俱來受約。乙卯，録囚。丁卯，置來州。〔六〕是月，清暑緬山。

秋七月甲戌朔，〔七〕賜從獵女直人秋衣。乙亥，遣骨里取石晉所上玉璽于中京。〔八〕阻卜來貢。辛巳，如沙嶺。是月，獵潢河。〔九〕

九月，幸中京。〔一〇〕

冬十月丁未，敵烈酋長頗白來貢馬、駝。戊申，録囚。壬子，宋使李懿、王仲賓來賀千齡節，及蘇惟甫、周鼎賀來歲元正，〔一二〕即遣蕭善、程翥報聘。党項長曷魯來貢。己未，以薩敏解里爲都點檢，高六副點檢，耶律羅漢奴左皮室詳穩，嗓姑右皮室詳穩，聊了西北路金吾，耶律僧隱御史大夫，求哥駙馬都尉，蕭春、骨里並大將軍。庚申，幸通天觀，觀魚龍曼衍之戲。翌日，再幸。還，升玉輅，自内三門入萬壽殿，奠酒七廟御容，因宴宗室。

十一月癸未，上御昭慶殿，文武百僚奉册上尊號曰睿文英武遵道至德崇仁廣孝功成治定昭聖神贊天輔皇帝，〔一三〕大赦，改元太平，中外官進級有差。宋遣使來聘。〔一三〕夏、高麗遣使來貢。甲申，册皇子梁王宗真爲皇太子。〔一四〕

〔一一〕長編：天禧四年（開泰九年）九月「辛酉，命太子左諭德魯宗道爲正旦使，閤門祇候成吉副之」。

〔一二〕長編：天禧五年（太平元年，一〇二一）春正月「辛巳，宴尚書省五品、諸軍都虞候已上、契丹使於錫慶院。先是每歲正旦宴崇德殿，時上始痊復，重於煩頓，故改就别館焉。壬午，對輔臣於承明殿，上憑几，中貴人掖以升坐，因言契丹益敦信好，出所獻雙龍金帶示之」。

高麗史卷四：顯宗十二年正月「己丑，契丹東京使左常侍王道冲來告其主將受册禮」。

〔一三〕長編：二月丙寅，「祠部員外郎任中行言：『送伴契丹使至瀛州，見路隅暴露骸骨，望官爲設奠埋瘞。』從之」。

高麗史卷四：「二月丁未，契丹遣檢校、司空、御史大夫姚居信來聘。」（東國通鑑同。）

〔四〕參本書卷三七地理志一成州注〔一〕、〔二〕。蕭紹業即蕭啜不。

〔五〕高麗史卷四：三月「乙未，契丹東京使、檢校散騎常侍張澄岳來聘」。

〔六〕來州，來原誤「萊」，據本史卷三九地理志三、卷三一營衞志上及卷一一〇乙辛傳改。

〔七〕據長編、宋史：「日有食之。」

〔八〕續通鑑考異：「五代會要云：『晉高祖受命，特製寶一座，文曰：皇帝御寶。開運末，契丹齎以北還。』孔平仲珩璜新論云：『石晉再作受命寶文曰：受天明命，惟德永昌。』鄭文寶傳國璽譜云：『胡嶠記契丹入梁園，晉末帝奉上璽綬，契丹主怪玉璽制用疏樸不工，又非真紐，疑有隱易者，晉人具以實對。文寶淳化中司計陜右，有乾州永昌縣主簿趙應良者，北燕人，自謂少年事契丹，爲丞相高公堂後官，嘗從至燕子城，登重閣，閲晉舊物，得覩璽綬，與胡嶠所記畧同，皆以石晉所上者非秦璽也。』珩璜新論又載遼主詩云：『一時製重寶，千載助興王。中原既失守，此寶歸北方。子孫宜慎守，世業當永昌。』是遼人固以爲秦璽矣。」

〔九〕宋史卷四八五夏國傳上：「（天禧）五年，遼復遣金吾衞上將軍蕭孝誠賫玉册金印，册爲尚書令、大夏國王。」西夏書事卷一〇：「秋七月，德明既却契丹兵，謹封堠，嚴點集爲備，契丹主見進奉使不至，恐爲邊患。諭意講和，德明亦請臣貢如初。契丹主遣金吾衞上將軍蕭孝誠賫册授德明爲尚書令，晉大夏國王。十一月，德明謝契丹封册，獻良馬二十匹，凡馬百匹。」

〔一〇〕高麗史卷四：九月「遣中樞使李龔、兵部侍郎柳琮如契丹，賀受册」。長編：九月「甲午，權知高麗國王事王詢遣告奏使、御史禮部侍郎韓祚等百七十人來謝恩。且言與契丹修好，又表求陰陽、地理書、聖惠方。並賜之」。

〔一一〕長編：九月「甲申，命翰林學士李諮爲契丹國主生辰使，内殿崇班、閤門祗候王仲寶副之；太常博士蘇耆爲正旦使，侍禁、閤門祗候周鼎副之。耆尋遭母喪不行，改命兵部員外郎蘇維甫」。李諮，宋史卷二九二有傳，本史作李懿，誤。王仲寶，宋史卷三二五有傳，本史作王仲賓，誤。

〔一二〕遵道，本史卷一五開泰元年十一月作尊道，全遼文卷六拓本聖宗哀册作「睿文英武宗道至德崇仁廣孝功成治定啟元昭聖神贊天輔皇帝。」

〔一三〕長編：天禧五年十一月「丁酉，契丹遣左監門衞上將軍蕭善，副使給事中程翥來賀承天節」。十二月「戊子，契丹遣使保安節度使蕭堯衮、副使利州觀察使韓紹昇來賀明年正旦」。按生辰、正旦使之外，似未因上尊號改元而另派特使。

〔一四〕全遼文卷七耶律宗政墓誌銘：「太平元年冬，會行册禮，進階特進。」

二年春正月，如納水〔一〕鈎魚。

二月辛丑朔，駐蹕魚兒濼。〔二〕

三月甲戌，如長春州。丁丑，宋使薛貽廓來告宋主恒殂，子禎嗣位，遣都點檢耶律僧隱等充宋祭奠使副，林牙蕭日新、觀察馮延休充宋后弔慰使副。戊寅，遣金吾耶律諧領、引進姚居信充宋主弔慰使副。戊子，爲宋主飯三京僧。〔三〕是月，地震，雲、應二州屋摧地陷，嵬白山裂數百步，泉湧成流。

夏四月，如緬山清暑。〔四〕

五月乙亥，〔五〕參知政事石用中薨。庚辰，鐵驪遣使獻兀惹十六户。〔六〕

六月己未，〔七〕宋遣使薛由等來饋其先帝遺物。〔八〕

秋七月己卯，以耶律信寧爲奉陵軍節度使，高麗國參知政事王同顯静海軍節度使，〔九〕耶律遂忠長寧軍節度使，耿延毅昭德軍節度使，〔一〇〕高守貞河西軍節度使。

九月癸巳，遣尚書僧隱、韓格賀宋主即位。〔一一〕

冬十月壬寅，〔一二〕遣堂後官張克恭充賀夏國王李德昭生日使，耶律掃古、韓王充賀宋太后生日使副，〔一三〕耶律仙寧、史克忠〔一四〕充賀宋正旦使副。是月，駐蹕胡魯古思淀。癸卯，〔一五〕賜宰臣吕德懋、參知政事吴叔達、樞密副使楊又玄、右丞相馬保忠錢物有差。辛亥，至上京，曲赦畿内囚。

十一月丙戌，宋遣使來謝。〔一六〕

十二月辛丑，高麗王詢薨，其子欽遣使來報，即命使册欽爲高麗國王。〔一七〕甲寅，宋遣劉燁、郭志言來賀千齡節。〔一八〕

是年，放進士張漸等四十七人。

〔一〕即今嫩江。北史卷九四勿吉傳曰難河。唐書黑水靺鞨傳曰那河。水道提綱卷二五曰：「嫩泥江即嫩江，亦曰諾尼江，古名難水，亦曰那河。明初曰腦温江，又名忽剌温江。」其水自今黑龍江境南流經扎賴特東杜爾伯特西又南經郭爾多斯前旗西合松花江。

〔二〕遼魚兒濼有二：一在上京道，一在西京道。此濼在納水與長春州附近，應是上京道之魚兒濼，在郭爾羅斯前旗西北五十里。

高麗史卷四：「顯宗十三年二月己酉，遣軍器少監金仁裕如契丹春季問候。壬子，契丹孟流、演舉等四人來奔。丁卯，遣參知政事檏忠淑、國子司業李瓊如契丹。」

〔三〕長編：乾興元年（一〇二二）二月「戊午，上崩於延慶殿。仁宗即皇帝位……遣内殿承制閤門祇候薛貽廓告哀契丹」。六月乙巳，「契丹主聞真宗崩，集蕃、漢大臣，舉哀號慟。因謂其宰相呂德懋曰：『與南朝約爲兄弟，垂二十年，忽報登遐，吾雖少兩歲，顧餘生幾何。』因復大慟。又曰：『聞皇嗣尚少，恐未知通好始末，苟爲臣下所間奈何。』及薛貽廓至，具道朝廷之意，契丹主喜，謂其妻蕭氏曰：『汝可致書大宋皇太后，使汝名傳中國。』乃設真宗靈御於范陽憫忠等寺，建道場百日，下令國中，諸犯真宗諱（者）悉易之。遣殿前都點檢崇義節度使耶律僧隱，翰林學士工部侍郎知制誥馬貽謀來祭奠；右金吾衛上將軍耶律寧，引進使姚居信來弔慰；左金吾衛上將軍蕭日新，利州觀察使馮延休弔慰皇太后」。僧隱，宋會要、宋史並作三隱。

〔四〕長編：夏四月「壬子，命兵部員外郎判鹽鐵勾院任中行，崇儀副使曹珣使契丹，告皇帝初登寶位也」。

宋謝維新古今合璧事類備要（簡稱合璧事類）後集：「真宗上仙，遣薛貽廓使遼，於是有告哀之名；遣薛田使遼，於是有遺留禮物之名；遣任中行使遼，於是有告登寶位之名；遣劉鍇、趙賀使遼，於是有皇太后、皇帝回謝禮物之名。」

〔五〕原作「五月乙亥朔」，按本史卷四四朔考，五月己巳朔，乙亥是初七日，「朔」字衍，今刪。

高麗史卷四：「夏四月，契丹遣御史大夫上將軍蕭懷禮等來，册王開府儀同三司守尚書令上柱國高麗國王食邑一萬户，食實封千户，仍賜車服儀物。自是復行契丹年號。」

〔六〕高麗史卷四：五月「丙子，韓祚還自宋，帝賜聖惠方，陰陽二宅書、乾興曆，釋典一藏」。

〔七〕己未，原誤「乙未」。按本史卷四四朔考，六月己亥朔，有己未，無乙未。據改。

〔八〕長編：「二月丙寅，遣度支副使、禮部郎中薛田爲契丹遺留禮信使，供備庫副使李餘懿副之。」薛田，宋史卷三〇一有傳，本史作薛由，誤。續通鑑謂田使遼告即位，亦誤。「（六月）丁巳，太常博士直集賢院同修起居注程琳接伴契丹弔慰使者，使者將致問於皇太后，琳謂曰：『昔先帝嘗與承天太后通使，今皇太后乃嫂也，禮不通問。』使者語屈。己未，降監鹽鐵判官都官員外郎楊蜕爲屯田員外郎，蜕接伴契丹祭奠使者，在道虧失儀範，故責及之。」

〔九〕羅校：「王同顯，疑即統和十五年之高麗使者王同穎（穎，殿本作潁）。」

〔一〇〕據全遼文卷六耿延毅墓誌銘：延毅卒於開泰八年十二月七日，何能於此時授昭德軍節度。按誌移鎮昭德之後，仍「授永興宮、崇德宮都部署兼帥武平軍，轉户部使加太尉。」疑耿延毅授昭德節度在開泰二年，此是舛訛。

長編：七月「乙亥，户部郎中、直史館劉鍇爲皇后回謝契丹使，客省副使曹儀副之。工部郎中趙賀爲皇帝回謝使，内殿承制、閤門祗候楊承吉副之」。曹儀，宋會要作曹曦。「八月壬寅，以禮部郎中知制誥張師德爲契丹妻蕭氏生辰國信使，西京左藏庫副使趙忠輔副之，契丹妻生辰專遣使始此。」「癸亥，命吏部員外郎劉煜、西京作坊副使郭志言、屯田員外郎王駿、西頭供奉官閤門祗候劉懷德使契丹，賀其主生辰及正旦也。」劉煜，本史作燁，宋史卷二六二有劉燁傳，當即此人，作煜者，清康熙時所改也。

錢氏考異卷八三宋奉使諸臣年表：「八月屯田員外郎王駿，西頭供奉官閤門祗候劉懷德賀正旦。」

高麗史卷四：「八月庚子，契丹東京持禮使李克方來言，自今春夏季問候使并差一次，與賀千齡節正旦使同行；秋冬季問候使并差一次，與賀太后生辰使同行。」（東國通鑑同。）

〔一一〕長編：十月「壬寅，契丹遣左夷離畢刑部尚書耶律三隱，高州觀察使韓格來賀上登極」。（宋會要同，並稱奉書獻御表鞍馬來賀登寶位，賜襲衣冠帶器幣鞍馬有差。）高麗史卷四：九月「丙子，契丹東京使王守榮來。 癸未，遣都官郎中尹宗元如契丹賀太后生辰。丁亥，遣左散騎常侍郭元，尚書右丞王謂如契丹。 戊子，契丹首于昧、烏於乙等十九人來投」。

〔一二〕「冬十月」三字原脱。 按本史卷四四朔考，九月戊辰朔，無壬寅。 十月丁酉朔，壬寅初六日，據補。

〔一三〕長編：天聖元年春正月「庚午，契丹遣鎮安節度使蕭師古，咸州觀察使韓玉來賀皇太后長寧節」。耶律掃古、韓王充賀宋太后生日使副，初使賀長寧節也。「王」應是玉字之誤。

〔一四〕長編：十二月庚申（宋史作壬戌），契丹「遣右夷離畢兵部尚書耶律仙甯、給事知制誥史克忠來賀正旦」。 史克忠，統和二十六年進士第一，統和三十年撰耿延毅妻耶律氏墓誌銘署：「積慶宮都部署判官將仕郎試大理評事。」（見全遼文卷五。）

〔一五〕按本史卷四四朔考，十月丁酉朔，癸卯初七日。「冬十月」已見於壬寅，則此「冬十月」三字與「朔」字均衍文。 並删。

〔一六〕高麗史卷四：「十一月乙酉，契丹東京使高張胤來。」

〔一七〕按高麗史卷五，明年四月庚子，遣使達高麗，册高麗太子王欽爲高麗國公，此時王詢尚未卒。 見本書聖宗紀太平三年注〔四〕。

〔一八〕高麗史卷四：「十二月辛丑，契丹弗大等十一人來投。」

華陽集卷三六高穆武王繼勳神道碑：「乾興元年，復知瀛州，徙雄州，是歲契丹坐冬燕京，大縱獵涿、易之野，忽候騎報，敵將大入，緣邊皆飭爲備，王獨示之以無事。徐曰：『敵歲賴漢金繒，當内計利害，無敢輕出兵。』已而果渤海之畔賊者。」

三年春正月丙寅朔，如納水鉤魚。以僧隱爲平章事。乙亥，以蕭臺德爲南王府都監，林牙耶律信寧西北路招討都監。辛巳，賜越國公主私城之名曰懿州，軍曰慶懿。〔一〕

二月丙申，以丁振爲武信軍節度使，〔二〕改封蘭陵郡王。戊申，以東平郡王蕭排押爲西南面都招討，進封豳王。〔三〕

夏四月，以耶律守寧爲都點檢。〔四〕

五月，清暑緬山。〔五〕

六月戊申，以南院宣徽使劉涇參知政事，蕭孝惠爲副點檢，蕭孝恭東京統軍兼沿邊巡檢使。戊午，以蕭璉爲左夷離畢，蕭琳爲詳穩。

秋七月戊寅，以南府宰相耶律合葛爲上京留守，封漆水郡王。丙戌，以皇后生辰爲順天節。丁亥，賜緬山名曰永安。是月，獵赤山。〔六〕

閏九月壬辰朔，〔七〕以蕭伯達、韓紹雍充賀宋正旦使副，唐骨德、程昭文賀宋生辰使副。〔八〕

冬十月庚辰，宋遣薛奎、郭盛來賀順天節，王臻、慕容惟素賀千齡節。東征軍奏：「統帥諧領、常衮課奴率師自毛母國嶺入。林牙高九、裨將大匡逸等率師鼓山嶺入。〔九〕閏月未至撻離河，〔一〇〕不遇敵而還。以是月會於弘怕只嶺，駝馬死者甚衆。」駐蹕遼河。

十一月辛卯朔，以皇姪宗範爲歸德軍節度使，北府宰相蕭孝穆南京留守，封燕王，南京留守韓制心南院大王，兵馬都總管，仇正燕京轉運使。〔一一〕

十二月壬戌，以宗範爲平章事，封三韓郡王，仇道衡中京副留守，馮延休順州刺史，郎玄化西山轉運使，〔一二〕趙其樞密直學士。丁卯，以蕭永爲太子太師。己卯，封皇子重元秦國王。〔一三〕

〔一〕高麗史卷五：顯宗十四年（一〇二三）正月「戊寅，契丹焦福等十一户來投」。

〔二〕武信軍不見本史卷三七—四一地理志，奉聖州爲武定軍，另有武安州觀察，武信疑字誤，或是遥授虚銜，實無其地者。

〔三〕長編：天聖元年（一〇二三）三月「己丑，詔審官院契丹使所過州郡，通判選差人」。

高麗史卷五：「三月丁卯，遣秘書監劉徵弼如契丹。」

〔四〕長編：夏四月「辛丑，中書言：『諸路轉運使副，河東、河北、陝西部署鈐轄都監併奉使契丹臣僚辭見，請並許上殿奏事。』從之」。「甲辰，契丹遣彰武節度使耶律唐古特，寧州防禦使成昭文來賀乾元節。」成昭文，本史作程昭文。「丁未，乾元節，百官及契丹使，初上壽於崇德殿。」

高麗史卷五：「夏四月庚子，契丹遣左散騎常侍武白、耶律克恭等來册太子欽爲輔國大將軍、檢校太師、守太保，兼侍中高麗國公。」（東國通鑑同。）

〔五〕高麗史卷五：「五月丙寅，契丹東京持書使盧知祥來。」「丁丑，契丹麻許底等十三户來投。」「壬辰，契丹大世奴、齊化那等八人來投。」

〔六〕長編：秋七月「丙戌，龍圖閣待制、知開封府薛奎爲契丹妻蕭氏生辰使，西上閤門使郭盛副之」。

高麗史卷五：「秋七月癸亥朔，契丹遣太保黄信來賀生辰。」

長編：九月「戊子，以度支副使、户部員外郎王臻爲賀契丹生辰使，内殿承制、閤門祗候慕容惟素副之；權户部判官、太常博士、直集賢院、同修起居注程琳爲正旦使，右侍禁、閤門祗候丁保衡副之。時契丹主在幽州，朝廷以爲疑。琳還奏彼嘗虐用其民，恐叛不附，特以兵來壓伏耳」。

〔七〕「九」「朔」二字原脱，據本史卷四四朔考補。

〔八〕長編：「閏九月癸丑，歸義節度使曹賢順遣使來貢方物，謝大中祥符七年（開泰三年）旌節之賜也。」

高麗史卷五：「閏（九）月庚子，契丹使栗守常來聘。壬寅，契丹東京使高仁壽來。」

〔九〕大匡逸，本史卷八八本傳作大康乂。

〔一〇〕按「閏月未至」費解。未字或係「末」字之訛，即指閏九月末而言。若是「末」字，則未字上應脱一天干字。

〔一一〕按全遼文卷六韓橁墓誌銘稱制心爲「四十萬兵馬都總管兼侍中、南大王」，則此「兵馬都總管」當屬制心所任官。仇正，按本史卷一五紀開泰六年七月及九月有仇正己。京畿金石考上：「法寶寺幢（記），仇正己撰，統和二十二年立，在（大興）舊城。」此仇正疑即仇正己。脱己字。

〔一二〕「西山」，疑是山西之倒誤。

〔一三〕長編：十二月「甲申，契丹遣彰武節度使蕭昭古，靈州觀察使劉彝範來賀明年正旦」。

四年春正月庚寅朔，宋遣張傳、張士禹、程琳、丁保衡來賀。如鴨子河。〔一〕

二月己未朔，〔二〕獵撻魯河。〔三〕詔改鴨子河曰混同江，〔四〕撻魯河曰長春河。〔五〕

三月戊子朔，〔六〕千齡節，〔七〕詔賜諸宮分耆老食。

夏四月癸酉，以右丞相馬保忠之子世弘使嶺表，至平地松林爲盜所殺，特贈昭信軍〔八〕節度使。〔九〕

五月，清暑永安山。

六月己未，〔一〇〕南院大王韓制心薨。戊辰，以鄭弘節爲兵部郎中，劉慎行順義軍節度使。辛未，以燕王蕭孝穆子順爲千牛衛將軍。〔一一〕甲戌，以中山郡王查哥爲保靜軍節度使，〔一二〕樂安郡王遂哥廣德軍節度使，蕭解里彰德軍節度使。庚辰，以遼興軍節度使周王胡都古爲臨海軍節度使，漆水郡王敵烈南院大王。〔一三〕

秋七月，如秋山。〔一四〕

八月丙辰朔，〔一五〕以韓紹芳爲樞密直學士，駙馬蕭匹敵都點檢。

九月，以駙馬蕭紹宗爲武定軍節度使，耶律宗福安國軍節度使。〔一六〕

冬十月，駐蹕遼河。宋遣蔡齊、李用和來賀千齡節。〔一七〕

十一月，追封南院大王韓制心爲陳王。

十二月，以蕭從政爲歸義軍節度使，康筠監門衛，充賀宋正旦使副。〔一八〕

是年，放進士李絅等四十七人。

〔一〕高麗史卷五：顯宗十五年（一〇二四）正月，「契丹馬史刀等三人來投」。

〔二〕朔字，據本史卷四四朔考補。

〔三〕即今洮兒河。在科爾沁右翼前旗西四里，北蕃地理作「踏弩河，源出木葉山，東流入鴨子河，在曼頭山北」。索隱卷二：「遼史上京有他魯河。金史長春縣有撻魯古河。聖宗四年改爲長春河，皆即此水。漢章案唐書粟末靺鞨依粟末水以居，水源於太白山，至北注沱漏河，是此河會今松花江，亦名沱漏。」沱漏即撻魯。

〔四〕索隱卷二：「案遼鴨子河有二：其一爲入養息牧河之水。一統志：鴨子河蒙古名沖古爾，在科爾沁左翼前旗南四十里，西南流入養息牧河（原注：河入遼河），此營衛志之鴨子河濼也。其一爲松花江，一統志：松花江源出長白山，即古粟末水，一名鴨子河，此紀之鴨子河則非沖古爾河。」

〔五〕長編：天聖二年春二月「丁亥，詔雄、霸、保州，廣信、安肅軍，皆被邊之地，與契丹移文往還，其幕職官並選進士出身人」。

〔六〕朔字，據本史卷四四朔考補。

〔七〕按：聖宗生保寧三年十二月二十七日，統和元年九月有司請以帝生日爲千齡節，從之。此繫於三月，誤。

〔八〕昭信軍不見本史卷三七—四一地理志。似是贈官空銜。

〔九〕長編：「四月戊辰，契丹遣左監門衛上將軍蕭林、右監門衛上將軍鄭筠來賀乾元節。」

〔一〇〕六月二字原脱。按本史卷四四朔考，六月丁巳朔，己未是初三日。下文戊辰、辛未、甲戌、庚辰，均屬六月。據補。

〔一一〕蕭順即撒八漢名，又名無曲。本史卷八七有傳，傳作「左右千牛衛大將軍」。

〔一二〕全遼文卷七耶律宗政墓誌銘：「（太平中）判武定軍節度，奉聖、歸化、儒、可汗等州觀察處置巡檢屯田勸農等使。自是凡數歲間，連典巨鎮，所至稱治。」

〔一三〕長編：六月「乙丑，權户部判官、殿中侍御史李孝若爲祠部員外郎同判鄆州，坐接伴契丹使失儀檢也。上謂輔臣曰：『比選近臣館伴北使，頗難其人。』因嘆才識之士爲不易得」。

〔一四〕高麗史卷五：「秋七月丙戌朔，契丹遣檢校司徒高壽來賀生辰。」

長編：七月「丁未，刑部郎中、判户部勾院李若谷爲契丹妻生辰使，内殿承制、閤門祗候范守慶副之。若谷等辭日，不俟垂簾請對，遽詣長壽殿奏事，太后不悦，尋命刑部郎中、直史館章得象、供奉官、閤門祇候馮克忠代焉。」

〔一五〕朔字，據本史卷四四朔考補。

〔一六〕長編：九月「癸卯，以度支副使、禮部員外郎蔡齊爲契丹生辰使，供奉官、閤門祇候李用和副之；鹽鐵判官、兵部員外郎張傳爲正旦使，供奉官、閤門祇候張士禹副之」。

〔一七〕高麗史卷五：「冬十月丙辰，契丹遣檢校左僕射李正倫來。」

〔一八〕長編：十二月「己卯，契丹遣右監門衛上將軍蕭傉，高州觀察使李延來賀正旦。是冬契丹大閱，聲言獵幽州，朝廷患之，以問二府。皆請備粟練師，以待不虞。樞密副使張知白獨言：『契丹修好未遠，今其舉兵者，以上初政，觀試朝廷耳。豈可自生釁耶？若終以爲疑，莫如因今河決，以防河爲名，萬一有變，亦足應用。』未幾，契丹果罷去。雄州候卒報有兵入鈔，邊衆皆恐，知州高繼忠曰：『契丹歲賴吾金繒，何敢渝盟。』居自若，已，乃知渤海人叛契丹行剽兩界也」。

遼史補注卷十七

本紀第十七

聖宗八

五年春正月乙酉，如混同江。〔一〕

二月戊午，禁天下服用明金及金線綺；國親當服者，奏而後用。是月，如魚兒濼。

三月壬辰，以左丞相張儉爲武定軍節度使、同政事門下平章事，鄭弘節臨潢少尹，〔二〕劉慎行遼興軍節度使，武定軍節度使蕭匹敵契丹行宮都部署，樞密副使楊又玄吏部尚書、參知政事兼樞密使。是月，如長春河魚兒濼，其水一夕有聲如雷，越沙岡四十里，別爲一陂。

夏〔三〕五月，清暑永安山。以蕭從順爲太子太師，〔四〕吴叔達翰林學士，道士馮若谷加太子中允，耶律晨武定軍節度使，張儉彰信軍節度使，〔五〕吕士宗禮部員外郎，李可舉順義軍節度使。

秋七月，獵平地松林。〔六〕

九月，駐蹕南京。己亥，以蕭迪烈、李紹琪充賀宋太后生辰使副，耶律守寧、劉四端充賀宋主生辰使副。

冬十月辛未，宋太后遣馮元宗、史方來賀順天節。〔七〕

十一月庚子，幸内果園宴，京民聚觀。求進士得七十二人，命賦詩，第其工拙，以張昱等一十四人爲太子校書郎，韓欒等五十八人爲崇文館校書郎。辛丑，以左祗候郎君詳穩蕭羅羅爲右夷離畢。

十二月丁巳，以漢人行宫都部署蕭孝先爲上京留守，皇姪長沙郡王謝家奴匡義軍節度使，耶律仁舉興國軍節度使。甲子，蕭守寧爲點檢侍衛親軍馬步軍。〔八〕乙丑，北院樞密使蕭合卓薨。戊辰，〔九〕以北府宰相蕭普古爲北院樞密使。〔一〇〕己巳，遣蕭諧、李琪充賀宋正旦使副。〔一一〕庚午，以參知政事劉京爲順義軍節度使。乙亥，宋使李維、張綸來賀千齡節。〔一二〕

是歲，燕民以年穀豐熟，車駕臨幸，争以土物來獻。上禮高年，惠鰥寡，賜酺飲。至夕，六街燈火如晝，士庶嬉遊，上亦微行觀之。丁丑，禁工匠不得銷燬金銀器。

〔一〕長編：天聖三年（一〇二五）春正月「戊子，契丹遣宣徽南院使朔方節度使蕭從順，樞密直學士給事中韓紹芳來賀長寧節。見於崇政殿，皇太后垂簾，置酒崇政殿，遂宴崇政殿。御史中丞薛奎館伴，從順欲請見。且言『南使至契丹者，皆見太后，而契丹使來，獨不得見。』奎折之曰：『皇太后垂簾聽政，雖本朝羣臣，亦未嘗得見也。』從順乃已。及辭，從順有疾，命宰臣王曾押宴都亭驛，從順問曾『南朝每降使車，悉皆假攝何也』？曾曰：『使之任惟其人，不以官之高下，今二府八人，六嘗奉使，惟其人不以官也。』從順默然。既上壽，從順桀驁稱疾，留館下，不時發。上遣使問勞，挾太醫診視，相屬於道，樞密使曹利用請一切罷之。從順知無能爲，徐引去。（宋史卷二九〇曹利用傳記此事於乾興初即太平二年，誤。又誤蕭爲肅。長編是。）辛卯，長寧節，近臣及契丹使初上皇太后壽於崇政殿」。

〔二〕高麗史卷五：「顯宗十六年（一〇二五）正月丁酉，赦皮渭宗等六人，復其爵。初，渭宗以兵部郎中巡行徼外，見契丹將軍耶律撒割遊獵，與禮賓主簿鄭民義等五人馳出，斬之而歸，以邀功賞。所司以擅兵出塞，流遠方。至是放還。」

〔三〕臨潢少尹即上京副留守。

〔三〕長編：四月「壬戌，契丹遣寧海軍節度使耶律守寧，衛尉少卿劉四端來賀乾元節」。

〔四〕按下文太平十年四月又有蕭從順加太子太師，與此重複。檢本史卷四七百官志三，太平十一年見太子少師蕭從順。此或誤少師爲太師，百官志殆誤五年爲十一年。

〔五〕按全遼文卷六張儉墓誌銘，張儉是彰國軍節度使。本史卷四一地理志西京道應州彰國軍。卷三八東京道信州彰聖軍。金史卷二四地理志上京路信州彰信軍。宋會要：治平四年（咸雍三年）有遼彰信軍節度蕭恭順使宋，或遼晚期已以彰聖爲彰信，但張儉仍以彰國節度爲是。

〔六〕高麗史卷五：顯宗十六年「秋七月辛巳朔，契丹遣監門衛大將軍韓橁來賀生辰」。長編：八月戊午，「東上閤門使會州刺史王遵度領皇城司，遣卒刺事。有沈吉者，告賈人張化等爲契丹間諜，即捕繫本司獄所，連逮甚衆，命殿中侍御史李紘覆訊，紘悉得其誣，抵沈吉罪。辛酉，降遵度爲曹州都監，時有奸人僞爲皇城司刺事卒，恐民以取賕者，權知開封府王臻募得其主名，黥竄三十餘人，都下肅然」。

〔七〕長編：「九月庚辰朔，以户部郎中知制誥夏竦爲契丹生辰使，内殿承制閤門祗候史方副之。度支副使兵部郎中姜遵爲正旦使，内殿承制閤門祗候許懷信副之。右正言直史館張觀爲契丹妻正旦使，東頭供奉官閤門祗候趙應副之。專遣使賀契丹妻正旦始此。竦自言：『父承皓與契丹戰殁，母喪未期，義不可行。』改命工部郎中龍圖閣待制馬宗元。」馮元宗，錢表謂應從長編作馬宗元。

〔八〕本史卷四八百官志四有點檢侍衛親軍馬步司。其官應作：侍衛親軍馬步軍點檢。

〔九〕原作「十二月戊辰」。按「十二月」三字已見前，衍文從删。

〔一〇〕蕭普古即蕭樸，本史卷八〇有傳。

〔一一〕長編：天聖四年（一〇二六）四月「丁巳，契丹遣啟聖軍節度使蕭諧，利州觀察使李紹琪來賀乾元節」。非賀正旦。長編：天聖三年十二月「甲戌，契丹遣右監門衛上將軍蕭從正，右諫議大夫仇道衡來賀正旦」。本年九月以蕭迪烈、李紹琪充賀宋太后生辰使副。蕭諧即蕭迪烈，李琪應作李紹琪。按長編天聖四年賀長寧節者爲蕭迪烈、康筠。

〔一二〕長編：仁宗天聖三年秋七月「乙未，翰林學士承旨李維爲契丹妻蕭氏生辰使，莊宅副使張綸副之」。長編：天聖四年三月，「初塞下謠言，契丹將絶盟，故遣維往使，契丹主素服其名，館勞加禮，使即席賦兩朝悠久詩，下筆立成，契丹主大喜」。長編：天聖三年十二月「癸酉，契丹遣彰聖軍節度使蕭穆古，潘州觀察使鄭文囿來賀皇太后正旦，遼使賀太后正旦始此」。

六年春正月己卯朔，宋遣徐奭、裴繼起、張若谷、崔準來賀。庚辰，如鴛鴦濼。〔一〕

二月己酉，以迷離已同知樞密院，〔二〕黄翩爲兵馬都部署，達骨只副之，赫石爲都監，引軍城混同江、疎木河之間。〔三〕黄龍府請建堡障三、烽臺十，詔以農隙築之。東京留守八哥奏黄翩領兵入女直界徇地，俘獲人、馬、牛、豕，不可勝計，得降户二百七十，詔奬諭之。戊午，以耶律野爲副點檢，以國舅帳蕭柳氏、〔四〕徒魯骨領西北路十二班軍、奚王府舍利軍。己巳，南京水，遣使振之。庚午，詔党項别部塌西設契丹節度使治之。〔五〕

三月戊寅朔，〔六〕以大同軍節度使張儉入爲南院樞密使、左丞相兼政事令，參知政事吳叔達責授將作少監，出爲東州刺史。〔七〕是月，阻卜來侵，西北路招討使蕭惠破之。〔八〕

夏四月丁未朔，以武定軍節度使耶律洪古爲惕隱。〔九〕戊申，蒲盧毛朵部多兀惹户，〔一〇〕詔索之。丙寅，如永安山。

五月辛卯，以東京統軍使蕭慥古〔一一〕爲契丹行宫都部署。癸卯，遣西北路招討使蕭惠將兵伐甘州回鶻。〔一二〕

六月辛丑，詔凡官畜並印其左以識之。

秋七月戊申，獵黑嶺。〔一三〕

八月，蕭惠攻甘州不克，師還。自是阻卜諸部皆叛，遼軍與戰，皆爲所敗，監軍涅里姑、〔一四〕國舅帳太保曷不吕死之。詔遣惕隱耶律洪古、林牙化哥等將兵討之。〔一五〕

九月，駐蹕遼河滸。

冬十月丙子，〔一六〕曷蘇館諸部長來朝。庚辰，遣使問夏國五月與宋交戰之故。辛巳，以前南院大王直魯衮爲烏古敵烈都詳穩。庚寅，以蕭孝順、蕭紹宗兼侍中，駙馬蕭紹業平章政事，前南院大王胡覩堇同知上京留守，安哥通化州節度使。〔一七〕

十一月乙丑，〔一八〕宋遣韓翼、田承説來賀順天節。〔一九〕戊辰，西北路招討司小校掃姑訴招討蕭惠三罪，詔都監奥骨禎按之。

十二月庚辰，曷蘇館部乞建旗鼓，許之。辛巳，詔北南諸部廉察州縣及石烈、彌里之官，不治者罷之。詔大小職官有貪暴殘民者，立罷之，終身不録；其不廉直，雖處重任，即代之；能清勤自持者，在卑位亦當薦拔；其内族受賂，事發，與常人所犯同科。戊戌，遣杜防、蕭蘊充賀宋生辰使副。〔三〇〕庚子，駐蹕遼河。〔三一〕

〔一〕長編：仁宗天聖三年「九月庚辰朔，以……度支副使兵部郎中姜遵爲正旦使，内殿承制閤門祗候許懷信副之，右正言直史館張觀爲契丹妻正旦使，東頭供奉官閤門祗候趙應副之」。故本史「徐奭、裴繼起、張若谷、崔準來賀」誤。應按長編改爲：「姜遵、許懷信、張觀、趙應來賀。」徐奭、裴繼起、張若谷、崔準應爲明年正旦賀使，參明年注〔一〕。

長編：「天聖四年（一〇二六）春正月癸未，契丹遣樞密副使彰武節度使蕭迪烈，歸義節度使康筠來賀長寧節。迪烈等既來賀，契丹又使人持酒果與迪烈等，上問宰相王曾曰：『契丹齎送酒果者凡三十餘人，已至莫州，可聽其來否？』曾曰：『宜止其來，而以州兵代之，轉酒果付迪烈等可也。』上曰：『善。』」迪烈，殿本考證引大典作迪里。

〔二〕馮校：「院字下，當有事字。」

〔三〕按疎木河即速木水。新唐書卷二二〇流鬼傳作凍末河，凍乃疎之訛，北風揚沙録作東沫江，即東流之松花江也。索隱卷二：「案疎木河，當作木踈河，即今入混同江之穆書河。太祖紀曰：太祖所崩行宮，在扶餘城西南兩河之間，後建昇天殿於此，而以扶餘城爲黄龍府。是黄龍府之西南明有兩河，地理志開泰九年遷黄龍府城於東北。」

〔四〕羅校：「氏，疑當作子。」

〔五〕高麗史卷五：顯宗十七年（一〇二六）「二月癸亥，契丹遣太傅李知順來聘」。長編：二月「庚午，并、代部署司請置西界和市場，從之。」

〔六〕朔字，據本史卷四四朔考補。

〔七〕東州，本史卷八〇張儉傳作康州。

〔八〕蕭惠破阻卜，參見本史卷九三本傳。

〔九〕上文去年五月以耶律晨爲武定軍節度使。洪古原誤漢古，據下文八月惕隱耶律洪古改。洪古又作弘古，下文十月又作胡覩堇。本史卷九五有傳：「弘古，字胡篤堇，（太平）六年，拜惕隱，討阻卜有功，拜南府宰相，改上京留守。」

〔一〇〕索隱卷二：「案此部與兀惹近，金史太祖紀有婆盧買水，蓋以水名其部；興宗紀、營衛志及大康乂、蕭恒德、耶律侯哂諸傳並作蒲盧毛朵。」

〔一一〕本史卷八五蕭撻凜傳：「子慥古，南京統軍使。」慥古又作掃古、播古、奥只，見本書卷八五補傳。

〔一二〕高麗史卷五：閏五月「甲子，契丹遣御院判官耶律骨打來請假途，將如東北女真，不許」。

〔一三〕高麗史卷五：「秋七月甲辰朔，契丹遣監門衛大將軍王文簡來賀生辰。」

〔一四〕本史卷八五耶律諧理傳：「（太平）六年，從蕭惠攻甘州，會阻卜攻圍三剋軍，諧理與都監耶律涅魯古往救。」此涅里姑即都監耶律涅魯古。

〔一五〕長編：八月辛巳，「先是，審刑院常議官太常博士館陶王沿上疏，言：『宋興七十年，四海之內，莫不臣妾，然而北敵桀驁，數寇深、趙、貝、魏之間，先朝患征調之不已也，故屈與之盟，然彼以戈矛爲耒耜，以剽虜爲商賈，而我壘不堅、兵不練，徒規規於盟歃之間，豈久安之策哉。夫善禦敵者，必思所以務農實邊之計，河北爲天下根本，其民儉嗇勤苦，地方數千里，古號豐實，今其地十三爲契丹所據，餘出租賦者七分而已。魏史起鑿十二渠，引漳水溉斥鹵之田，而河內饒足，唐至德後，渠廢，而相、魏、磁、洺之地近漳水者，屢遭洪溢，今皆斥鹵不可耕，故緣邊近郡，數蠲税租，而又牧監芻地，占民田數百千頃，是河北之地雖有十之七，而得租賦之實者四分而已。以四分之力，給十萬防秋之師，生民不得不困也。』」西夏書事卷一〇：「天聖四年（太平六年）六月，甘州回鶻阿薩蘭部叛契丹，契丹主遣魏國公蕭惠徵諸路兵討之。德明點集蕃衆遣之西出。蕭惠攻甘州，三日不克，部下阻卜諸酋復叛，急引歸，德明兵亦還。」長編：八月「乙未，以右諫議大夫權三司使范雍爲契丹生辰使，東染院使帶御器械侯繼隆副之；起居郎知制誥徐奭爲正旦使，供奉官閤門祇候裴繼己副之；淮南、江浙、荆湖制置發運使刑部郎中張若谷爲契丹妻正旦使，右侍禁閤門祇候崔準副之」。

〔一六〕據長編：「甲戌朔，日有食之。」宣府鎮志卷五：日食下有「在尾」二字。長編：十月甲戌，「廣信軍城壞，以近契丹不敢築。知軍博州團練使王德用率禁軍亟成之，詔賜軍士緡錢，及城成，又降詔褒諭」。

〔一七〕本史卷三七—四一地理志無通化州，疑是龍化或通州。

〔一八〕「十一月」三字，原在下文「戊辰」上。按本史卷四四朔考，十一月癸卯朔，乙丑是二十三日。據改。

〔一九〕長編：七月「乙丑，工部郎中龍圖閣待制韓億爲契丹妻生辰使，崇儀副使田承説副之。詔：『億名犯北朝諱，權改曰意。』承説，皇太后之姻也。庸而自專，妄傳皇太后旨於契丹曰：『南北歡好，傳示子孫，兩朝之臣，勿相猜阻。』億初不知也，契丹主命別置晏，使其大臣來伴，且問億曰：『太后既有旨，大使宜知之，何獨不言？』億對曰：『本朝每遣使，太后必於簾前以此語戒敕之，非欲達於北朝也。』契丹主聞之大喜。舉手加額曰：『此兩朝生靈之福也。』即以語附億令致謝。時皆美億能因副介失辭，更爲恩意焉」。按：翼原名億，因奉使遼廷避太祖耶律億名改意，遼史又改翼。長編：天聖五年三月「丙辰，龍圖閣待制韓億，崇儀副使田承説各罰銅三十斤，以奉使契丹而不相善也」。

〔二〇〕長編：天聖五年四月「辛巳，契丹遣林牙昭德節度使蕭蘊，政事舍人杜防賀乾元節。（按例均以契丹人爲正使，漢人爲副使，應以長編爲是。本史倒舛。）知制誥陳琳爲館伴使，蘊出位圖指曰：『中國使者至契丹，坐殿上，位高；今契丹使至中國，位下，請升之。』琳曰：『此真宗皇帝所定，不可易。』防又曰：『大國之卿，當小國之卿可乎？』琳又曰：『南北朝安有大小之異。』防不能對。上命與宰相議，或曰：此細事不足爭，將許之。琳曰：『許其小必啟其大。』固爭不可，蘊乃止」。（記纂淵海所記畧同。陳琳作程琳，位圖作坐位，應是坐位圖。）

〔二一〕長編：仁宗天聖四年十二月「丙申，契丹遣保靜節度使蕭漢寧，兵部郎中知制誥鄭節來賀皇太后正旦」。（鄭節即鄭弘節，避諱省弘字。）丁酉，遣右千牛衛上將軍蕭信，沙州觀察使石宇來賀正旦。按伴使孔道輔言：『北朝並知兩制臣僚之數，欲乞假官外，各令兼帶本職。』太常禮院定國信司奏：『正旦朝會，契丹使依舊儀，設位龍墀上，次節度使南，升殿坐位如侍宴儀。』」宋史卷二五三折惟忠傳：「天聖中，契丹與夏國會兵境上，聲言嫁娶，惟忠覘得實，率麾下往備之，戒士卒勿輕動。一夕風霾，有騎走營中，以爲寇至，惟忠堅卧不動，徐命擒之，得數諜馬，蓋虜所縱也。」

七年春正月壬寅朔，宋遣張保維、孫繼業、孔道輔、馬崇至來賀。〔一〕如混同江。辛亥，以女直白縷爲惕隱，蒲馬爲巖母部太師。甲寅，蒲盧毛朵部遣使來貢。〔二〕

夏四月乙未，獵黑嶺。〔三〕

五月，清暑永安山。西南路招討司奏陰山〔四〕中産金銀，請置冶，從之。復遣使循遼河源，〔五〕求産金銀之礦。

六月，禁諸屯田不得擅貨官粟。癸巳，詔蕭惠再討阻卜。

秋七月己亥朔，詔更定法令。庚子，詔諭駙馬蕭鉏不、公主粘米袞：「爾於后有父母之尊，〔六〕后或臨幸，祇謁先祖，祇拜空帳，失致敬之禮，今後可設像拜謁。」〔七〕乙巳，詔輦路所經，旁三十步内不得耕種者，不在訴訟之限。〔八〕

九月，駐蹕遼河。

冬十月丁卯朔，詔諸帳院庶孽，並從其母論貴賤。

十一月，宋遣石中立、石貽孫來賀千齡節，〔九〕王博文、王雙賀順天節。辛亥，以楊又玄、邢祥知貢舉。己未，〔一〇〕匡義軍節度使、中山郡王查葛，保寧軍節度使、長沙郡王謝家奴，〔一一〕廣德軍節度使、樂安郡王遂哥奏，各將之官，乞選伴讀書史，從之。癸亥，以三韓王欽〔一二〕爲啓聖軍節度使，楊佶刑部侍郎。甲子，以左千牛衛上將軍耶律古昱爲北院大王。

十二月丁卯朔，〔一三〕遣耶律遂英、王永錫充賀宋太后生辰，蕭速撒、馬保永充賀正旦使副。癸酉，以金吾蕭高六爲奚舍利軍詳穩。〔一四〕

〔一〕長編：仁宗天聖四年八月「乙未，以……起居郎知制誥徐奭爲正旦使，供奉官閤門祗候裴繼己副之，淮南江浙荆湖制置發運使刑部郎中張若谷爲契丹妻正旦使，右侍禁閤門祗候崔準副之」。故本史「張保維、孫繼業、孔道輔、馬崇至來賀」誤，應按長編改爲「徐奭、裴繼己、張若谷、崔準來賀」。張保維、孫繼業、孔道輔、馬崇至四人，本年九月庚子始獲任命，應爲明年（太平八年）正旦賀使。參注〔九〕及上文（六年）注〔一〕。

〔二〕長編：天聖五年正月「丙午，契丹遣左監門衛上將軍蕭道寧，給事中知制誥張克恭來賀長寧節」。

高麗史卷五：顯宗十八年（一〇二七）正月「戊辰，契丹遣李正允來」。

長編：「天聖五年二月乙亥，詔民間摹印文字，並上有司，候委官看詳，方定鏤板。初，上封者言：『契丹通和，河北緣邊榷場，商人往來，多以本朝臣僚文集，傳鬻境外，其間載朝廷得失或經制邊事，深爲未便。』故禁止之。」

〔三〕見去年注〔二〇〕。

〔四〕陰山始見史記卷六秦始皇本紀，自今内蒙古鄂爾多斯東北以至呼和浩特東北，層巒峻嶺，亘五百餘里，遼屬西京道西南路招討司。

〔五〕索隱卷二：「案一統志，遼河有東西二源，今克爾素河出自吉林西南庫呼訥窩集北流出邊，即折而西南。其西一源即錫喇穆倫河，源出古北口北五百餘里，蒙古克什克騰界内之伯爾克和爾果東流經口外諸蒙古駐牧地，北受哈喇穆楞河，南合羅哈河，又東南至開原西北邊外會克爾素河入邊爲遼河。漢志、水經注所言遼源，皆指今西北一源。其東來之一源則始於通典、通考云。漢章謂遼河東源屬遼東京道，西源屬遼上京道。此年當兼循之。地理志所志之潢河、黑河皆西一源，而東梁河、范河則東源所會也。」

〔六〕本史卷六五公主表：聖宗欽哀皇后生二女：「巖母堇，下嫁蕭啜不。」后謂仁德皇后，蕭啜不爲仁德皇后之弟，故詔謂「於后有父母之尊」云。

〔七〕北方傳統均設像，中原慣習則書寫神主，直至清朝猶然。紅樓夢中，滿俗設像，漢俗書寫神主。

〔八〕高麗史卷五：顯宗十八年「秋七月己亥朔，契丹遣太傅李匡一，耶律胡都衮來賀生辰」。「八月戊辰朔，契丹東京使高延來。」

長編：八月「癸酉，以户部副使兵部員外郎王博文爲賀契丹妻生辰使，六宅使王準副之」。丙戌，「尋有詔（陳）堯咨，遇契丹使過大名，權位丞郎上，及歲增公使錢百萬。天雄城壁器械，自契丹修好，久不治，堯咨至，並加完葺」。

〔九〕長編：九月「庚子，以吏部郎中、知制誥石中立爲契丹賀生辰使，崇儀使石貽孫副之。户部判官、職方員外郎張保雍爲正旦使，崇儀副使孫繼鄴副之。左正言、直使館孔道輔爲契丹妻正旦使，左侍禁、閤門祗候馬崇副之」。繼鄴，宋史卷二九〇有傳，本史作繼業，誤。馬崇本史誤馬崇至。

景文集卷五九石太傅墓誌銘：「……石公中立……凡歷二十官，五學士，使契丹，知禮部貢院……」卷六一石少師行狀：「公諱中立，字表臣……爲契丹國信使……」

長編：九月乙巳，「初，李允則知雄州，令州民張文質給爲僧，入契丹刺事，嘗補契丹僞官，至是來歸，詔補文質三班奉職，潭州監當」。

〔一〇〕己原誤「乙」。按本史卷四四朔考，十一月丁酉朔，無乙未。檢此日在辛亥、癸亥之間，乙卯十九日，己未二十二日，己易誤乙，據改。

〔一一〕按上文太平四年六月，查哥（即查葛）爲保靜軍節度使，五年十二月，謝家奴爲匡義軍節度使，耶律宗允墓誌銘同。並與此互歧。

〔一二〕按上文太平三年十二月，以宗範爲平章事封三韓郡王，此三韓王欽疑因高麗王欽而誤。

〔一三〕朔字，據本史卷四四朔考補。

〔一四〕長編：天聖五年十二月「己丑，左正言直史館孔道輔爲左司諫龍圖閣待制，時道輔使契丹猶未還也。契丹燕使者，優人以文宣王爲戲，道輔艴然徑出，契丹主使主客者邀道輔還坐，且令謝。道輔正色曰：『中國與北朝通好，以禮文相接，今俳優之徒，侮慢先聖，而不之禁，北朝之過也。道輔何謝。』契丹君臣默然。又酌大卮謂曰：『方天寒，飲此可以致和氣。』道輔曰：『不和固無害。』道輔既還，言者以爲生事，且開事端，上問其故，道輔曰：『契丹比爲黑水所破，勢甚蹙，每漢使至，輒爲侮慢，若不校恐益易中國。』上然之」。

曾鞏隆平集卷一四：「孔道輔使契丹，虜主酌以大巵曰：『方天寒，飲此可以致和氣。』道輔曰：『不和固無害。』及還，言者以爲開虜争端，他日上問之，對曰：『契丹新爲黑水所破，勢甚蹙，平時漢使至，多以言相侮，若不答，恐益慢中國。』上然之。」長編：天聖五年十二月「壬辰，契丹遣奉先軍節度使耶律甯、衛尉少卿元化來賀太后正旦。甲午，契丹遣安東節度使耶律罕、大理少卿王用保來賀正旦」。天聖六年十二月「乙酉，契丹遣保安軍節度使耶律遂英、衛尉少卿王承錫來賀太后正旦。丙戌，遣彰聖軍節度使蕭素、右千牛衛大將軍馬保永來賀正旦」。永錫作承錫，蕭素即蕭速撒。按長編應在明年，與本史差一年。本史置於今年，誤。

是年始續鐫造房山石經。見全遼文卷八趙遵仁撰續鐫成四大部經記。

八年春正月己亥，如混同江。庚申，党項侵邊，破之。甲子，詔州縣長吏勸農。〔一〕

二月戊子，燕京留守蕭孝穆乞于拒馬河接宋境上置戍長巡察，詔從之。〔二〕

三月，〔三〕駐蹕長春河。〔四〕

夏五月，〔五〕清暑永安山。

六月，以韓寧、劉湘充賀宋太后生辰使副，〔六〕吴克荷充賀夏國王李德昭生辰使。〔七〕

癸巳，權北院大王耶律鄭留奏，今歲十一月皇太子納妃，諸族備會親之帳。詔以豪盛者三

十户給其費。〔八〕

秋七月丁酉，以遥輦帳郎君陳哥爲西北路巡檢，與蕭諧領同管二招討地。以南院大王耶律敵烈爲上京留守。戊戌，獵平地松林。〔九〕

九月壬辰朔，以渤海宰相羅漢權東京統軍使。壬子，幸中京。北敵烈部節度使耶律延壽請視諸部，賜旗鼓，詔從之。癸丑，阻卜别部長胡懶來降。乙卯，阻卜長春古來降。〔一〇〕

冬十月，宋遣唐肅、葛懷愍來賀順天節。〔一一〕樞密使、魏王耶律斜軫孫婦阿聒指斥乘輿，其孫骨欲爲之隱，事覺，乃并坐之，仍籍其家。詔燕城將士，若敵至，總管備城之東南，統軍守其西北，馬步軍備其野戰，統軍副使繕壁壘，課士卒，各練其事。〔一二〕

十一月丙申，皇太子納妃蕭氏。〔一三〕以耶律求翰爲北院大王。〔一四〕

十二月辛酉朔，〔一五〕以遥輦太尉謝佛留爲天雲軍詳穩。壬申，以前北院大王耶律留寧爲雙州節度使，康筠崇德宫都部署，謝十永興宫都部署，旅墳〔一六〕宜州節度使，□菴遼州節度使，耶律野同知中京留守，耶律曷魯突媿爲大將軍。丁丑，詔庶孽雖已爲良，不得預世選。丁亥，宋遣寇瑊、康德來賀千齡節，朱諫、曹英、張逸、劉永釗賀來歲兩宫正旦。〔一七〕詔兩國舅及南北王府乃國之貴族，賤庶不得任本部官。

是歲，放進士張宥等五十七人。

〔一〕長編：天聖六年（一〇二八）春正月「辛丑，契丹遣左千牛衛上將軍耶律阿果、起居郎知制誥李奎來賀長甯節」。

〔二〕置戍長巡察：本史卷四六百官志二作開泰七年。

高麗史卷五：顯宗十九年（一〇二八）春二月「甲戌，遣禮部員外郎金哥如契丹東京」。「癸巳，遣大府卿金作賓如契丹。」三月「辛酉，契丹遣將軍耶律素、房州防禦使楊延美等來聘」。

〔三〕據長編、宋史：「丙申朔，日有食之。」

〔四〕長編：三月辛亥，「詔河北緣邊安撫司：『契丹歸明人，嘗授僞官者勿留。』」

〔五〕長編：夏四月「丙子，契丹遣安東軍節度使耶律錫，利州觀察使劉雙美來賀乾元節」。

「四月甲申，旦有星大如斗，自北流至於西南，光照殿庭，有聲如雷，尾長數丈，久之，散爲蒼白雲。」契丹國志卷七同，惟以本年（戊辰）爲七年，誤。

〔六〕長編：「天聖七年春正月乙未，契丹遣夷離畢左千牛衛上將軍耶律漢寧、少府監劉湘來賀長寧節。」本史作韓寧、劉湘使宋。韓、漢音近，且知爲耶律氏。

〔七〕西夏書事一一：「秋九月，契丹使賀生辰，使人吴克勤應對嫻雅，德明待之有加禮。」

〔八〕長編：天聖六年六月「戊辰，以契丹僞沃野縣主簿楊從簡爲北海縣主簿。從簡，安德人，嘗舉明經，後并其母陷契丹，以本科及第，至是挈族來歸，而父無恙，上矜而録之」。「寧州防禦使李允則卒，允則自雄徙鎮，又自鎮徙潞，在河北前後踰二十年，事功最多，其方畧設施，雖寓於遊觀亭傳間，後人亦莫敢隳，至於國信往來，費用儀式，多所裁定，晚年居京師，漢人有自契丹亡歸者，皆命舍允則家。允則既死，始寓樞密院大程官營。」

〔九〕高麗史卷五：「秋七月乙未，契丹遣瀋州刺史蕭瓊、亳州刺史傅用元來賀生辰。」

〔一〇〕高麗史卷五：九月「戊申，遣左司郎中林福如契丹賀皇后生辰」。

〔一一〕長編：秋七月「己亥，度支副使、工部郎中唐肅爲契丹妻生辰使，内殿承制、閤門祗候葛懷敏副之」。

〔一二〕高麗史卷五：「冬十月癸酉，遣尚書右丞鄭莊如契丹謝恩。」

〔一三〕駙馬都尉蕭匹敵之女。

〔一四〕高麗史卷五：「十一月癸卯，遣大僕卿王希傑、殿中侍御史李惟亮如契丹賀生辰。」

〔一五〕原作「冬十二月辛酉朔」，「冬」字已見前文十月，衍文從刪。

〔一六〕本史卷六四皇子表、卷六六皇族表並作驢糞，隆慶第四子。

〔一七〕長編：八月戊寅，「樞密直學士、給事中寇瑊爲契丹生辰使，内殿崇班、閤門祗候康德輿副之；殿中侍御史、判三司開拆司朱諫爲正旦使，供奉官、閤門祗候曹榮副之；開封府判官、殿中侍御史張逸爲契丹妻正旦使，内侍禁、閤門祗候劉永釗副之，榮仍改名英（原注：英改名，當是避契丹諱)」。康德輿，宋史卷三二六有傳，本史作康德，脱輿字。

郡齋讀書志卷二下：「生辰國信語録一卷，皇朝寇瑊撰，瑊與康德輿，天聖六年使契丹，賀其主生辰，往返語録，并景德二年至天聖八年使副姓名及雜儀附於後。」

長編：十二月「乙酉，契丹遣保安軍節度使耶律遂英、衛尉少卿王承錫來賀太后正旦。丙戌，遣彰聖軍節度使蕭素、右千牛衛大將軍馬保永來賀正旦。」

九年春正月，至自中京。〔一〕

二月戊辰，遣使賜高麗王欽物。如斡凛河。〔二〕

夏〔三〕五月，清暑永安山。

六月戊子朔，〔四〕以長沙郡王謝家奴爲廣德軍節度使，樂安郡王遂哥匡義軍節度使，中山郡王查葛保定軍節度使，〔五〕進封潞王，豫章王貼不長寧軍節度使。以耶律思忠、耶律荷、耶律曷、遥輦謝佛留、陳邈、韓紹一、韓知白、張震充賀宋兩宫生辰及來歲正旦使副。〔六〕

秋七月戊午朔，如黑嶺。〔七〕

八月〔八〕己丑，東京舍利軍詳穩大延琳囚留守、駙馬都尉蕭孝先及南陽公主，殺户部使韓紹勳、副使王嘉、四捷軍都指揮使蕭頗得，延琳遂僭位，號其國爲興遼，年爲天慶。初，東遼之地，自神册來附，未有榷酤鹽麯之法，關市之征亦甚寬弛。馮延休、韓紹勳相繼以燕地平山之法繩之，民不堪命。燕又仍歲大饑，户部副使王嘉復獻計造船，使其民諳海事者，漕粟以振燕民。水路艱險，多至覆没，雖言不信，鞭楚搒掠，民怨思亂。故延琳乘之，首殺紹勳、嘉，以快其衆。延琳先事與副留守王道平謀，道平夜棄其家，踰城走，與延琳所遣召黄龍府黄翩者，俱至行在告變。上即徵諸道兵，以時進討。時國舅詳穩蕭匹敵治近延琳，先率本管及家兵據其要害，絶其西渡之計。渤海太保夏行美亦舊主兵，戍保州，延琳密馳書，使圖統帥耶律蒲古。行美乃以實告，蒲古得書，遂殺渤海兵八百人，而斷其東路。延琳知黄龍、保州皆不附，遂分兵西取瀋州，其節度使蕭王六初至，其副張傑聲言欲降，故不急攻。及知其詐，而已有備，攻之不克而還。時南、北女直皆從延琳，高麗亦稽其貢。及諸道兵次第皆至，延琳嬰城固守。〔九〕

冬十月丙戌朔，以南京留守燕王蕭孝穆爲都統，國舅詳穩蕭匹敵爲副統，奚六部大王蕭蒲奴爲都監以討之。

十一月乙卯朔，如顯陵。丙寅，以瀋州節度副使張傑爲節度使，其皇城進士張人紀、趙睦等二十二人入朝，〔一〇〕試以詩賦，皆賜第，超授保州戍將夏行美平章事。〔一一〕壬申，以駙馬劉四端權知宣徽南院事。

十二月丁未，宋遣仇永、韓永錫來賀千齡節。〔一二〕命耶律育、吴克荷、蕭可觀、趙利用充賀宋生辰使副，耶律元吉、崔閏、蕭昭古、竇振充來歲賀宋正旦使副。〔一三〕

〔一一〕見去年注〔六〕。

〔一二〕長編：天聖七年（一〇二九）三月庚辰，「河北轉運使言：『契丹歲大饑，民流過界河。』上謂輔臣曰：『雖境外，皆吾赤子也，可不賑救之？』乃詔轉運司：『分送唐、鄧、襄、汝州，處以閒田，所過州縣給食，人二升。』」

契丹國志卷七：「春三月，契丹饑，流民至宋境上，宋仁宗曰：『皆吾赤子也，詔給以唐、鄧州閒田。』仍令所過州縣給食。」

〔一三〕長編：夏四月「己亥，契丹遣興國節度使耶律衮、大理少卿張震來賀乾元節」。「丙辰，詔鄧州賜契丹歸明人李美田十頃。美自言舊籍邢州之内邱，祖紹温陷契丹，距今八十年。比歲因饑，挈族來歸。祖莊尚在，且有祖永安侍中告身四通，嘗訴於縣，而村保房從莫肯認者。乃詔賜田於鄧州，仍令長吏善撫之。」

高麗史卷五：顯宗二十年（一〇二九）夏四月「庚戌，契丹遣大將軍耶律延寧、海北州刺史張令儀來聘。契丹人曹兀挈家來奔」。

〔四〕朔字，據本史卷四四朔考補。

〔五〕本史卷三七—四一地理志無保定軍。上文太平四年六月，作保静軍。

〔六〕使副二字原脱，據文義補。下文十二月耶律元吉等充來歲賀宋正旦使副，使副二字亦同此例補。長編：十二月「己酉，契丹遣奉國軍節度使耶律高、崇禄少卿韓知白來賀皇太后正旦。庚戌，遣中興軍節度使耶律倚、賓州防禦使韓昭一來賀正旦」。

〔七〕長編：秋七月「甲子，刑部郎中狄棐爲契丹妻生辰使，作坊使陳宗憲副之」。高麗史卷五：「秋七月戊午朔，契丹遣將軍耶律管寧、崇禄少卿李可封來賀生辰。」

〔八〕據長編、宋史：「丁亥朔，日有食之。」契丹國志卷七同，惟誤以本年（己巳）爲八年。

〔九〕高麗史卷五：「九月戊午，契丹東京將軍大延琳遣大府丞高吉德告建國兼求援，延琳渤海始祖大祚榮七代孫，叛契丹，國號興遼，建元天興。」高麗史卷九四崔士威傳：「顯宗初，爲統軍使，與康兆等禦契丹，士威率諸將分軍出龜州北恧頓、湯井、曙星三道，與契丹戰，敗績。……契丹東京將軍大延琳叛，自稱興遼國，刑部尚書郭元請乘機取鴨江東岸，士威與徐訥等上書以爲不可，元固執攻之，竟不克。延琳所署太師大延定引東北女真與契丹相攻，遣使乞援，王議諸輔臣，士威與平章事蔡忠順言，兵者危事，不可不慎，彼之相攻，安知非我利耶。但可修城池，謹烽燧，以觀其變，王從之。」東國通鑑著九月高吉德來告兼乞援。十二月大延定引東北女真與契丹相攻事並同。又云：「自此路梗，與契丹不通。」

續通鑑考異：「按遼史作天慶，東國通鑑作天興，未詳孰是。至延琳之叛，自在八月，而東國通鑑作九月，則據乞援之月耳。」

高麗史卷九四柳韶傳：「契丹東京將軍大延琳叛，自稱興遼，來求援，王不許。時韶以西北面判兵馬事遭喪，王下教起復曰：『……今興遼來請師，恐有邊警，卿宜馳往邊上以備之。』除吏部尚書參知政事。德宗即位，授中軍兵馬元帥，尋遷門下侍郎、同内史門下平章事。二年，韶始置北境關防，起自西海濱古國内城界鴨江入海處，東跨威遠、興化、静州、寧海、寧德、寧朔、雲州、安水、清塞、平虜、寧遠、定戎、孟州、朔州等十三城，抵耀德、静邊、和州等三城，是役契丹來争，校尉邊柔奮身先登，擊却之，以功授中郎將，明年，王宴羣臣於文德殿以勞韶等開拓關城之勤，賜韶推忠拓境功臣號。」又卷九四郭元傳：「（顯宗）二十年，興遼反契丹，遣使求援，元密奏王曰：『鴨江東畔契丹保障，今可乘機取之。』崔士威、徐訥、金猛等皆上書言其不可，元固執遣兵攻之，不克。慚恚發疽而卒。」

本史卷五九食貨志作遼東，東遼即東丹，胡嶠陷北記：「又東南，渤海，又東遼國，皆與契丹畧同。」太祖滅渤海，更名東丹，即東契丹之意。然見於記載者，東遼、東丹之外，仍稱渤海。如本史卷四太宗紀渤海相大素賢。五代會要卷二九：「長興元年十一月契丹渤海東丹王突欲自登州泛海内附。」

〔一〇〕道光殿本改皇城爲防城，按曰：「防城原作皇城，與下文『入朝』文義不屬。蓋張人紀與張傑同守瀋州拒大延琳者，故與張傑、夏行美同加恩擢。今據永樂大典改。」

〔二〕本史卷八七夏行美傳：「大延琳叛……數月而破，以功加同政事門下平章事。」

〔三〕長編：八月「癸卯，禮部員外郎兼侍御史知雜事鞠詠爲契丹主生辰使，供奉官閤門祗候王永錫副之；職方員外郎判三司理欠司張羣爲正旦使，如京副使石元孫副之；户部判官度支員外郎蘇耆爲契丹妻正旦使，内殿承制閤門祗候王德明副之。」仇永，長編作鞠詠。鞠詠，宋史卷二九七有傳，本史作仇永，誤。韓永錫，長編作王永錫。

〔三〕長編：天聖九年春正月「癸丑，契丹遣左監門衛上將軍蕭可親，右散騎常侍趙利用來賀長寧節」。蕭可觀，長編作蕭可親。崔閏，長編作崔潤。

十年春正月乙卯朔，〔一〕宋遣王夷簡、竇處約、張易、張士宜來賀。〔二〕

二月，幸龍化州。

三月甲寅朔，詳穩蕭匹敵至自遼東，言都統蕭孝穆去城四面各五里許，築城堡以圍之。駙馬延寧與其妹穴地遁去，〔三〕惟公主崔八在後，爲守陴者覺而止。

夏四月，如乾陵。以耶律行平爲廣平軍節度使，夏行美爲忠順軍節度使，〔四〕李延弘知易州，蕭從順加太子太師。〔五〕

五月戊申，〔六〕清暑栢坡。

秋七月壬午，詔來歲行貢舉法。〔七〕

八月丙午，東京賊將楊詳世密送欵，夜開南門納遼軍。擒延琳，渤海平。〔八〕

冬十月，駐蹕長寧淀。〔九〕

十一月辛亥，南京留守燕王蕭孝穆以東征將士凱還，戎服見上，上大加宴勞。翌日，以孝穆爲東平王、東京留守，國舅詳穩、駙馬都尉蕭匹敵封蘭陵郡王，奚王蒲奴加侍中；以權燕京留守兼侍中蕭惠爲燕京統軍使，前統軍委窊大將軍、節度使，宰相兼樞密使馬保忠權知燕京留守，奚王府都監蕭阿古軫東京統軍使。詔渤海舊族有勳勞材力者叙用，餘分居來、隰、遷、潤等州。〔一〇〕

十二月乙巳，宋遣梅詢、王令傑來賀千齡節。漆水郡王耶律敵烈加尚父，烏古部節度使蕭普達爲乙室部大王，尚書左僕射蕭琳爲臨海軍節度使。〔一一〕

〔一〕乙，原誤「己」。但本史卷四四朔考作乙卯朔亦不合，應是甲寅朔，乙卯是正月初二日。

〔二〕長編：天聖八年（一〇三〇）八月「戊申，工部郎中、龍圖閣待制梅詢爲契丹生辰使，供備庫副使王令傑副之；度支員外郎、秘閣校理、户部勾院王夷簡爲契丹正旦使，西染院使竇處約副之；開封府判官、侍御使張億爲契丹后正旦使，禮賓副使張士宣副之」。張易，長編作張億，此避太祖億諱改。張士宜，長編作士宜。
長編：「天聖八年春正月己未，契丹遣左監門衞上將軍耶律忠，禮部郎中知制誥陳邈來賀長寧節。」
高麗史卷五：顯宗二十一年（一〇三〇）正月「丙寅，興遼國又遣水部員外郎高吉德上表乞師」。
〔三〕本史卷八七蕭孝先傳：「孝先字延寧，小字海里。尚南陽公主，拜駙馬都尉。」「會大延琳反，被圍數月，穴地而出。」
〔四〕忠，原誤「中」。據本史卷八七本傳及卷四一地理志五改。
〔五〕長編：夏四月「癸巳，契丹遣左千牛衞上將軍耶律育、都官郎中、知制誥吴克荷來賀乾元節。」
〔六〕按本史卷四四朔考五月癸丑朔，無戊申日，當有誤字。
高麗史卷五：「五月乙丑，契丹水軍指麾使虎騎尉大道、李卿等六人來投，自是契丹渤海人來附甚衆。」
〔七〕長編：秋七月「癸酉，以鹽鐵判官、兵部員外郎直史館張宗象爲契丹后生辰使，香藥庫使李渭副之」。
高麗史卷五：秋七月「乙丑，興遼國行營都部署劉忠正遣寧州刺史大慶翰賫表來乞援」。
〔八〕高麗史卷五：九月「丙辰，興遼國郢州刺史李匡禄來告急，尋聞國亡，遂留不歸。甲戌，遣金哿如契丹賀收復東京。乙亥，契丹遣千牛將軍羅漢奴來。詔曰：『近不差人往還應爲路梗，今渤海偷主，俱遭圍閉，並已歸降，宜遣陪臣，速求赴國，必無虞慮。』」（並見東國通鑑卷一六。）

續通鑑：八月戊申，「駙馬大力秋，坐延琳事伏誅」。

〔九〕高麗史卷五：十月，「契丹奚哥渤海民五百餘人來投，處之江南州郡」。

〔一〇〕潤，原誤「閏」。據本史卷三九地理志三改。

〔一一〕長編：十二月「癸卯，契丹遣天德軍節度使蕭昭古、引進使竇振來賀皇太后正旦。甲辰，遣啟聖軍節度使耶律元吉、少府監崔潤來賀正旦。丁未，定難節度使西平王趙德明遣使來獻馬七十匹，乞賜佛經一藏，從之」。

十一年春正月己酉朔，如混同江。〔一〕

二月，如長春河。

三月，上不豫。〔二〕

夏〔三〕五月，大雨水，諸河橫流，皆失故道。〔四〕

六月丁丑朔，駐蹕大福河〔五〕之北。己卯，帝崩于行宮，年六十一，在位四十九年。景福元年閏十月壬申，上尊謚曰文武大孝宣皇帝，廟號聖宗。〔六〕

贊曰：聖宗幼冲嗣位，政出慈闈。及宋人二道來攻，親御甲胄，一舉而復燕、雲，破信、彬，再舉而躪河、朔，不亦偉歟！既而侈心一啓，佳兵不祥，東有茶、陀之敗，西有甘州之喪，此狃於常勝之過也。然其踐阼四十九年，理冤滯，舉才行，察貪殘，抑奢僭，録死事之子孫，振諸部之貧乏，責迎合不忠之罪，却高麗女樂之歸。遼之諸帝，在位長久，令名無窮，其唯聖宗乎！

〔一〕參見去年注〔二〕。

〔二〕高麗史卷五：顯宗二十二年（一〇三一）春三月，「契丹渤海民四十餘人來投」。四月「乙巳，王不豫」。

〔三〕長編：天聖九年四月「丁亥，契丹遣左千牛衛上將軍蕭昇，鎮國軍節度使姚居信來賀乾元節」。

〔四〕全遼文卷八張績墓誌銘：「太平末歲，屬而立，進士乙科登第。」

〔五〕契丹國志卷七作「上京東北三百里大斧河之行帳」。全遼文卷六聖宗皇帝哀册作「崩于大福河之行宫」。本史卷三七地理志大斧山在臨潢府及中京道懿州，而大福山在上京道饒州，似非一地。

〔六〕據哀册：上尊謚廟號皆在八月壬寅。

長編：六月己亥，「雄州以契丹主訃聞。辛丑，輟視朝七日，在京及河北、河東緣邊亦禁音樂七日」。

九朝編年備要卷九：「隆緒自與朝廷通好，歲貢方物，無巨細必親閱之，守約甚堅。至是病劇，召東平王蕭孝先，使輔立其子宗真，且戒毋失朝廷信誓。」

契丹國志卷七：「先是（承天太）后未歸政前，帝已長立，每事拱手，凡府庫中需一物，必詰其所用，賜及文武臣僚者允之，不然不與。帝既不預朝政，縱心弋獵，左右狎邪，與帝爲笑謔者。太后知之，重行杖責，帝亦不免詬問，御服御馬，皆太后檢校焉。或宮嬪讒帝，太后信之，必庭辱帝。帝每承順，畧無怨辭，好讀唐貞觀事要，至太宗、明皇實録則欽伏，故御名連明皇諱上一字。又親以契丹字譯白居易諷諫集，詔番臣等讀之，嘗云：『五百年來，中國之英主，遠則唐太宗，次則後唐明宗，近則今宋太祖、太宗也。』或諸道貢進珍奇，一無所取，皆讓其弟。親政後方一月，太后暴崩。帝哀毁骨立，哭必嘔血，番漢羣臣上言：『山陵已畢，宜改元。』帝曰：『改元吉禮也。居喪行吉禮，乃不孝子也。』羣臣曰：『古之帝王，以日爲月，宜法古制。』帝曰：『吾契丹主也，寧違古制，不爲不孝之人。』終制三年。……帝性英辨多謀，神武冠絶。遊獵時，曾遇二虎方逸，帝策馬馳之。發矢，連殪其二虎；又曾一箭貫三鹿。（原注：時幽州試舉人，以一箭貫三鹿爲賦題，駙馬劉三嘏獻射二虎頌。）至於道、釋二教，皆洞其旨，律呂音聲，特所精徹，承平日久，羣方無事，縱酒作樂，無有虚日。與番漢臣下飲會，皆連晝夕。復盡去巾幘，促席造膝而坐，或自歌舞，或命后妃以下，彈琵琶送酒。又喜吟詩，出題詔宰相已下賦詩，詩成進御，一一讀之，優者賜金帶。又御製曲百餘首（拾遺引作五百餘首），幸諸臣私第爲會，時謂之『迎駕』，盡歡而罷。刑賞必信，無有僭差；撫柔諸番，咸有恩信。修睦宋朝，人使餽送，躬親檢校。時黄河暴漲，溺會同驛，帝親擇夷坦地，復創一驛，每年信使入境，先取宋朝登科記，驗其等甲高低、及第年月，其賜賚物，則密令人體探。宋真宗上仙，薛貽廓報哀入境，幽州急遞先聞，帝不俟貽廓至闕，集番漢諸臣舉哀，后妃已下皆爲沾涕。因謂宰臣吕德懋曰：『吾與兄皇未結好前，征伐各有勝負，洎約兄弟二十餘年，兄皇升遐，況與吾同月生，年大兩歲，吾又得幾多時也？』因又泣。復曰：『吾聞姪帝聖年尚幼，必不知兄皇分義，恐爲臣下所間，與吾違拗矣。』後貽廓至闕，達宋帝聖意，喜謂后曰：『吾觀姪帝來意，必不失兄皇之誓。』復謂吕德懋曰：『曾高祖承嗣聖爺爺之力深矣。（原注：嗣聖，太宗也。爺爺，翁呼也。）少主登位便背盟約，皆臣下所惑。今姪帝必敦篤悠久矣。』又謂后曰：『汝可先貽書與南朝太后，備述妯娌之分，使人往來，名傳南朝。』又詔燕京愍忠寺特置真宗御靈，建資福道場，百日而罷。復詔沿邊州軍，不得作樂。後因御宴，有教坊都知格守樂名格子眼，轉充色長，因取新譜宣讀，帝欲更遷一官，見本名正犯真宗諱，因怒曰：『汝充教坊首領，豈不知我兄皇諱字。』遂以筆抹其宣而止。燕京僧録亦犯真宗諱，敕改名圓融。尋下令國中，應内外文武百僚、僧道、軍人、百姓等犯真宗諱者，悉令改之。詔漢兒公事皆須體問南朝法度行事，不得造次舉止。其欽重宋朝百餘事，皆此類也。末年，染消渴疾，多忌諱稱説死亡之人，雖帝之父母尊號，亦不得言之。病亟，乃驛召東平王蕭孝穆、上京留守蕭孝先赴闕，始以輔立之事面委之；次以不得失宋朝之信誓面屬之；又屬子宗真曰：『皇后事我四十年，以其無子，故命汝爲嗣。我死，汝子母切毋殺之。』六月三日，崩於上京東北三百里大斧河之行帳，年六十一。在位通太后臨朝凡四十九年。葬上京西北二百里赤山，廟號聖宗。」

長編：六月，「契丹主隆緒疾消渴寖劇，召東平王蕭孝穆、上京留守蕭孝先，使輔立其子珠卜袞（朮不孤），且誡以無失朝廷信誓。己卯，卒於大斧河。隆緒曉音律，與帳下縱飲，或通晝夕，自歌起舞。歲獻方物，皆親閱視，必使美好中意。守約甚堅，未嘗稍啟邊隙。立二十四年，年六十一歲。謚曰聖宗。（李埴十朝綱要：契丹主隆緒殂，在位五十年，謚天輔皇帝，廟號聖宗。）其妻號齊天皇后、妾號順聖元妃。齊天，平州節度使蕭錫珪之女，耶律隆運甥也。有容色，隆緒愛幸特甚。事雅雅克（燕燕）尤謹，雅雅克亦以隆運故，深愛之。雅雅克既死，齊天預國事，權勢威盛，置宮闈司，補官屬，出教命，加號『仁慈翊聖齊天彰德皇后』，生日曰順天節。有子皆不育，元妃生子，長即珠卜袞，次曰當達里。生女楚國公主、燕國公主。雅雅克（燕燕）以楚國公主嫁其弟蕭托郭斯，爲築城以居之，曰睦州號長慶軍，徙户一萬實之，曰從嫁户。齊天善琵琶，通琵琶工燕文顯、李有文，元妃屢言其罪，隆緒不治。又爲蕃書投隆緒寢中，隆緒得之，曰：『此必元妃所爲也。』命焚之。隆緒遺命以齊天皇后爲皇太后，順聖元妃爲皇太妃。元妃匿之，自爲皇太后。與帳下醫耶律憙孫謀，令人誣告齊天謀叛，戴以小車，囚之上京。未幾，縊殺之。殺其左右百餘人，以庶人禮葬祖州白馬山。初，隆緒將死，屬朮不孤曰：『皇后事我四十年，以其無子，故命汝爲嗣。我死，汝子母切毋殺之。』後朮不孤遊獵，過白馬山，追感父言，哭其塚，徙葬安巴堅（阿保機）墓傍。珠卜衮（朮不孤）蓋隆緒第八子，始封梁王，後爲皇太子。既即位，更名宗真。改元景福，軍國事皆其母專制之。尋加號曰法天皇太后。契丹每歲正月上旬出行，射獵，凡六十日。然後並塔魯河（撻魯河）鑿冰鉤魚，冰泮，即縱鷹鶻以捕鵝雁。夏居炭山或上京避暑。七月上旬，復入山射鹿。夜半，令獵人吹角效鹿鳴，既集而射之。賤他姓，貴耶律、蕭氏。其官有契丹樞密院及行宮都總管司，謂之北面，以其在牙帳之北，以主蕃事。又有漢人樞密院，中書省，行宮都總司，謂之南面，以其在牙帳之南，以主漢事。其特哩衮（惕隱），宗室也。伊勒希巴（夷離畢），參知政事也。林牙，翰林學士也。額爾欽（夷離巾），刺史也。內外官多倣中國者，其下佐吏，則有敞史、孟古（木古）（原注：古字疑作直字，更詳之）思奴古、都奴古、徒奴古。分領兵馬，則有統軍侍衛控鶴司。南王、北王、奚王府五帳分提實哈東西都省太師兵，又有國舅鈐轄耀尼詳衮諸司、南北皮室二十部族節度，本布拉、珠堪、漢人、渤海、女真五節度，烏葉太師，一百六百九百家奚（原注：內外官至一百、六百、九百家奚皆所增）凡民年十五以上，五十以下皆籍爲兵，將舉兵，必殺灰牛白馬，祠天地日及木葉山神。鑄金魚符調發軍馬。其捉馬及傳命，有銀牌二百，軍所舍，有遠探欄子馬，以夜聽人馬之聲。每其主立，聚所剽人户、馬牛、金帛及其下所獻生口，或犯罪没入者，別爲行宮領之，建州縣，置官屬。既死，則設大穹廬，鑄金爲像，朔望節辰忌日輒致祭。築臺高逾丈，以盆焚酒食，謂之燒飯。十宮各有民户，出兵馬，按巴堅（阿保機）

曰洪義宫，德光曰永興宫，鄂約（兀欲）曰積慶宫，舒魯（述律）曰延昌宫，明記曰章敏宫，托雲（突欲）曰長寧宫，雅雅克（燕燕）曰崇德宫，隆緒曰興聖宫，隆慶曰敦睦宫，隆運曰文忠王府。又有四樓，在上京者曰西樓，木葉山曰南樓，龍化州曰東樓，唐州曰北樓。凡受册，積柴，升其上，大會蕃人其下，已，乃燔柴告天。而漢人不得預。有諢子部百人，夜以五十人番直，四鼓將盡，歌於帳前，號曰聒帳。每謁木葉山，即射柳枝，諢子唱番歌，前導彈胡琴和之，已事而罷。三歲一試進士，貢院以二寸紙書及第者姓名給之，號喜帖。明日，舉案而出，樂作，及門，擊鼓十二面，云以法雷震。（原注：正史載此段於契丹傳末，比實録但增内外官至六百五家奚，凡百餘字耳。今依實録，仍附隆緒没後。）」

契丹國志卷一四晉王宗懿傳聖宗誡諸姪云：「汝勿以材能陵物，勿以富貴驕人。惟忠惟孝，保家保身。」全遼文卷一題樂天詩佚句云：「樂天詩集是吾師。」（參見古今詩話及詩話總龜前集卷一七。）